# 现代传记研究

第 19 辑

2022 年秋季号

No. 19, Autumn 2022

JOURNAL
*of*
MODERN LIFE WRITING STUDIES

上海交通大学传记中心主办
Center for Life Writing,SJTU

上海交通大学出版社
SHANGHAI JIAO TONG UNIVERSITY PRESS

## 内容提要

本书为《现代传记研究》丛刊之一辑，收录国内外传记学者原创性论文，以专栏形式刊发传记研究各种领域的最新成果，展示国际传记学术潮流。本书可供国内外传记研究者和爱好者参考。

## 图书在版编目（CIP）数据

现代传记研究.第19辑/杨正润主编.—上海：
上海交通大学出版社,2022.12
ISBN 978-7-313-28332-0

Ⅰ.①现… Ⅱ.①杨… Ⅲ.①传记—研究 Ⅳ.
①K810

中国国家版本馆CIP数据核字（2023）第035491号

本书出版得到上海交通大学专项经费的资助，谨致谢忱。
The *Journal of Modern Life Writing Studies* gratefully acknowledges the
special financial support received from Shanghai Jiao Tong University.

## 现代传记研究（第19辑）
### XIANDAI ZHUANJI YANJIU (DI 19 JI)

主　　编：杨正润
出版发行：上海交通大学出版社　　　　　　地　　址：上海市番禺路951号
邮政编码：200030　　　　　　　　　　　　电　　话：021-64071208
印　　制：上海天地海设计印刷有限公司　　经　　销：全国新华书店
开　　本：710mm×1000mm　1/16
字　　数：279千字
版　　次：2022年12月第1版　　　　　　　印　　次：2022年12月第1次印刷
书　　号：ISBN 978-7-313-28332-0
定　　价：75.00元

版权所有　侵权必究
告读者：如发现本书有印装质量问题请与印刷厂质量科联系
联系电话：021-64366274

# 目　录

# Contents

# Life Writing Scholars and Life Writing Studies in the Age of Data: An Interview with Max Saunders

Huang Rong

**Interviewee: Max Saunders** became Interdisciplinary Professor of Modern Literature and Culture at the University of Birmingham in 2019. He studied at the universities of Cambridge and Harvard, and was a Fellow of Selwyn College, Cambridge. He is the author of *Ford Madox Ford: A Dual Life*, 2 vols. (Oxford University Press, 1996), and *Self Impression: Life-Writing, Autobiografiction, and the Forms of Modern Literature* (Oxford University Press, 2010). He has edited five volumes of Ford's writing, including an annotated critical edition of *Some Do Not...* (Carcanet, 2010), and has published essays on Life-writing, on Impressionism, and on a number of modern writers. As Professor of English and Co-Director of the Centre for Life-Writing Research at King's College London, he directed the College's Arts and Humanities Research Institute from 2012–18. In 2013 he was awarded an Advanced Grant from the European Research Council for a 5-year collaborative project on digital life writing called 'Ego-Media'. He was awarded a Leverhulme Major Research Fellowship to his book *Imagined Futures* (Oxford University Press, 2019), the first study of the landmark To-Day and To-Morrow book series. At Birmingham he is developing an interdisciplinary project on future thinking.

**Interviewer: Huang Rong** is assistant professor at the School of Health Humanities, Peking University. Her research interests include life writing, literature and medicine, and world literature.

**标题：**数据时代的传记学者与传记研究：麦克斯·桑德斯教授访谈录

**受访者：**麦克斯·桑德斯（Max Saunders），英国伯明翰大学现代文学与文化跨学科教授，伦敦国王学院兼职教授、传记研究中心主任。桑德斯教授毕业于剑桥大学和哈佛大学，出版了两卷本《双面人生：福特·马多克斯·福特传》（*Ford Madox Ford: A Dual Life*），以及传记研究专著《自我印象：传记、自传小说与现代文学的其他形式》（*Self Impression: Life-Writing,*

*Autobiografiction, and the Forms of Modern Literature*）。他也编辑了五卷本福特总集，其中包括由他校对批注的《有些人没有……》（*Some Do Not...*）。桑德斯教授在传记、印象主义、现代主义作家等研究方向成果丰硕。2013年，桑德斯教授主持的"自我媒介"（Ego-Media）项目获得欧洲研究委员会高级研究基金资助。他于2019年出版的著作《想象未来》（*Imagined Futures*）被授予了利弗霍姆重点研究基金。本书也是第一部研究"今时明日"（To-Day and To-Morrow）系列图书的专著，该系列图书被认为具有里程碑式意义。桑德斯教授目前在伯明翰大学从事未来思想的跨学科研究。

**采访者**：黄蓉，北京大学医学人文学院助理教授，研究方向为生命书写、文学与医学、世界文学。

**Huang Rong (hereafter "Huang"):** A popular hashtag trending for the online community in China is 'slash,' which refers to multiple career possibilities/identity tags for one person. In your case, if I may, you are an expert of British modernism/ a successful biographer who wrote the standard life of Ford Madox Ford/an eminent scholar with influential theoretical publications including *Self Impression: Life-Writing, Autobiografiction, and the Forms of Modern Literature*/co-director the Centre for Life-Writing Research at King's College London with the flagship Ego-media project, focusing on the innovative aspects of life writing practice. Do you consider yourself as a 'slash'? How would you describe each of the above roles?

**Pro. Max Saunders (hereafter "Saunders"):** Such a good question deserves a 'slash' answer ... It's true I get restless if confined to one compartment — as a Ford scholar, say, or a specialist on First World War Literature. From one point of view, though, it has been a matter of a gradual development from one area of interest to the next. To borrow Deleuze-slash-Guattari's useful concept of the 'rhizome', my interests have branched out rhizomorphically from where they are at one moment, reaching out to adjacent topics and taking root where they find something intriguing.[①]

My last book but one probably looks like an even greater leap away from what I've done before. *Imagined Futures: Writing, Science, and Modernity in the To-Day and To-Morrow Book Series, 1923–31* (Oxford University Press, 2019) is a study of a very different kind of writing: predictions of the future, mostly not in the form of science fiction, but what I call speculative non-fiction. There were 110 volumes in the series altogether, on a wide range of topics, such as sciences, the arts, politics, culture, war, sexuality, technology, and numerous aspects of everyday life. It has involved thinking about popularisation, book history, science and technology studies, cyborgs, the prehistory of the internet and much else besides. I suppose my primal 'slash' was being unable to choose between arts and sciences at school, and in a way one of the things I've enjoyed about researching this brilliant series is that it has taken me back to an earlier sense of moving between the two realms. I'd thought of this project as entirely disjunct from my life-writing self, let alone my Ford self. But my friend and Co-Director of the Centre for Life-Writing Research Clare Brant, was kind enough to point out that writing about life in the future **was** a form of life writing. Thinking about that, and also the network of lives of the series' writers, made it even more interesting.

One of the reasons I think To-Day and To-Morrow is important is  that it broadens our sense of the kinds of writing that were in play between the wars. So I come at the series very much as a literary critic and life writing scholar, but also as one fascinated by the writing experiments here that are so different from modernist fiction or poetry or life writing in the period. It has transformed my sense of modernism as well as modernity.

What surprised me even more was the connections I kept discovering with Ford. This was not simply because he had written, with Joseph Conrad, a novel about a political take-over by ruthless invaders from 'the fourth dimension', which is also the future. But because so much of Ford's writing is concerned with time; with what he called 'the time shift', that he describes himself as developing with Conrad. I was thinking about time-shifts a lot as I read To-Day and To-Morrow volumes, imagining historians of the very distant future writing about events in their past which were still to come for us.

As my interest in the war and life writing led me to futurology, so my interest in Ford and modernism had led me to *Self Impression*. I could make a similar argument about how I got from life-writing theory in *Self Impression* to the work on digital self-presentation in Ego-Media, but the trajectory is more evident and this answer has been long enough already. So rhizome rather than slash. Except ... The other side of the slash answer is that I think we are better critics and writers if we can be generalists (at least to some extent) as well as specialists. One of the major developments in academia in this century has been the rise of interdisciplinarity. There are many ways of being interdisciplinary,  but what they all share is a belief that multiple perspectives let you see more of a problem. So I hope I'm a slash, or at least a slash/rhizome.

**Huang:** In a previous interview you mentioned that 'I am a literary critic first.'[②] That said, your scholarship moves far beyond the strict range of literary criticism, extending to areas of, to name but a few, media, science, and the history of thought. In China, many life writing researchers are also trained in literature. Can you share your experience in doing life writing research with a background in literature? What are the advantages and possible pitfalls?

**Saunders:** One advantage of the method is shown (I hope!) by what I was just saying about Ford. Someone reading his Conrad book as simple life writing, in order to learn the facts and details of Conrad's life, would be frustrated by such games, and be likely (as were some of the contemporary reviewers) to get angry with Ford, and denounce him as a liar, as unreliable, irresponsible, untrustworthy. A more literary reading brings out how it is a much more complex text, moving between the theory of impressionism and practical demonstrations of it, and wanting to produce a portrait of Conrad rendered with techniques Ford thought Conrad would have appreciated. To put it rather more banally, life writing by an experimental literary master like Ford needs to be read in a literary way.

There are perhaps advantages too (as again I hope!) when literary specialists read texts that don't aspire to literature. In a way, that was the challenge we set ourselves with Ego-Media. Here is this vast corpus of writings and other forms of self-presentation occurring online: what Richard Seymour (in *The Twittering Machine*) has described recently as a gigantic writing experiment.[③] What happens if you approach it as a kind of life writing? Could we identify formal or generic markers that would relate online writing to the history of printed versions? Do different kinds of online practice constitute kinds of life writing at all — the status update, the emoji, the profile? What if they are not in writing, but in audio or visual format or both? We were particularly interested in how our engagement with this new material would challenge the concepts and terminology of a life-writing theory that had arisen from the study of printed (and mainly themselves literary) texts. Again, to summarise: we hoped we would notice different things in the material from those who were working on social media from, say, a sociological or psychological perspective. Most of the news headlines about social media are on subjects such as the impact of smartphones on mental health, family life, or empathy. But literature-trained readers adept in identifying parody, pastiche, irony, allusion, creativity, may notice other, more enabling things happening in new media.

But literary-critics-turned-life-writing-experts are prone to the defects of those qualities. The disadvantages correspond to the advantages. As Hermione Lee has argued, critics generalising or theorising about biography tend to base their comments disproportionately on literary biographies. These may be more interesting than the lives of generals or politicians or business people — at least to literary scholars. But they represent a small proportion of the vast market in biography. Arguably, literary critics often focus not just on the lives of writers, but the lives of literary writers by other literary writers. Mrs Gaskell on Charlotte Brontë, Virginia Woolf on Roger Fry, or (guilty as charged!) Ford on Conrad.

Much the same could be said of autobiography too. This means not only that there isn't enough attention to other kinds of self-presentation. It also means — and this is the other main disadvantage — that the theory too tends to be excessively driven by literary texts. Rousseau, Nietzsche and Freud are routinely invoked, instead of working-class autobiographers, women autobiographers, autobiographers of colour. The 'Life Writing from Below' project led by Timothy Ashplant is an honourable exception.

When literary scholars study texts motivated by bearing witness rather than producing literature, they are sometimes less engaged than when writing about masterpieces. True, there are again superb exceptions, like Leigh Gilmore's *Tainted Witness* (2017), about the reception of the testimony from women of colour alleging having been harassed or raped by powerful men, which is compellingly engaged with the textures of the victims' lives as well as their testimony. But often one suspects the attitude is that voiced a few years ago by a leading life writing theorist (whom I'd better not name) reflecting on her career, and saying that she found the theory more interesting than many of the texts.

**Huang:** In *Ford Madox Ford: A Dual Life*, you propose fascinating ideas concerning the duality of a writer's life, of literary biography, and by extension, of a critic's duty [for example, "literary biography's perpetual problem of how to tell the two stories (the life, the work) in one narrative"].[4] In fact, life-writing research never seems to be short of dualities: fiction/fact, novel/history, showing/telling, mind/body, subject/object, etc. How would you comment on this?

**Saunders:** Ford was a larger-than-life figure in many ways, and often struck his contemporaries as being odder than life, for his stories that were truer than life. But if his is a special case, what it reveals is a strangeness that must characterise the life of any creative writer. For it is a strange thing to spend a large proportion of your time in imaginary worlds among imaginary people. Of course, you could say that in our world of new media, gaming, Netflix and VR, it seems less strange. And you might add that readers of fiction have always spent large tracts of time in imaginary worlds. But the differences are that that is usually not their main occupation; and they did not create the imaginary world for themselves.

What was unusual about Ford was the way he blurred the boundaries between life writing and fiction, as I've suggested. In a sense, the only strange thing was how far he was ahead of his time. What he was doing as modernism appeared on the scene was what postmodernists did seventy or eighty years later as a matter of course, and called 'autofiction': writing their own stories in the guise of fiction.

When I was working on *A Dual Life*, the two previous biographies on Ford had been largely psycho-analytic, reading his interest in doubleness as a pathological symptom. For me, it is both a literary convention, and a metaphorical expression of the nature of the writing life. That, ultimately, is what is so important — and so good — about the book on Joseph Conrad that I discussed earlier. Whole sections of it are about the ideas the two collaborators had about how novels should be written. It can be — and has been — used as a manual for creative writing. What Ford wants to convey in the auto/biographical passages is not a list of the facts of Conrad's biography (as we have seen!), but a sense of what it was like to be a writer; what it was like to be two writers; what it was like to be two writers working on the same novel; what it was like to revise each other's work; to read your own work aloud to your collaborator; and so on. Ford's life was 'dual' in a number of ways: half English, half German; split between the nineteenth and twentieth centuries, the Victorian and the modern; spent half in England, half abroad; divided by the First World War; part historical novelist, part novelist of modern life; and so on. He was clearly an early 'slash'! But the sense that mattered most to me was the idea that he was living in two worlds at the same time: the real and the imagined. That is the duality that his writing seems to me to express so valuably. It comes across particularly powerfully in his autobiographical writing, when you can see him relishing turning memories into stories; adjusting the details and proportions, so that an anecdote takes its place in a novel.

**Huang:** I also notice the problem of taxonomy in your writing as you use terms like autobiografiction, biografiction, auto/biography, allobiography, biographemes, and autobiographemes.⑤ Sidonie Smith and Julia Watson propose "sixty genres of life narrative" in their ground-establishing classic *Reading Autobiography: A Guide for Interpreting Life Narratives*.⑥ How do you think about possible approaches to such a profound complexity of life writing?

**Saunders:** Certainly some readers of *Self Impression* found the terminology a problem! I think one reason it might have seemed problematic is that we tend to think of such terms as a late twentieth-century phenomenon, associated with the prestige of literary theory and postmodernism. "Autofiction" is said to have been coined by Serge Doubrovsky, who used it to describe his 1977 novel *Fils*. "Biographeme" is a term I borrowed from Barthes, from the same period. But part of the surprise of discovering Reynolds' essay "Autobiografiction" was how much earlier he was inventing such a neologism: 1906, as James Joyce was about to start revising *Stephen Hero* into *A Portrait of the Artist as a Young Man*. Modernists were themselves drawn to neologisms. Pound urged artists to "Make It New"; they didn't just do that with novels and poems, but with the language with which they talked about novels and poems: Ford's "time shift", Joyce's "epiphanies", Pound's "ideogrammic method" of "juxtaposition without copula", Stein's "continuous present" and so on: neologisms, new combinations, the repurposing of older terms for new aesthetic purposes. They needed a new language to express what was new about their methods.

Like Smith and Watson, I felt that taxonomy is the key to understanding the variety of a field. It's not just a matter of giving old things new terms, but of labelling varieties in order to identify innovations and describe them accurately. In *Self Impression*, which of all my work must use more neologisms, I was only working on a small corner of the literary field, or even of the life writing field: the corner where auto/biography and fiction meet. I didn't need as many terms as Smith and Watson's sixty (though I hope in later editions they'll include "autobiografiction" as a sixty-first!). But I did feel that autobiografiction was an extraordinarily rich corner of a field to cultivate. Reynolds was right when he characterised it as a minor hybrid form in 1906. Some of his examples are belle-lettristic and very dated now. But he could see that something was in the air, and autobiografiction was about to explode into a major form that would be adopted by many major modernists. After that it would dominate the literary field. Almost all our leading writers are producing it in some form now.

**Huang:** In another interview Julia Novak mentions that with "so many different genres and media, formats, places", life writing "can almost be conceived as a sort of super-genre today".[7] Do you consider life writing as an overarching "super-genre"?

**Saunders:** Super-, yes. Genre, not sure. Overarching, no. As I've just indicated, I do think life writing has permeated fiction very widely. If you include the internet in the frame, as Julia Novak suggests, and as Ego-Media did, then the space in which life writing practices are happening expands immensely, as does the variety of forms in which they are being practiced. In that sense life writing has permeated the culture very widely too. "Life writing" as a term had already expressed an expansionist vision, in that it extended the field from autobiography and biography to include other forms of ego-document: letters, diaries, journals, and so on. It is a very convenient shorthand term for a wide range of materials.

The problem with claiming it as an "over-arching" term is that expansionism starts sounding like imperialism, as it often does. If what it arches over are those various forms of self-presentation, fine. But what sometimes makes critics anxious about "life writing" as a term is that it can seem too inclusive. If we try to read all kinds of writing as life writing, the term risks losing its traction; its specificity. Can a fiction be life writing? Yes. A poem? Yes. A play? Yes. A prediction? Yes. A social media post? Yes. A selfie? Yes. So what cannot be redescribed as life writing? Er .... I've found Paul De Man's argument in "Autobiography as De-Facement", that autobiography is not a genre at all, but a mode of reading, extremely helpful.

In a sense, this was the question I started *Self Impression* from. Nietzsche had argued that philosophy could be read as unconscious confession. Oscar Wilde had argued that criticism told you more about the critic than the work. In the nineteenth century, philosophy and criticism could be counted as two of the disciplines in which objectivity and impersonality were most highly prized. What happens to that objectivity if even works in those fields can be read as autobiography? I argue that that question was deeply unsettling for the literature of the period, in a way that unleashed the modernist experiments with life writing.

So I think life writing scholars do well to remember that there are novels, or poems, or essays which are not autobiographical, or not much, or which don't have to be read as such. But also to remind others of Derrida's "The Law of Genre", in which he argues that texts participate in genres, and can participate in more than one, rather than being locked into a single genre.[8] So that to comment on the life-writing aspect of a novel is not to deny it's a novel, nor to deny that other readings of it are equally valuable. If he's right, then no genre is likely to be over-arching.

**Huang:** Another word to describe life-writing research today may be "multidisciplinarity". There seems to be a need for a life-writing scholar to become a universalist, one rare species against the background of disciplinary segregation. An increasing number of life-writing research projects participate in the macro socio-eco-political discussions from a micro perspective of personal records. How would you describe the relation between life writing and other disciplines?

**Saunders:** I'm not sure I can describe it better than you just have. Multidisciplinarity and Interdisciplinarity have become such buzz-words in academia that everyone is rushing to claim them. They're not the same thing though: you can still be a mono-disciplinary member of a multi-disciplinary team. Whereas "interdisciplinary" normally implies the individual has internalised a multiplicity of disciplines.

My view is that the relation you ask about is again a matter of reading. Life writing has a crucial testimonial dimension. It bears witness to how someone lived; what their life was like; what it felt like to be in their situation. If you work in a field which requires testimony to provide evidence of social injustice, historical crises, moments of social change; or to revise previous accounts of such things; then the personal experiences described by life writers will be indispensable. You will need to read their narratives as accounts of victimhood, or of witnessing historical cataclysms. That seems to me an entirely appropriate use of life writing to subserve the imperatives of another discipline. Again, the important thing is not to concede overarching status to the other disciplines. Sometimes we might want to read a story of victimhood as a story of individual strength and survival; or as an account of the shocking pressures faced by many working women on a regular basis. Sometimes we might even want to read socio-political writings as themselves a species of life writing (as Nietzsche and Wilde suggest).

**Huang:** Now if we may turn to your role as the co-director of the Centre for Life-Writing and a core member of the Ego-Media project, which, as a major research project on digital life writing, seems at first glance a bit surprising given your previous training in modernist literature. How did you achieve this transition?

**Saunders:** When Clare Brant and I set up the Centre back in 2007, we were clear that we wanted it to be something other than a talking shop for practicing biographers and autobiographers. There were plenty of those already in the UK, some of them very good like the Royal Society of Literature or the Biographers' Club. But their main function is for members of the public to hear and maybe meet the writers they admire; and for the writers to promote and sell their books. We have worked with many practising creative writers, and the work has been extremely rewarding. But we wanted to place the emphasis on areas we felt were of theoretical interest in the field. We have run series or symposia on themes such as life writing and medical humanities; life writing and the portraiture; "Life Writing from Below"; or 'The Work of Life Writing'. That is why we're a Centre for Life-Writing Research.

In 2012, life writing scholars were starting to attend to digital media, but often in the kind of way you suggested above, as a life-writing source of evidence for arguments in other fields. We wanted to consider the way life online was developing from a specifically life-writing perspective. At the time it seemed a logical development from our attention to what seemed the 'cutting edge' of life writing research: a rhizome growth rather than a slash ... But it's true it took us into what was new territory for us. The methodological discussions we had every month were both a challenge and an education, and I'm extremely grateful to our colleagues in sociolinguistics and medicine both for sharing their expertise and for being so engaged in life writing concepts.

I had been committed to interdisciplinarity in my own work. The To-Day and To-Morrow project originated in a European Thematic Network called ACUME-2, run by colleagues from the University of Bologna, devoted to "Interfacing Sciences, Literature and the Humanities". Part of my role as Director of the Arts & Humanities Research Institute at King's College London was to promote collaboration between different departments and research centres. But more often than not, that was interdisciplinarity within the humanities, or from a humanities perspective. What I learned in practice from Ego-Media was the distinction between the softer forms of interdisciplinarity of the kinds of work I'd been doing, where the disciplines were near neighbours and already shared many methodological principles (as in literary studies and art history, say), and the harder forms where you are really trying to collaborate between arts and sciences (as in life writing and neurology for example).

**Huang:** Speaking of media, today it appears that forms of media, as facilitated by the advancement and affordance of technology, are no longer a choice but a constant presence in personal life, which transforms life writing from a conscious act of self-presentation into an unceasing recording of life stories. What are your views on this phenomenon?

**Saunders:** Ego-Media ran from 2014–19, and we knew from the start that one of the challenges would be that digital media were evolving so quickly that the object of study would keep changing as we studied it. The first iPhone was only five years old when we were originally designing the project in 2012, and even in that time we felt that the landscape of how people write about or otherwise present themselves had transformed entirely. That was why it seemed essential for life writing scholarship to study it.

The biggest shift was the growing disenchantment or disillusion with the media throughout the five years of our research. Edward Snowden's revelations about US state surveillance came out in 2013, just after we had first formulated Ego-Media, but it soon became clear we would need to reflect the concerns he raised. Then the Brexit referendum, the 2016 US election, and the Cambridge Analytica/Facebook scandal of 2018, all progressively undermined confidence in social media, and made what had at first been characterised as a liberating space, enabling personal expression, appear an arena for surveillance, exploitation, trolling, and deceit.

The theoretical concept that had most impact on our work was probably the idea of "datafication": the conversion of the user into a collection of data that has market value. Why this matters is that it reveals how when people use social media there are two distinct processes at work. People are expressing themselves, conducting their social life online, sometimes creating new lives and careers for themselves, yes. But in doing so they create data, and things are being done with that data that the users are generally unconscious of. It's not that we don't know this happens. That was the whole point of the Snowden leaks and the exposure of Cambridge Analytica. But what the corporations do with our data is not normally visible to us. These concepts have been popularised in sound-bites such as "data is the new oil", to express the commercial value of the data we as social media users provide freely and in vast quantities; and, to express that relationship: "if the service is free, then *you* are the product". Platforms such as Facebook and Twitter in the West are not utopian enterprises designed to give people agency and enable self-expression. They say they are, and users may feel they are, but they exist primarily to make money for their shareholders; and they do this by selling our data to advertisers, political campaigns and others without our consent. Shoshana Zuboff has popularised this analysis brilliantly in her book *The Age of Surveillance Capitalism* (2019).

There are thus two lives that are being written when we use social media. On the one hand, our creation, or, as it is more often described these days, "curation", of the self we want to present to our social networks. On the other hand, our life as a consumer, recorded in the products or activities we like or buy online. We don't normally read this life, though it is possible to reconstruct our digital "footprint" to see what is known about us by commercial organisations. Indeed, it is a life that does not exist to be "read", at least not by human readers. Take facial recognition software: a development causing concern worldwide because of the possibilities it offers for greater state surveillance. What we have in such a case, as the artist Trevor Paglen has argued, is a major challenge to the nature of the visual image. Someone may post a selfie because they want to share with their friends an image they think represents the self they wish to be. The friends may read the image in that way. But it will be read in a quite different way by machines — in ways that even the humans programming the AI producing facial recognition sometimes have trouble understanding. Thus our data, including our images, give us a "dual life" in a way I never anticipated when writing about literary biography!

**Huang:** Sometimes digital life-writing research feels like this awing yet somewhat worrying experience of the past's prediction of the future coming true in a non-fictional text today. This creates an interesting sense of time, as you mentioned that 'from our privileged position in the present, we are able to see where the past's visions of the future went wrong.'[9] Can you elaborate more on this? How do you think it will shape life-writing research today and in the future?

**Saunders:** Yes, absolutely; what a striking way of putting it! Part of my work for Ego-Media involved looking at predictions about communications technologies in the To-Day and To-Morrow series. And it is amazing how much they got right. They imagine mobile phones enabling people to communicate all over the globe; video-phones too; and even video-conferencing. One of the most extraordinary volumes, J. D. Bernal's *The World, the Flesh, and the Devil* (1929) goes even further. He imagines extending human lives by removing the brain from the body and keeping it alive in a mechanical host (It is probably the earliest elaboration of the "brain in a vat" thought experiment). This would then also allow human sensation to be improved, since the mechanical interface could be connected to sensors which would enable us to perceive other sectors of the electromagnetic spectrum such as radio waves. This gives him a picture of humans — at least those who have been surgically metamorphosed — as all in contact with each other: a forerunner not only of the "hive-mind" beloved of science fiction writers, but of what social media researcher call the "networked self".

The one major technological development the To-Day and To-Morrow authors did not see coming was the computer — even someone as visionary as Bernal. There is much talk of robots in the series, but AI just didn't seem to be a possibility. You'd still need the human brain to do the thinking in Bernal's future. But what seems to me so striking is that nevertheless he has effectively foreseen the internet and social media, even without having imagined the computer. He saw the cyborg enhancement he describes as offering the potential for human immortality, arguing that as long as your thoughts were in the network your life (of the mind, at least) would continue even after the death of your brain. I'm not sure how seriously he held that view. The point may have been rather to suggest that science would destroy the basis of religion. Many of To-Day and To-Morrow's writers were progressive, rationalist atheists. But my point is that a version of what he predicted has actually come to pass online, in the way you suggest; as for example when people's social media accounts remain there after their deaths, and in some cases even remain active.

Studying earlier futurologists and their mistakes has made me much warier of making my own predictions! But one that you don't really have to be a prophet to foresee because it is already beginning to happen, is that life writing will change radically due to Covid-19, as will life-writing scholarship. Like many families here, mine started a "Corona Diary" in 2020 to record the strangeness of a new life in which we could no longer go out to work, rarely leave the house, and our children had their schooling online. It's not only that much of such Corona life writing will happen online. Almost every aspect of life had to migrate online in response to the social distancing measures governments introduced. Nearly all shopping went online; university education; medical consultations; cultural events; and virtually all social life. So online self-presentation became the default. British families went out onto the streets every Thursday evening to clap in order to show their appreciation of health service workers and others caring for people during this emergency. And also just to see their neighbours. It was about the only time you saw people outside your own home, and even those events were organized through local Whats App social media groups. People took to meeting online to have a coffee or a drink. If we were still working on Ego-Media we would have had to have included a section on Corona Life Online.

**Huang:** We could discuss Covid-19 a little further as you have brought up the issue. The year 2022 is the third year since the pandemic broke out and the world is heavily stricken by what many would call the ongoing traumatic experience of Covid. How does Covid-19 change the life of scholars and the study of life writing? And, since there is a sharp increase in Covid-19 life materials, as you've also mentioned, the number of researches on Covid-19 life soars. What do you think are the ethical boundaries in examining potentially traumatic real-life experience that is yet to end?

**Saunders:** It's such a gigantic topic, as you suggest, that these good questions are hard to answer. They're also hard to answer now, when (again, as you say) the experience is yet to end. Much will depend on how it ends, as well as when. As we speak in March 2022, the relative mildness of the Omicron variant has encouraged people to imagine living with Covid-19 in future as we do with influenza — relying on annual vaccines to protect us against it. Though we have all had to become epidemiologists over the last two years, we are too amateur to predict with confidence that this will be the last serious wave. And then, what about the after-effects? How long will "long Covid" prove? Might other after-effects manifest themselves over the longer-term? Such uncertainties about our future life add to the difficulty of predicting future life writing and its study.

Yes, many have been traumatized by near-death experiences, or the experience of the death of loved ones. The shock, hurt, and anger, is still palpable, and will persist. The hallmark of trauma is repression, so it may take decades before people are able to write Covid trauma narratives.

Covid anxiety is something else I'm anxious about. How has the education and socialisation of children been affected? What will be the psychological effects of changed attitudes to risk? In teaching our children to be careful about what they touch or how near to go to people, will we be building up future psychological troubles around friendship and intimacy?

Whatever the answers to these questions, we can be sure that such profound changes will elicit new life writing, and that it will take many new forms. I'll just venture a prediction about one possibility. One of the really striking features of life during the pandemic in the West has been the ever-deepening political polarisation, which had manifested itself earlier in the populist surges in different countries. It has been extraordinary how the pandemic too has been politicised accordingly, to the extent that mask mandates and vaccinations — which to liberals seem sensible public health measures — are denounced by the alt-right as violations of their freedom. It even goes as far as seeing Covid itself (or at least the view of it as anything other than a mild flu-like illness) as a kind of liberal conspiracy. Whereas for liberals it is this view which is the insane conspiracy which flies in the face of science and evidence. Conspiracy theory has moved from the fringes of society to the mainstream; in the US it has even taken over one of the two main political parties.

Life writing involves writing about people's ideas, their world-views, their beliefs, their values. We are having to find new ways to write about conspiracy thinking, about ideas and influence, in large part because the internet has opened up new channels for the spread of these things.

One effect of the pandemic we are beginning to see is rhetorical: a new way of using virus metaphors to describe the spread of such ideas and attitudes. We've talked about computer viruses for a long time; and the metaphor describes not just the mode of transmission but the effect on how your computer functions. But when we talked about photos and videos "going viral", it has usually just described the exponential spread, without any judgement about how the content affects the user. The pandemic seems to have ushered in a new way of talking about ideologies as viruses: "racism is a virus", "sexism is a virus", "colonialism is a virus", "populism is a virus", "the fascist virus" and so on. This epidemiological metaphor for thinking about the transmission of ideas seems to be replacing the evolutionary (one pioneered by Richard Dawkins) of 'memes' — gene-like units of ideas or behaviours that alter their hosts' intellectual development. (Of course the core of a virus is genetic material.) This is an understandable response to a virus that has indeed transformed our lives and behaviour, at least in the short term. But we need to beware of invoking hygiene metaphorically against trends that alarm or anger us. That has too often been the tactic of those very 'isms' being attacked.

Viral metaphors for the history of ideas and ideologies should perhaps be seen as joining other post-humanist rhetorics, including a genomic view which sees our lives as determined by genetics; and an algorithmic view, boosted by recent successes in machine learning, which sees our minds as functioning by analogy with computer code; and which indeed sees the operation of genes too as an essentially informatic process. Such ideas are bound to bear heavily on life writing. How will it change our view of books if we view an idea as a virus which can infect our mental health? How will such ideas affect our reading of stories, including life stories? This seems to me a much greater challenge to humanism, and to the Enlightenment view of education as liberating, than the structuralist and post-structuralist challenges to Humanism of the late 20th century.

**Huang:** What are you working on currently?

**Saunders:** We are currently completing a large digital publication with Stanford University Press as one of the main outputs of the Ego-Media project, in which we give an account of the whole project and all its constituents. (There were twelve researchers involved, some working on several different sub-projects.) And I continue to work on futurology, launching a new book series called FUTURES, which aims to reboot the To-Day and To-Morrow idea for the 21st century, generating a body of (we hope) comparably provocative and influential ideas about possible future developments.

But I have also just completed a very different life writing project, writing a series of biographical essays for my latest book, which is on my stepfather, the American painter Alfred Cohen, to accompany a series of exhibitions that were to have taken place in 2020 for his centenary. The London exhibition opened at Bush House — formerly the home of the BBC World Service — as planned on 16th March but then had to close the following day because of the pandemic. We put the exhibition online at https:// alfredcohen. benuricollection.org.uk/index.php, and the book, which I edited with Sarah MacDougall of the Ben Uri Gallery and Museum, is: *Alfred Cohen — An American Artist in Europe: Between Figuration and Abstraction*. Producing it was a new experience for me, and one of the most challenging. Writing family memoir is very different from writing about writers you have never met; and finding the right tone, trying to be at once personal and objective, is difficult. But Alfred had a fascinating life, meeting many of the great actors, writers, and artists of the twentieth century, and producing really stunning work. And it has been very gratifying that new generations of art historians, curators, artists and writers have found such interesting things to say about his art.

## Acknowledgements

This interview is the result of several conversations and email exchanges that can be dated back to as early as 2017, when I was visiting King's College London. I must thank Prof. Max Saunders for his generosity of giving the interview. My thanks also go to the research project "Twenty-First Century American Disaster Literature" (21YJC752008) granted by the Ministry of Education. I hope that the discussion may extend our understanding of some ongoing disasters.

本人于2017年赴伦敦国王学院访学，此后与受访人进行了一系列对话与邮件往来。感谢桑德斯教授的热忱回答与耐心支持。本文亦是教育部人文社会科学研究青年基金项目"21世纪美国灾难文学研究"（21YJC752008）的阶段性成果。

## Notes

① Gilles Deleuze and Félix Guattari. *A Thousand Plateaus: Capitalism and Schizophrenia*. Trans. B. Massumi. Minneapolis: U of Minnesota P, 1987.

② "Max Saunders." *Gale Literature: Contemporary Authors*, Gale, 2007. Gale Literature Resource Centre, link.gale.com/apps/doc/H1000126050/LitRC?u=peking&sid=bookmark-LitRC&xid=112fbd91. Accessed 10 Feb. 2022.

③ Richard Seymour. *The Twittering Machine*. London: Indigo, 2019.

④ Max Saunders. *Ford Madox Ford: A Dual Life*. Vol. I. Oxford: OUP, 2012, p. 11.

⑤ Max Saunders. *Self Impression: Life-Writing, Autobiografiction, and the Forms of Modern Literature*. Oxford: OUP, 2010.

⑥ Sidonie Smith and Julia Watson. *Reading Autobiography: A Guide for Interpreting Life Narratives*. 2nd edition. Minneapolis: U of Minnesota P, 2010, pp. 253–286.

⑦ Sarah Herbe and Julia Novak. "Life Writing Research Past and Present: Interview with Sidonie Smith and Julia Watson." *The European Journal of Life Writing*, vol. 8, 2019, pp. R8–R20.

⑧ Jacques Derrida. "The Law of Genre." Trans. Avital Ronell. *Critical Inquiry*, vol. 7, no. 1, 1980, pp. 55–81.

⑨ Max Saunders. "'Science and Futurology in the To-Day and To-Morrow Series': Matter, Consciousness, Time and Language." *Interdisciplinary Science Reviews*, vol. 34, no. 1, 2009, pp. 68–78.

# 论中国当代残疾人作家自传的创作特色

邓　利

**内容提要：** 受身体残疾的影响，残疾人作家在自传写作过程中预设了一类身陷逆境的读者，残疾人作家的自传就是要通过自身的经历对身陷困境之人进行现身说教。他们的自传不同于西方的忏悔型自传，也不同于中国现当代文坛的社会型自传，而是生命型自传。他们在自传中通过表现自己对身体的超越，通过写自己摆脱困境的历程，达到对个体生命的思考。与此创作意图一致的是，残疾人作家的自传呈现出螺旋式的上升结构和强烈的评论干预色彩。

**关键词：** 残疾人作家　自传　特色

**作者简介：** 邓利，文学博士，四川师范大学文学院教授，博士生导师，从事中国现当代文学的教学和研究，近年关注作家的身体残疾与文学创作的关系。邮箱：1285763856@qq.com。

**Title:** On the Creative Features of Autobiography of Contemporary Chinese Disabled Writers

**Abstract:** Under the influence of physical disability, disabled writers presume in the process of autobiography writing the kind of readers in adversity. The autobiography of disabled writers is designed to preach to the people in distress through their own experience. Their autobiography is different from the Western confessional autobiography or the social autobiography in Chinese modern and contemporary literary circles, but falls into the category of the life autobiography. In their autobiography, they meditate on the individual life by showing their transcendence of the body and writing about their process of overcoming difficulties. Consistent with this creative intention, the autobiography of disabled writers shows a spiral rising structure and strong inclinations of comment and intervention.

**keywords:** disabled writers, autobiography, features

**Deng Li**, PhD, is professor of literature at the College of Literature and Journalism, Sichuan Normal University, China. She is engaged in the teaching and research of Chinese modern and contemporary literature. In recent years, her research efforts focus on the relationship between writers' physical disability and literary creation. **E-mail:** 1285763856@qq.com.

在中国现当代作家的自传写作中，残疾人作家的自传写作被有意或无意地遮蔽了。事实上，新时期以来，残疾人作家几乎都创作过自传，且有较大一部分残疾人作家最初的影响源于自传。残疾人作家的自传被遮蔽的原因可能有两点：其一，与我国现当代作家的自传相比，无论传主的名人效应还是文本的影响力，残疾人作家的自传都远远不如其他作家的自传，这决定了在研究中国现当代作家自传的专著和论文中对残疾人作家的自传鲜有提及；其二，残疾人作家的自传都是以自身对抗残疾的心路历程来建构残缺的生命美学，触及或是挖掘了生命的另一种可能性。这种自传体现着中国传统的君子当自强不息的奋进精神，而这种精神使残疾人作家的自传比其他作家的自传有着更为显著的社会道德功能，尤其是有着特别突出的榜样力量与启迪作用。盖源于此，残疾人作家的自传基本成为励志读本，而忽略了它的文学文本性研究。本文从文学的角度，就残疾人作家的自传写作特点进行探讨，以期抛砖引玉。

# 一、教化意图与预设读者

大量的残疾人作家选择"自传"这类文体进行创作，一个原因是，相对来说，讲自己的故事较为容易，另一个原因是心理倾诉的需要。然而，除了上述两个原因外，还有一个根本的原因，即教化意图。王庭德从一个女孩的醒悟联想到写自传可以鼓励更多逆境中的人看到生活的多面性；陈媛希望奶奶对自己的大爱能给有残疾人的家庭一点启迪；庄大军希望回望自己来时的路，助曾经跌入痛苦深渊的朋友们早日脱困；于茗写自传是为了以自己的实例让更多的残疾人意识到，只要自己勇于拼搏，就能获得他人的尊重。"要为那些从一生下来就注定要和疾病抗争的病友写一本书，希望自己的书可以在他们寂寞、失落，甚至绝望时带去那么一点点光亮。"（吕营 236）那一点点光亮也曾是吕营所渴望的，她也经历过每一个残疾人都经历过的困苦和挫折，"我也希望我的书可以给那些在生活中遇到挫折、困难或不幸的朋友带去一点激励和感动"（吕营 242）。

教化意图是残疾人作家创作自传的独特意图，教化意图决定了残疾人作家在进行自传文学的创作时，假设了一个身陷逆境的预设读者。预设读者不能等同于现实生活中实际的读者，是残疾人作家出于教化目的，进行构想和预先设定的可能读者。身陷逆境的预设读者介入残疾人作家的自传创作活动中，被预先设计在文学作品里，成为隐藏在作品结构中的重要成分，甚至可以说，预设读者成为残疾人作家自传写作的第二个作者，残疾人作家自传的立意、选材和表现手法、叙事风格，甚至是对残疾人作家的重塑都受制于这个身陷逆境的预设读者。在接受美学看来，一切文学创作都不是自言自语，而是在拥有一个设定对象情况下的活动，都存在一个隐含读者。但是，残疾人作家自传创作中的预设读者是身陷困境之人，残疾人作家的自传文学就是要通过自身的经历对身陷困境之人进行现身说法。

在残疾人作家的自传中，生存伦理是教化的主要内容，是残疾人作家给身陷逆境的预设读者的厚礼。生存伦理包含人的生存需要与自我、与他人、与其他事物之间形成的关系。出于启迪、教化的目的，残疾人作家在自传中主要是叙述个体如何战胜自我的生存伦理思想。他们通过讲述个人经历的生命故事，提出了如何克服生命的障碍获取精神自由的生命诉求。

首先，他们探讨如何看待生命的障碍的问题。他们以生命的亲历性指出，残疾的身体属于生命的障碍之一种，残疾的生命首先要克服自己的心理障碍，接受残疾。他们中的绝大多数都曾因无法超越心理障碍而欲结束生命，陈媛吃过老鼠药，于茗将剪刀放在脖子上，龚莹吃过大剂量的药，他们的这段自杀经历让他们看清楚一个事实：对于身体，生命个体没有选择的权利，只能无条件接受。一旦个体遭遇生命的障碍成为一个不用辩论的问题，而是一个事实的时候，个体只能选择活着，只有活着才可以追求梦想，只有活着才能去迎接挑战，只有活着才有希望。

其次，他们以残疾身体为例证，挖掘了生命遭遇障碍时获得自由的可能性。因为残疾，生命没有一片任意飞翔的天空，但身体的残疾并不影响人的智慧，可以依靠自己的努力和毅力，充分运用自己的智慧，在不自由之中获得自由。残疾人作家的创作行为本身就证明了残疾的生命能突破残疾的束缚，获得精神的自由。他们自传的风格各异，贯穿传主始终的精神却是一致的，那就是君子当自强不息的传统人格精神，也正是这种核心内容，构成了残疾人自传最强烈的艺术冲击力。

残疾人作家依据自己的感性经验，也指出了"可能性"的局限。精神的自由是可能的，但在某些问题上，比如爱情、婚姻问题就不一定"可能"。面对"不可能"就淡然处之，欣然接受。这种心态本身也是对残疾的超越。这方面的代表作是春曼、心曼的《假如我能站起来吻你》。

由于残疾人作家将预设读者定位于像自己一样身陷囹圄的人，所以，他们在讲述自身的生存伦理思想时，总是以平等的姿态与他们的假想读者沟通、交流，而不是以精神导师的身份出现，也不是以一种居高临下的启蒙者姿态完成自我形象的塑造，因而他们的自传亲切、真实、接地气。在自传创作中给予预设读者以教化，此种创作目的也表明，残疾人作家对自我的思想轨迹和生命历程都充满肯定。他们的自传既是对自我的纪念，承担着自我认知的意义，也成为他人的镜像，承担着对读者的启迪和教诲作用。

## 二、螺旋式的上升结构

所谓螺旋式的上升结构，是指在残疾人作家的自传中，作品的结构一般都是按照对身体的发现、对身体的怀疑、对身体的超越的路径逐渐攀升。作品中弥漫的情绪呈现出螺旋式的逐渐上升趋势。在自传中，残疾人作家通过三个步骤完成了对残疾人身份的自我确证和突围：第一步发现身体，通过身体确认自我身份，回答"我是谁"的问题；第二步怀疑身体，这是个体对群体的情感归属的确认，情感归属是在自我认定基础上的认同，回答"我处于何种地位"的问题；第三步是超越身体，这是主体自身对理想自我的确认，回答"我去往何方"的问题。这三步步步逼近，逐渐加深，第一步发现"我"是一个与众不同的"异类"，第二步发现"异类"与他人在互动中产生了紧张关系，由此引出复杂情绪，第三步为异类的身体找到一个安放之处，自我终于有了归属。残疾人作家的自传全然是由身体出发，从自我怀疑到认可到突破的个人发展史。

**（一）发现身体：与众不同**

在具体的自传写作情景中，作者必定是带着独特的身份意识进行创作的，自传作者总是从某一特定的身份出发再现自我，并试图让读者接受这一自我认同的身份。不同于其他自传作家的身份确认，残疾人作家对自我身份的确认是从认识自己身体的那一刻开始的。作为残疾人作家，他们对身体有着比常人更为痛彻、更为真切的体验。残疾人作家的自传无一例外都涉及对自我"身体"的描写，而且很多自传都是从对身体的描写开始的。赵定军的《妈妈的心有多高》，第一章开篇就写"从我懂事那天起，我就只能扶着小板凳在地上爬行。在别人的眼里，我只是一个匍匐在地的可怜的小动物"（1）。第二章的开头同样是写身体："残疾的身体，使我的童年经受住了太多的痛苦和磨难。"（4）张云成的《假如我能行走三天》，第一章以读者来信的方式展开叙述，在信中首先也是写身体，"3岁时，别人家的孩子都能满地跑了，可我还得走一会儿歇一会儿"（1），"记得4年前我还能扶着墙走很远，可我现在连半步也走不了了，这真让我不敢相信呀"（1-2）。陈媛的《云上的奶奶》，第一章开头是这样写的："1984年，我刚刚一岁多，这一年的隆冬，我的家人发现了我的异样。"（2）而第一章第一节的标题是"毁灭性的宣告"，这个宣告就是医生宣判"我"长大后腿不能走路，喉咙不能说话。

残疾人作家发现的身体不是正常的身体，他们发现了一个与众不同的身体。而且他们发现，由于身体的残疾，他们过着与众不同的特殊生活。他们发现自己身体异常的同时，便是确认自己残疾人身份的开始。对残疾人而言，身体即残缺，身体即苦痛，身体象征着不完整，象征着沉重，象征着累赘，残缺、痛苦、不堪和屈辱是身体带给他们的实实在在的感受，身体就是一个被赋予了消极意义的符号。他们自己清楚地知道，自己的性格、感情都与身体的残疾有关，"我的生活，一直都让我缺乏安全感。一直都是。这很可能跟我'终身残疾'的事情脱不开干系"（龚莹 232）。

残疾人作家对自我身体的描绘，既不是从审美的角度，也不是以审丑的眼光，而是从自己的切身感受出发写出自己身体的特殊，确认自己的"残疾"身份。在自传中，他们反复描绘自己身体的各种异常，将身体示众，其目的不在于博取读者的眼泪和同情，更不是为了写身体而写身体，而是通过身体写身份。他们对自我身体的书写奠定了自传的基调：认同个人身份而非社会身份。由于他们并不注重自我的社会身份，因而在他们的自传中不会将个人与时代、社会、民族融合在一起。与此相反的是，因为身体的残疾，他们疏离外在环境，更多思考着个体的生命现象，自我意识更加突出。他们在自传中注重表现的内容是，自己因身体的特殊所导致的充满矛盾与痛苦的生存状态与精神状态。

### （二）怀疑身体：绝望的情绪

在残疾人作家确定自己残疾人身份的同时，便开始怀疑身体。身体是自我的载体，怀疑身体即是怀疑自我。身体蕴含着生命个体的情绪感知。残疾人作家在自传中对身体的书写不是为了展示残疾身体的神秘，更不是指向身体的隐喻，而是注重从自身感受和亲身经历出发，写他们发现身体之后，感受到的身体对他们的种种威胁，写他们由此产生的各种难以言表的复杂情绪。残疾人作家的自传文学一个重要的价值就在于很真实地记录了残疾人发现身体之后，怀疑身体的各种绝望情绪。

发现身体之后，残疾人作家产生的情绪主要有惶恐、孤独、自责、隐忧和屈辱感。身体残疾带来的生命的不确定性增加了他们的惶恐，比如有时候在病房看到病友离去，兔死狐悲的心理让他们对生命产生绝望，内心惶恐不安；有时候身体发生细微变化，他们立即很敏感地认为自己已到生命的尽头；有时候是自己感觉到病情加重，而产生惶恐情绪。在《浅浅痛，深深爱》中，"惶恐"及其近义词频频出现。由于身体的限制，残疾人不能与他人自由交往，被幽闭在狭窄的空间，独自承受着常人从未体验过的长久孤独。残疾人作家很自责，因为自己身体残疾给家人带来了经济、精神、体力等各方面的困难，愧疚、自责的心理伴随残疾人一生。在《化蛹成蝶》中，"我"作为女儿，愧对父母；作为妻子，愧对丈夫。隐忧的情绪一方面来自对婚姻的担心，另一方面来自对自己未来生存能力的怀疑。这方面吕营的《让爱解冻生命》很有代表性。在残疾人作家的自传中特别记写了，屈辱感往往会转变为一种隐约的恨。

不论是惶恐、孤独，还是自责、隐忧、屈辱，其实质都是残疾人对自我的怀疑，隐含着的根本思想是作为残疾人是否应该存在和应该怎样存在。赵定军幼年的时候，还不知道人世间的阴晴冷暖，只是幼稚地想，自己只要能站起来，就能像其他人一样了！可她终于靠着一支小拐杖的支撑站立起来之后，才知道，头顶上的蓝天并不属于每一个人，作为残疾人，她将面临的是更加艰难的抗争。

### （三）超越身体：肯定自我

尽管残疾人作家怀疑自我的存在意义和存在方式，但最终他们超越身体，从而肯定了自我。

残疾人作家超越身体、肯定自我都经历了一个阵痛期，他们对身体的超越是在身心极度困顿之后心灵的顿悟。有的残疾人作家是在感觉自己即将离世的困顿中顿悟的，如《让爱解冻生命》中的传主；有的残疾人作家是因为受到羞辱，在羞辱之中顿悟的，羞辱是对人的精神和自尊的一种极度挫伤，它常常使被侮辱者耿耿于怀，但是对于强者来说，羞辱又会成为激发他前进的动力，这既是对自我能力的确证，同时也是对羞辱者的"报复"，如《妈妈的心有多高》中的传主；有的残疾人作家是因为极度的孤独，在孤独中顿悟的，如《假如我能行走三天》中的传主。

残疾人作家在顿悟之后，完全接纳了生命中的残疾，而且是在淡淡的感伤中含着一份笑意来接纳，接纳之后，整装重新出发。成功是残疾人作家自传主题的旨归，因成功而获得快乐是他们自传的必然结局，残疾人作家的自传最终指向了希望和乐观。

不同于西方的忏悔型自传，也不同于中国现代的社会型自传（即通过自传展示时代、社会的风云变幻，思考社会、历史与自我的关系，比如郭沫若100多万字的自传），残疾人作家的自传是因身体而引发的生命型自传，他们侧重表现自己对身体的超越，写自己摆脱困境的历程，是对个体生命的思考，由生命的思考引发对生命的突围。

## 三、叙述者的评论干预

叙述者的评论干预是指叙述者对故事人物、事件以及叙述本身的评价性态度。由于残疾人作家在自传中重视自我和预设读者之间的交流，为了更好地实现自我和预设读者之间的有效交流互动，他们在自传中一方面以叙述性话语完成叙述行为，另一方面又以非叙述话语——议论，突显叙述者的思想情感倾向。在残疾人作家的自传中，评论干预的现象异常突出，而且复杂多变、隐蔽精巧。

### （一）现身式的评论干预

所谓现身式的评论干预，是指在残疾人作家的自传文学中，作为传主的"自我"让当事人（自传中的主人公）站出来直接发表评论，在形式上体现为以第一人称进行自我总结。张云成的《假如我能行走三天》第四章，记录张大诺如何引导、鼓励张云成进行文学创作，想到自己前方有希望，能在希望中前行时，张云成（作为传主的"自我"）立即让当事人（自传中的主人公）对自己的生活进行抒情性评价。在回顾自己两年的成长历程后，张云成（作为传主的"自我"）让当事人（自传中的主人公）用朴实的语言进行自我评论："这两年半时间，是我为理想拼搏、为改变艰难命运争取生命自由的时间，我可以骄傲地对自己说：这两年半的时间我没有白活。"（25）在记叙自己如何艰难地学会五笔字型输入法后，张云成（作为传主的"自我"）让当事人（自传中的主人公）说道："生命虽是残缺的，但这丝毫不能削弱我拼搏的斗志，我虽失去了健康的身体，但我还有一颗健康的心灵，它仍然在每时每刻跳动着。"

（39）当当事人（自传中的主人公）在信中看到，有的学生听了他的事情之后很惭愧，决心以他为榜样，在艰难面前不再退缩时，当事人发自肺腑地说："我心里是那么高兴！因为我终于为社会作出一点点贡献，我的存在终于有了价值！我终于没有白活！让别人的生活因我而有所改变了！"（78）在有的章节中，作者将记叙和评论干预完全结合在一起，比如第十四章"想象中的场景之三：我拥有健康的人生"，这一节你很难说是纯粹的叙述，还是自我的评论性干预，二者完全纠缠在一起。这一节的开头写自己身体健康，像其他人一样小学、初中、高中依次进行，然后引出高考落榜，由高考落榜写到"我肯定会非常伤心，也觉得很对不起家人，但遇到不顺，人唯一可以做的就是面对现实，去做你'现在'所该做的事情"，"即使失败，我也会不断努力争取，寻求另一种生存的价值，不让自己虚度光阴，尽量去做点什么，最重要的是不能让自己的一生平淡平庸"（94）。文章接着转入创业的记叙，这一节现身式的评论干预成为叙述的组成部分。

现身式的评论干预以第一人称评论视角将读者直接引入"我"经历的事件和遭遇的人物以及对"我"的震动，因此具有直接性、生动性特点，有助于激起读者的认同感，可信度也更高，能有效缩减与读者的距离。面对这样的评论性干预，很难有读者对此出现排斥心理。现身式的评论干预表面是作品中的主人公对自我的评说，实际担负着评价的重任，担负着对读者的引导，暗含了作者的态度和判断。

### （二）画外音式的评论干预

画外音式的评论干预是以旁观者的角度对某一事件或人物或生命进行评价。

在《假如我是海伦》第21节中，张悉妮写自己努力地学习写作、绘画和电脑，自己绘画的时候仿佛看到米勒带着他的一堆可爱的孩子种地、画画，画麦茬，画茅屋的阴影，画春天的太阳，这时作者穿插了对生命的评价："雁过留声，人过留名。生命要有生命的痕迹。"（27）这两句话仿佛天外来音，浩渺悠长。这段评论干预看不出具体是谁在发声，借鉴的是电影的画外音手法，仿佛一个旁观者通过这件事情看清楚了人生的迷雾，站在某一制高点上评点人生。

画外音式的评论干预一般是针对事实的一种阐释，由叙事而言理。现身式的评论干预是以第一人称的形式出现，难以对自己的所思所想进行客观评价，而画外音式的评论干预是以第三人称的形式出现的，可以自如进入任何人物的内心发表言说，拉大读者与叙述者之间的距离，可以自由地将故事中所有人物的所思所想表达出来，而不至于像第一人称评论那样受到视角的限制而无法评说自传中所有人物的内心感受。因而，在对自传中的当事人进行评说时，画外音式的评论干预的范围比现身式的评论干预的范围更广。

### （三）象征性的评论干预

在残疾人作家的自传中，叙述者悄然介入叙事发表评论的另一种表现形式是景物描写，即借助景物描绘来表达作者对人生、对事件、对人物的评价，这就是象征性的评论干预。象征性的评论干预是通过景物描写传递传主的生存伦理观念，通过景物更好地传递传主对事件的态度。

于茗在《化蛹成蝶》中，在叙述人物与世界的联系、外部世界对她的影响时，就虚构了一些具有象征意义的景物，突出自我命运之难，突出命运的不可把握。写自己出生的那一天，"午后，天色渐暗，阴森森的乌云仿佛要把世界压扁，空气沉闷得令人窒息，一场暴风骤雨即将来临"（1）。自传写作：

> 虽然也强调自传的"事实"性，但由于传者是在为自己作传，是在通过对自己过去的回忆来"锥探"自己，由此传者对"事实"的认识就不仅包括那些实际发生过的"历史事实"，而且还包括那些发生和不曾发生过的"心理事实"——即传者过去的某些意识活动。从这种意义上来说，自传的叙事原理不再是"唯事实论"，而是"唯心论"，以传者写作时的心态和良心作为基准点去叙述往事。（许德金、崔莉 68）

这里的景物描写就属于心理事实。于茗出生的当天是否真的是这样的天气，可能谁也无法记得清楚，就算是那天天色黯淡，乌云密布，但于茗在描写时也是掺入了主观感受："仿佛要把世界压扁，空气沉闷得令人窒息。"在这里，对景物的描写也是为了自我的建构，也是间接对事件进行评价。他们并非按照实际事件的每一个细节去严格记录，而是从生活细节中提取某些重要的环节加以突出。传主已经从自然环境上预示了自我的悲剧人生，奠定了自我出生时的情感基调——灰暗。护士将刚刚出生的"我"抱给父亲，妇产科权威人士王大夫便告诉"我"的父亲，孩子长大后可能会残废，传主没有接着写"我父亲"此时此刻的心理感受，而是进行景物描写："有雷声响起，滚滚的雷声仿佛在产房顶上碾动，大地在跟着震动。预谋已久的大雨从黑压压的天空上直泻下来，雨水夹杂着弹珠似的冰雹狠狠地砸在窗户上，声声欲碎。"（于茗 5）王蒙说：

> 我个人认为，真相是不能塑造的，只能勇敢面对。但是怎么样叙述真相，这是可以选择的。这里有许许多多的选择，有轻与重的选择，有叙述方式的选择，甚至也有策略的考虑，就像曾国藩跟太平军打仗，无论是"屡败屡战"，还是"屡战屡败"，都说明他战败了，这一点没有疑问。这种选择和个性有关，和风格有关，也和叙述真相的责任也有关。（69）

上述两段对景物的描写就是王蒙说的与叙述真相的责任有关，后面一段对景物的描写与开头那段对景物的描写相互照应，"冰雹狠狠地砸在窗户上"表达了传主对丧失医德的医生的愤怒，"声声欲碎"表达了传主对自己残疾人生的悲哀之情。"我"身患残疾，完全是医生丧失医德造成的，医德的丧失造成一个人终身痛苦。传主借助对景物压抑、沉闷的描写，谴责了医生人性的丑恶。

### （四）次文本的评论干预

次文本指自传中除正文叙述以外的其他部分，如题记、前言、后记、序、标题、副标题、书信、日记等。次文本可以为主叙述营造氛围，提供说明或暗示，因而也成为叙述者实施评论干预的有效手段，成为体现其价值倾向和道德判断的重要途径。次文本的评论干预就是通过次文本发表的评论。

《妈妈的心有多高》有题记、前言（《致读者》）、结束语，自传中讲述的是一个残疾母亲在苦难的命运面前，高昂着不屈的头颅，顽强地和命运抗争，带领孩子闯过一个又一个难关，终于从病魔手中夺回自己的孩子，并且女儿健康、美丽、优秀。赵定军在题记、前言、结束语中通过对自己人生的点评指出，人生不论有多么坎坷，都要热爱生活，唯有如此才能获得生命的幸福。

《假如我是海伦》是在精神分析中发现和构造自我，整部自传以回忆的片段代替情节的连贯性。每一个回忆片段就是一章，而每一章都有一则题记，绝大多数题记都是对本章所及事情的一个评论。《假如我能行走三天》的一个特点就是穿插大量书信，以书信的形式对叙述进行评论干预。

上述4种划分是就总体倾向而言的，任何划分都不可能绝对穷尽所有现象。除了上述4种评论干预的方式，还有一些其他的评论干预方式，比如通过人物对话对某件事情进行评论。在残疾人作家的自传中，传主对人物与事件做出评价是试图使预设读者接受其所作的判断与评价，按照传主给定的意义去对事物和人物加以理解，使预设读者与传主在价值判断上保持一致。为了达到这一目的，传主还采用多种视角的转换对事件或人物进行评论干预。《假如我能行走三天》中的第十四章，第一句话是"云成整天只能坐在炕上，他无法走出家门，无法过正常人的生活，但他可以——想象"（张云成 90）。这是第三者对"他"（传记中的当事人）的生活进行评论干预，是传主和叙述者的对话。

叙述者的评论干预使残疾人作家的自传具有鲜明的人格化叙述特点。因为在自传文学中加入比较多的评论干预，所以残疾人作家的自传包含传主强烈的主观声音和意图，传主的伦理观念和价值取向鲜明突出，清晰可见。任何文学作品都蕴含着创作主体的某种价值立场与意义判断，完全客观真实的叙述风格只是人们一厢情愿的奢望。只不过有的文本较为显现，有的文本较为隐蔽。残疾人作家的自传就属于人格化倾向十分突出的文学文本。残疾人作家对自己成长过程中所经历的人物、事件都毫不隐讳地表明自身的态度和评价，他们的自传是一种带有作者鲜明道德倾向的主观化叙述。

不同于中国现当代其他的作家自传，残疾人作家的自传与他们的身体密切相关，身体状态引发的特殊经历决定了他们在自传写作中预设了一个身陷逆境的读者，自传写作的目的就是对这类预设读者进行教化，他们的自传写作带着强烈的教化意图。因此，在残疾人作家的自传中，一方面，残疾人作家通过现在的自我回顾，总结和解释过去的自我，让读者看到生命是可以从逆境中突围的；另一方面，在叙述的过程中不断插入评论，对事实进行点化、升华和引导。前者决定了残疾人作家的自传文学采用螺旋式的上升结构，后者决定了残疾人作家的自传文学采用叙述者的评论干预。教化意图、身陷逆境的预设读者和螺旋式的上升结构以及突出的评论干预构成残疾人作家自传写作的四大特征。由此，残疾人作家的自传成为中国现当代作家自传中独特的存在。

## 致谢【Acknowledgement】

本文为国家社科基金后期资助项目"中国当代作家的身体残疾与文学创作之关系研究"（19FZWB029）阶段性研究成果，得到全国哲学社会科学规划办公室的经费支持，作者谨致谢忱！

This paper is the phased research results of the later funded project of the National Social Science Foundation "Research on the relationship between physical disability and literary creation of contemporary Chinese writers" (19FZWB029), supported by the national philosophy and social science planning office. The author would like to express her gratitude.

## 引用文献【Works Cited】

吕莹：《让爱解冻生命》。南京：译林出版社，2014年。
[Lv Ying. *Let Love Thaw Life*. Nanjing: Yilin Press, 2014.]
赵定军：《妈妈的心有多高》。北京：北京十月文艺出版社，2000年。
[Zhao Dingjun. *How High is Mother's Heart*. Beijing: Beijing October Literature and Art Publishing House, 2000.]
张云成：《假如我能行走三天》。桂林：漓江出版社，2012年。
[Zhang Yuncheng. *If I Could Walk for Three Days*. Guilin: Lijiang Publishing House, 2012.]
陈媛：《云上的奶奶》。北京：北京时代华文书局，2014年。
[Chen Yuan. *Grandma on the Cloud*. Beijing: Beijing Times Chinese Book Company, 2014.]
龚莹：《浅浅痛，深深爱》。北京：中国盲文出版社，2006年。
[Gong Ying. *Shallow Pain, Deep Love*. Beijing: China Braille Press, 2006.]
张悉妮：《假如我是海伦》。北京：人民文学出版社，2005年。
[Zhang Xini. *If I Were Helen*. Beijing: People's Literature Publishing House, 2005.]
于茗：《化蛹成蝶》。长春：吉林大学出版社，2009年。
[Yu Ming. *Metamorphosis into Butterfly*. Changchun: Jilin University Press, 2009.]
许德金、崔莉：《传记》，《外国文学》2005年第5期，第68页。
[Xu Dejin and Cui Li. "Biography." *Foreign Literature* 5(2005): 68.]
王蒙：《真相及其叙述》，《中国海洋大学学报》（社会科学版）2009年第2期，第69页。
[Wang Meng. "Truth and its Narration." *Journal of Ocean University of China (Social Sciences)* 2(2009): 69.]

# 当代残疾人作家自传体作品的叙事策略

薛皓洁

**内容提要**："残疾"是残疾人作家的典型特征，是其自传体作品的叙事核心，是推动着作品情节发展的动力源；"残疾"既是作品的叙事对象，又为特殊的审美意愿所编码。纵观当代残疾人作家的自传体作品，残疾叙事的策略主要有三种：一是生理困境与心理体验的双向互动，二是生死思索与自我超越的交叉递进，三是身体残疾与社会病症的隐喻关联。

**关键词**：叙事策略　自传体作品　残疾人作家

**作者简介**：薛皓洁，南京特殊教育师范学院副研究员，文学博士，主要从事中国现当代文学研究，近期研究成果有《基于"异体"的典型人物形象》（《江苏社会科学》2018年第3期）、《徐志摩诗歌"浪漫"与"唯美"共存的艺术特质》（《江苏社会科学》2015年第4期）、《与苦难抗争、让生命增值——论当代残疾人作家自传体作品的价值取向》（《现代传记研究》2019年第2期）。邮箱：30170656@qq.com。

**Title:** The Narration Strategies of the Autobiographical Works by Contemporary Disabled Writers

**Abstract:** As the typical characteristic of disabled writers, disability is the object of narration, the driving force of plot development, and the encoded aesthetic will. Throughout the autobiographical works by contemporary disabled writers, there are three narration strategies, namely, the two-way interaction between physical predicament and the psychological experience, the cross advancement of the life-death meditation and the self-transcendence, and the insinuation of social illness with physical disabilities.

**Keywords:** narration strategy; autobiographical works; disabled contemporary writers

**Xue Haojie**, PhD in Chinese Literature, is Associate Research Fellow at Nanjing Normal University of Special Education. Her research focuses on Modern Chinese Literature. Her recent publications include the "Characters of the Writings of the Disabled" (*Jiangsu Social Science*, 3, 2018), "Co-Existing Feature of Romanticism and Aestheticism in Xu Zhimo's Poems" (*Jiangsu Social Science*, 4, 2015) and "The Resistance Against Suffering and the Increase of Life Value: On the Autobiographical Works by Disabled Contemporary Writers" (*Journal of Modern Life Writing Studies*, 2, 2019). **E-mail:** 30170656@qq.com.

"残疾"是残疾人作家的典型特征，是其自传体作品的叙事核心，是推动着作品情节发展的动力源；"残疾"既是作品的叙事对象，又为特殊的审美意愿所编码。自传体作品叙事主体与叙事对象的特殊关系决定了文学书写的目的是在文本中实现自我建构。残疾人作家自传体作品往往都以"我"为叙事对象，以"我的残疾""我的感悟"等为叙事视角；"残疾"使"我"经历了常人难以想象的生理困境和心理体验，激发了"我"的创作潜能，促成了"我"在与挫折、与创伤的抗衡中实现自我超越，促使"我"通过残疾经历的自叙，去体悟命运的荒诞、影射社会的病症、探寻生命的意义、走出自我实现的道路。叙事策略既是作家与读者的对话口径，又为作品叙事在叙事视角、叙事语境、思辨脉络等方面提供技术支持。残疾人作家是作家群体中的一个特殊群体，纵观当代残疾人作家自传体作品，残疾叙事的策略主要有三种：一是生理困境与心理体验的双向互动，二是生死思索与自我超越的交叉递进，三是身体残疾与社会病症的隐喻关联。

## 一、生理困境与心理体验的双向互动

残疾人作家是作家群体中的一个特殊群体，他们大多都经历过常人难以理解的病痛、冷眼、孤寂、苦闷，品尝过比常人更多的人世悲凉，甚至还面临过常人难以想象的生死考验。"残疾"是残疾人作家亲身经历过的刻骨铭心的苦难，与其一生有着拆解不开的情缘、言说不尽的"情结"。"苦难是历史叙事的本质，而历史叙事则是苦难存在的形式。对苦难的叙事构成了现代性叙事的最基本的一种形式。"（党圣元 57）残疾人作家由于身体上的"残缺与局限"，常常要比健全人承受更多的生存压力和精神痛苦，要面对来自个人命运与社会蔑视的双重苦难。但是，对"苦难"的切身体验，也给残疾人作家带来了创作的灵感和叙事的启发。"残疾"对残疾人作家既是一种身体伤痛，也是一种异常强烈的外部刺激，并且构成其独特心理体验的外部诱发条件。"残疾"给作家带来的身心痛苦和生存苦难，是其残疾书写必须面对的问题。如何将"残疾"所引发的生理痛苦和心理感受诉诸笔端？如何从个人遭遇的苦难出发去追寻人类的苦难、探究生命存在的价值与意义？"生理困境与心理体验的双向互动"就成了残疾人作家自传体作品叙事策略的一种选择。

面对突如其来的身体灾难，张海迪自传体小说《轮椅上的梦》的主人公方丹突然感觉"双腿仿佛不是自己的，因为它们完全不能按照自己的意愿伸屈，那颗刚才还兴奋发烫的心一下子就冰冷了，于是低下头，脸涨红了"（38），残疾所带来的悲伤、委屈、失望，使得方丹"总想使劲儿哭，总觉得那样哭会很快乐，很想快乐地哭"（21）；残疾所导致的自卑心理使她"总是竭力掩盖自己的缺陷，不让别人看出她的双腿是瘫痪的"（46）。然而，她"从不在别人面前掉眼泪，更不在别人面前抽泣，总是把眼泪憋到喉咙里咽下去"（21）。双腿瘫痪的折磨让方丹对生命绝望，并且想到了死。在对"死"的心灵拷问中，她最终战胜了自我，因为"我知道，死了就什么也没有了，没有一切了，假如我没有了一切，别人还有，我愿用我的死为人们换来幸福"（65）。在"为人们换来幸福"信念的支持下，方丹"看到了一种力量，在那骨瘦如柴、奄奄一息的人体内，有一种看不见的力量"（124），产生了"给陶庄人做点事情"的信念。由于没有老师愿意到陶庄小学教书，方丹自告奋勇，她让孩子们将她抬上讲台，教授孩子们学习语文、数学、唱歌。为了把课上好，她拖着残疾的身体每天在自制的小油灯下备课到深夜，甚至到天明。方丹在和身体残疾的抵抗中发现了自身生命的力量，在"给陶庄人做点事情"的过程中体会到了自身生命的价值。张海迪在自传体小说《轮椅上的梦》中的残疾叙事，不是在渲染肉体和生理给主人公带来的苦痛，而是在生理困境与心理体验双向互动的艺术创造中，生动地再现了残疾主人公战胜自卑、超越创伤、书写美丽人生的心路历程。

"残疾"是人生的一种不幸，不仅给人的生活上带来诸多不便，而且使人沦为社会弱势群体，成为引发不屑、嘲弄甚至攻击的对象。家人的冷眼、世人的歧视构成了残疾人独特的外部生存环境，对其身心产生一种强烈的外部刺激，形成其独特心理体验的外部诱发条件。面对所处环境的外力作用，残疾人往往会不自觉地将自身境遇与他人相比较，不自觉地放大自己的欠缺与不足，从而造成一种心理不平和对自我的否定。因此，残疾人大多都或多或少地存有"自卑情结"。美国心理学家S.阿瑞提认为，"一种不是苛刻到能严重伤害人的精神的、适度的差别甚至比在绝对自由的情况下更能刺激人们去创造。这是很容易理解的。向困难挑战，为消除现存的任何差别而斗争，去获得从前不准获得的东西，这些愿望都能成为强大的动力"（阿瑞提 409）。

朱彦夫的小说《极限人生》是近年来影响最大的一部残疾人自传体作品。主人公"石痴"在朝鲜战场上冒着零下30摄氏度的严寒，与敌人激战三天三夜，集枪伤、烧伤、冻伤于一身，两手手腕以上被锯掉，两腿膝盖以下被截去，左眼瞎了，右眼的视力只剩0.3，成了一个"手脚皆无、面目全非的肉轱辘"。身体的残疾带来了心理的紧张和重压，行为的受限转化成内心的烦躁与焦虑。暴怒、癫狂、自责、自卑接踵而至，"他感到心灰意冷，精神几乎崩溃。像一个寄生动物一样活着又有什么意思？他只想快快解脱，快快结束自己的生命"（50）。在生理困境与心理体验的重压面前，石痴没有倒下，残缺的躯体中涌动出了顽强的生命活力。他一步一步地由极度的"心理自卑"迈向对生活的"乐观自信"，"从由他人喂饭解便，到自筹、自炊、自食，在一望无际的沙漠中，一丝丝一点点，向着求生目标奋进"（165）。石痴为自己设定了"不因空耗时光而羞愧"的人生信条，他既做了村上的图书管理员，又担任扫盲夜校的教师，后被乡亲们选为村支书，带领村民战胜三年自然灾害，使张家湾村"年人均口粮上升到360斤，工值由零上升到六角五分，首次有了动力机械——一台拖拉机、两台柴油机……"（317）。石痴的残疾与病痛不仅没有削弱他的生命力量，反而促使他在不断超越身体局限中实现了自己的人生价值。石痴因病辞去村支书的职务以后，又以顽强的毅力战胜残疾的困扰，凭借 0.3 视力的右眼，用绑笔、咬笔、残臂抱笔、腿臂配合等各种用笔方法艰难书写，历时 7 年完成了 33 万字的自传体小说《极限人生》，以亲身经历证明："人是一个不同于非人自然实体的，具有自我意识、具有超越他的环境和超越他自身能力的统一整体。作为一个个体的人，他同时既包含于特定环境又超越这种环境。"（马斯洛 308）

"一切严肃的作品说到底必然都是自传性质。一个人如果想要创造一件具有真实价值的东西，他便必须使用自己生活中的素材和经历。"（沃尔夫 24）当代残疾人作家自传体作品的创作都是从自我的生活经历和生存经验出发的，从描写残疾的躯体出发，直面自己的自卑，以"生理困境与心理体验的双向互动"的方式，将亲身体验过的痛苦、挣扎、救赎的心路历程以自传的形式呈现给世人，成了残疾人作家实现自我价值的一种方式。双向互动下的残疾叙事，除了传递事件信息外，还或隐或显地暗含了叙述者的价值取向，使受众在不知不觉中进入互动策略营造出来的叙事情境和想象空间之中。

## 二、生死思索与自我超越的交叉递进

"本能"是生物体趋向于某一特定行为的内在倾向，是有机体生命中恢复事物早先状态的一种冲动。弗洛伊德认为，人类具有"生之本能"和"死之本能"。"残疾"是一种特殊的生命现象，"残疾"使人行动受限、心理负重，会在一定程度上强化人的"死之本能"。从一定意义上来看，身体的残缺是一种机体衰亡的先兆，会使人较早地感觉到"死亡的临近"，产生出对"死亡的恐惧"，催生出对"死亡的思考"。与普通残疾人一样，残疾人作家在身体致残初期会对自身能力产生怀疑，出现自卑情节，甚至是自暴自弃的行为，但是随着时光的流逝，他们会比普通残疾人更快地走出死亡的阴影，逐渐从对环境的对抗走向顺应，并在对现实的适应中学会正确面对现实，继而以超越机体局限与命运抗争的态度探索实现自我的道路，用自传体小说书写创造人生的价值。

《死是容易的》讲述了作者阮海彪的"残疾人生"，书中的"我"是一个多重角色组成的人物。"我"既是叙事者，也是叙事对象；既是饱受残疾折磨"八岁那年就想到了死"的"我"，也是二十多年后走出死亡阴影、实现自我超越的"我"。作品对"我"一步步走出死亡阴影、不断取得自我超越的叙事是交叉递进的。"我"自幼就因残疾的折磨而陷入肉体与精神的双重苦难之中，"我感到情况严重了。浑身发烧，小腿肿胀，疼痛难忍。我迷迷糊糊，讲起了胡话……，我觉得活着没有意思，别说割去一条腿，就是割去两条腿，我也情愿，人，反正要死的"（21），"我想，可以活，就尽量活下去吧。我有什么理由轻生，有什么理由放弃自己的追求呢"（33）；"死是容易的，在我那不太长的生命史上，已有五十多人在我的眼皮底下告别了人生，在一阵呼号、挣扎、呻吟、转辗后，一具被改变了称呼的人体就从你的头上抬过"（50），"我用被子蒙住头，哭了。眼泪流尽了，忽然，我的心底萌生起一股蛮劲，人都是要死的，不能死得被人可怜可笑"（79）；"剩下的还有什么呢？剩下的只是我那个永远僵直的胳膊，剩下的只是我这具日益残破的躯壳，剩下的只有我这颗经受着七情六欲折磨的痛苦而破碎的灵魂"（208），"人活着就是了不起的，人生就是伟大的。人活着，不仅是为着自己那个有限的充满痛苦的生命，他能从有限的生命创造出无限的价值来"（214）。

处于健康状态下的人与处于残疾状态下的人对于"生与死"的感受是不同的。"残疾"往往会给人带来趋向于死亡的痛苦体验，使人的生命感受更多地偏向"死"的一侧。"残疾"会使人的生存偏离了常规生活，让人对"生与死"的问题更为敏感。"残疾"是一种催化剂，促使人更多地思索生命的本真及存在的意义。美国著名哲学家、人本主义心理学的主要创始人之一马斯洛认为，"只有体验了丧失、困扰、威胁甚至是悲剧的经历之后，才能重新认识其价值。对于这类人，特别是那些对实践没有热情、死气沉沉、意志薄弱、无法体验神秘感情，对享受人生、追求快乐有强烈抵触情绪的人，让他们去体验失去幸福的滋味，从而能重新认识身边的幸福是很有意义的"（80）。

"生死思索"使得阮海彪笔下的"我"在"生与死"的心灵拷问中感悟到："死是容易的"，而"活着是不容易的"，"今天的文明，就是无数代人、无数个人创造的大于自己生存需要的价值的积累，包括思维、情感成果的积累。

人生的完美与缺憾，也许都要从这的角度去度量"（阮海彪 214）。穿梭于死亡恐惧和自我超越过程中的"我"，既为作品的叙事营造了相对自由的空间，又给读者的想象和感悟创造了可能，使得读者在对"我"的遭遇深感同情的同时，不由地为"我"毫不留情的自我解剖而震撼，并且真切地领略到作者对生活的洒脱和对生命的自信。

残疾人作家在体验了身体机能局部丧失和由此带来的生存痛苦之后，对生命本质和人生意义的理解往往要比健全人更加真切，更为深刻。人既是生命的主体，也是生命价值的主体。人活着只有满足了自身发展需要和社会发展需要，人生才能够产生价值。"对于一个有意识的生命来说，存在在于变化，变化在于成熟，成熟在于不断的自我创造。"（柏格森 13）当代最优秀的残疾人作家之一史铁生，在青春年少的时候突然双腿瘫痪。"残疾"将他的生活束缚在轮椅上，使他不堪忍受的不仅有生理上日益加重的困扰，还有心灵上无休无止的痛苦。社会的歧视、世俗的偏见像黑云一样压得他喘不过气来，使他痛恨命运对残疾人的不公，使他很早便开始思考生与死的问题："我一连几小时专心致志地想关于死的事，也以同样的耐心和方式想过我为什么要出生。"（史铁生，《史铁生作品集》3: 164）苦思冥想让史铁生对"生与死"的本质有所感悟，认识到生命就是一个"向死而生的过程"，认识到人只有坚持与命运抗争、不断超越局限，才能获得人生的幸福，这就是他的生命哲学。在以自己的亲身经历、切身体验和哲学思考为叙事对象、以"生死思索与自我超越的交叉递进"为叙事策略的自传体作品中，史铁生直面了三个问题：第一是要不要去死？第二是为什么活？第三是应当怎样活？史铁生自传体作品的主人公与史铁生一样也是双腿瘫痪，《我与地坛》中的"我"、《好运设计》中的"我"、《病隙碎笔》中的"我"、被文学界称为"史铁生的精神自传"的《山顶的传说》中的"小伙子"等，都与史铁生经历过相同的生理痛苦和心理折磨。作品的叙事对象实际就是史铁生本人的残疾人生，就是史铁生本人对"生与死"的哲学思考的过程。"双腿残废之后，他首先想到的是死。当那个港湾出现之前，他一直都盼望着死"（1: 259），"他用目光在屋顶上发狠地写着'死'，写着'癌'，写'氰化钾''DDV'。只要虔诚，上帝会派死神来帮个忙"（1: 261）。

然而，他没有去死，因为"死之思索"使他明白："一个人，出生了，这就不再是一个可以辩论的问题，而只是上帝交给他的一个事实；上帝在交给我们这件事实的时候，已经顺便保证了它的结果。所以死是一件不必急于求成的事，死是一个必然降临的节日。"（3：164）坦然面对死亡之后，就是为什么活和怎样活的问题。按照史铁生的理解，人活着本身就是一个"向死而生的过程"，但"死神也无法将一个精彩的过程变成一个不精彩的过程，因为坏运也无法阻挡你去创造一个精彩的过程，相反你可以把死亡也变成一个精彩的过程，……过程！对，生命的意义就在于你能创造这个过程的美好与精彩，生命的价值就在于你能够镇静而又激动地欣赏这个过程的美丽与悲壮"（3：199）。通过"生死思索与自我超越交叉递进"，史铁生用残缺的身体说出的健康而又富有哲理的思想，不仅对残疾人而且对健全人突破生存环境制约、走出心理精神困境、实现自我超越都具有非常重要的启示意义。

残疾人作家是一个有意识的生命群体，"残疾"给他们的生命存在带来了巨大变化，深切的创伤体验使其内心产生出一股强大的创作冲动。"生死思索与自我超越的交叉递进"作为一种叙事策略，既生动再现了作者"生死观"不断成熟的过程，又引导读者进入作品的文本语境，体味作者走出死亡阴影、超越残疾制约、实现生命增值的心路历程。

## 三、身体残疾与社会病症的隐喻关联

"隐喻"是文学语言的重要特征之一。对于某个"隐喻"的理解，不在其文字的表面意义，而在其背后的"言外之意"。"隐喻"给人们提供一种认识世界的方法，引导人们发现原来没有任何联系的事物之间的相似性，为人们理解事物的基本特征提供视角，启发人们通过比较不同事物间的相似性认清事物的本质。"隐喻"作为一种重要的修辞手段，"不仅能折射出人类诗性智慧的光辉，也能揭示出人类认识世界、改造世界的哲学睿智；不仅是人类改造世界的桥梁，也是人类认知自身的途径"（季广茂 11）。身体是人的生理存在的基础，是人类社会活动的载体，也是文学作品的修辞载体。"残疾"是人的一种特殊生存状态，残疾隐喻将始发域的框架投射到目标域之上，可以暗指与之相关的社会现象，折射人与人之间的伦理关系。美国作家、艺术评论家苏珊·桑塔格在《疾病的隐喻》中认为，"人类不同身体部位所患的疾病有着不同的社会隐喻"（桑塔格 17）。文艺批评家斯奈德认为，"目盲或许可以理解为人性对于未来的短视，腿瘸有可能是对社会意识形态缺陷的反映，耳聋则暗示领导对民众建议的充耳不闻，等等"（Snyder 25）。在文学作品当中，各种身体残疾常常被用来隐喻现实社会的种种病症，表现现实社会中的人性善恶，引发人们对社会道德伦理问题的深刻思考，因此，"身体残疾与社会病症的隐喻关联"也是残疾人作家自传体作品的叙事策略之一。

残疾人作家朱彦夫的自传体小说《极限人生》，以描述"石窟猿人化石图案"为开篇，以"残疾"隐喻作为作品的叙事脉络，形成作品语篇的信息流，使隐喻的内涵渗透于作品全篇："在云蒙山下的峭壁间，镶嵌着一片大小各异的天然石窟，石窟内光滑如镜的石壁表面，有数量颇多，形态奇妙的猿人化石图案，其状或四肢触地，或前肢撑空半立，或前肢断缺……趴、卧、蹲，四肢大致相似，唯有直立状后肢长，前肢短或干脆全无。"（1）"石窟猿人化石图案"所表现的是人类始祖的生存状况，残肢断臂的猿人与现代社会的残疾人在血脉上是息息相通的，"'猿人'——更确切地讲应当叫'圆人'……是20世纪50年代的猿人后裔，名叫石痴，四肢全无，集枪、烧、冻伤于一身"（1）。《极限人生》借助"石窟猿人化石图案"的残疾隐喻，引导读者沿着作品设计的路线思索：上古时代"残肢断臂猿人"与现代"圆人"的命运也是相通的，"他们同样是在与异族、猛兽的搏斗中被咬残、击伤的，同样处于'支离破碎'、觅生求异的重大转折关头"（1）。人类始祖能够战胜残缺而生生不息进化为现代人，当代残疾人和健全人又应当从中参悟到什么呢？在作品主人公石痴这样一个手脚皆无、面目全非、活像个肉轱辘的"圆人"身上，透露出的是一种坚强不屈的信念和勇往直前的力量，"猿人化石图案"所隐喻的是人类不断向困境挑战、与命运抗争，自强不息、百折不挠的精神，对残疾人和健全人如何不虚度人生具有感同身受的启发、引导意义。

法国哲学家、社会思想家福柯认为，"人的身体在历史上的各种不同的遭遇就是各种社会历史事件的见证；在人的身体上面，留下了各种社会历史事件的缩影和痕迹。身体成为不折不扣的社会历史事件的烙印"（转引自高宣扬 102）。"残疾"既是作家文学书写的对象，也是他们借以表达倾向的叙事符号。"身体残疾与社会病症的隐喻关联"的叙事策略，以引领读者从作品的情节走向联想的世界，将身体的残疾与现实社会中的丑陋现象联系起来，使现实生活中看似没有意义的意象变得清晰起来，使读者沿着意象所指引的路线进入文学语篇的意境，从作品表面的残疾现象走向对与此相关的社会现象的思考。

身体功能受限常常使残疾人对自然环境和社会环境产生敏锐的直觉，强烈的个体生命体验使得太阳、月亮、乌云、浓雾、狂风等自然现象与残疾人的心理感受，也常常在作家的笔下形成独特的隐喻。在史铁生《一个冬天的晚上》中，"月亮"似乎可以照亮残疾主人公寻求生命希望的道路，可"月亮那么小，那么远"，风也在不断给增添麻烦，使得"背阳的屋顶上飘落下雾似的碎雪，使得行进异常困难"，"只有风声，风使人想起黑色的海洋和一叶浪谷里颠簸着的孤"（史铁生，《史铁生作品集》1: 166-176）；在史铁生《没有太阳的角落》中，残疾主人公始终得不到阳光的温暖，"不平等"就像乌云一样笼罩在残疾主人公生存的角落；在史铁生《老屋小记》中，双腿瘫痪的主人公总是想，"这个世界又与你何干？睁开眼，还是风，不知所与所去，浪人一样居无定所。……摇死吧，看看能不能走出这个很大的世界……"（282）；在史铁生的精神自传《山顶的传说》中，"太阳还没有出来，天色依然有些昏暗"，"风还是不小，天也阴着。一会儿，风把云撕开了，月亮在奇形怪状的云层里颠簸。一会儿，云又合拢"，与残疾主人公相依为命、作为其精神寄托的那只叫"点子"的鸽子飞走了，他踏上了寻找"点子"的旅程，可"风还是那样，一阵不比一阵小"，"不知那依然强暴的寒风把它刮到哪儿去了"，"他坐在黑夜里，在风中，在乌云的下面"，"睁开眼睛，世界是崎岖的山路。他站起来，又走，又往前爬，他艰难地爬着，爬向山顶……，他看见了他的鸽子。鸽子看他看见了它，就又飞起来，向更远更高的山峰上飞去了……"（史铁生，《史铁生作品集》1: 299）。在史铁生的笔下，自然现象与残疾人的心理感受相互关联，成为渗透整个语篇、渲染作品主题的独特隐喻，象征残疾人面临的生存困境，折射残疾人追求平等身份的艰辛，暗示现实社会中的种种病症；"布满崎岖山路的世界""艰难攀爬到达山顶""又看见了他的鸽子""向更远更高的山峰上飞去"等意象，在引导读者进入文本语境、品味文字背后意蕴的过程中，发挥了桥梁纽带的作用，使得残疾人"囿于环境、不服命运、积极抗争、自我超越"的自强精神得以再现和升华。

综上所述，当代残疾人作家自传体作品所采用的"生理困境与心理体验双向互动、生死思索与自我超越交叉递进、身体残疾与社会病症隐喻关联"的叙事策略，既生动地再现了残疾主人公战胜自卑、超越创伤的心路历程，又引发了人们对生命意义和人生价值的理性思索，同时也给文学传记类作品的叙事提供了一种可供借鉴的书写范式。

## 致谢【Acknowledgement】

本文为江苏省哲学社会科学项目"中国当代文学中的残疾书写研究"（20HQ029）阶段性成果，得到江苏省哲学社会科学规划办资助，并受益于《现代传记研究》匿名评审人提出的修改意见，作者谨致谢忱！

My acknowledgement and gratitude go to the research project "The Study of the Contemporary Chinese Writings of the Disabled" (20HQ029) supported by Jiangsu Planning Office of Philosophy and Social Science. And I am grateful to the editor of the *Journal of Modern Life Writing Studies* and anonymous reviewers for their suggestions and comments.

## 引用文献【Works Cited】

S.阿瑞提：《创造的秘密》，钱南岗译。沈阳：辽宁人民出版社，1987年。

[Arieti, S. "Creativity: The Magic Synthesis." Trans. Qian Nangang. Shenyang: Liaoning People's Publishing House, 1987.]

党圣元：《论文学价值观念的基本规定性》，《学术研究》1996年第3期，第57页。

[Dang Shengyuan. "On the Basic Stipulation of the Value of Literature." *Academic Research* 3(1966): 57]

高宣扬：《福柯的生存美学》。北京：中国人民大学出版社，2005年。

[Gao Xuanyang. *L'Esthetique de l'existence chez Foucault*,. Beijing: China Renmin University Press, 2005.]

亨利·柏格森：《创造进化论》，姜志辉译。北京：商给印书馆，2004年。

[Bergson, Henri. *Creative Evolution*. Trans. Jiang Zhihui. Beijing: The Commercial Press, 2004.]

季广茂：《隐喻视野中的诗性传统》。北京：高等教育出版社，1998年。

[Ji Guangmao. *The Poetic Tradition in the View of Metaphors*. Beijing: Higher Education Press, 1998.]

亚伯拉罕·马斯洛：《马斯洛人本哲学》，成明编译。北京：九州出版社，2003年。

[Maslow, Abraham. *Maslow's Humanistic Psychology*. Trans. Cheng Ming. Beijing: Jiuzhou Publishing House, 2003.]

阮海彪：《死是容易的》。上海：东方出版中心，2008年。

[Ruan Haibiao. *It's Easy to Die*. Shanghai: Orient Publishing Center, 2008.]

史铁生：《史铁生作品集》（1—3）。北京：中国社会科学出版社，1995年。

[Shi Tiesheng. *The Collected Works by Shi Tiesheng*. 3Vols. Beijing: China Social Science Publishing House, 1995.]

——：《老屋小记》，《史铁生自选集》。海口：海南出版社，2008年。

[—. "Essays During Illness." *Shi Tiesheng's Self Collection of Writings*. Haikou: Hainan Publishing House, 2008.]

苏珊·桑塔格：《疾病的隐喻》，程巍译。上海：上海译文出版社，2000年。

[Sontag, Susan. *Illness as Metaphors*. Trans. Chen Wei. Shanghai: Shanghai Translation Publishing House, 2000.]

Snyder, Sharon L: *Disability Studies: Enabling the Humanities*. New York: Modern Language Association of America, 2002.

托马斯·沃尔夫：《一部小说的故事》，黄雨石译。上海：上海三联书店，1991年，第24页。

[Wolfe，Thomas. *The Autobiography of An American Novelist*. Trans. Huang Yushi. Shanghai: Joint Publishing Co., 1991. 24.]

张海迪：《轮椅上的梦》。北京：中国青年出版社，1991年。

[Zhang Haidi. *Dream on the Wheelchair*. Beijing: China Youth Press, 1991.]

朱彦夫：《极限人生》。北京：新华出版社，2014年。

[Zhu Yanfu. *The Limit of Life*. Beijing: Xinhua Publishing House，2014.]

# 女性·身体·疾病
## ——作为自病记录的《哀悼乳房》

赵 文

**内容提要**：作家西西在罹患乳腺癌后，以患者的身份书写了一本关于疾病诊疗以及愈后过程的生命之书——《哀悼乳房》。此书不仅内容驳杂且文体兼备，诸种文学手法的运用使它很难被归为某种特定的文学类别。本文从托马斯·库瑟的自传理论出发，认为《哀悼乳房》的文本尽管呈现出流动、开放、生成的混合风格，但依旧属于典型的自病记录书写。其内容符合自病记录抵制医学权威、挑战文化建构及认领个人身体的文化要求，具有反病理书写的特征。《哀悼乳房》的出现是对文学史中女性、身体与疾病三重表征被压抑的反驳与回归，它促使知识界将目光转向被边缘的个体与现象。西西的书写不仅重塑了女性与疾病的关系，更体现出她作为知识女性深刻的人文关怀。

**关键词**：《哀悼乳房》 疾病叙事 自病记录 反病理书写 身体

**作者简介**：赵文，南京大学文学院比较文学与世界文学专业博士研究生，主要研究方向为西方文论和英国文学。邮箱：1017024121@qq.com。

**Title:** Women, Body and Disease: *Mourning a Breast* as an Autopathography

**Abstract:** The writer Xi Xi, as a patient after suffering from breast cancer, wrote a book *Mourning a Breast* about the diagnosis and treatment and the prognosis process. The book is quite complex both in content and style, employing various literary techniques to make it difficult to fall into any genre. In accordance with Thomas Couser's autobiography theory, this paper suggests although *Mourning a Breast* presents a mixed style of volatility, openness and creation, it still belongs to an autopathography. Its content is in line with the cultural requirements of an autopathography, that is, resisting the medical authorities, challenging the cultural constructions and reclaiming personal bodies, which demonstrate the characteristics of anti-pathography. *To Mourn My Breast* is a rebuttal and return to the repressed triple representations of women, body and disease in the history of literature, prompting readers to turn eyes onto the marginalized individuals and phenomena. Xi Xi's writing not only reshapes the relationship between women and disease, but also reflects her profound human compassion.

**Keywords:** *Mourning a Breast*, illness narrative, autopathography, anti-pathography, body

**Zhao Wen** is a doctoral candidate majoring in comparative literature and world literature at the School of Liberal Arts, Nanjing University. Her research concerns British literature and Western literary theories. **E-mail:** 1017024121@qq.com.

《哀悼乳房》是香港作家西西以1989年罹患乳腺癌的亲身经历为创作蓝本，运用惊人的文学手法所撰写的一部关于疾病、癌症和医疗自救的奇书。与以往体裁鲜明的其他作品不同，《哀悼乳房》跨越了文类的边界，混合了自传小说体、医学知识语用体、新闻语体、对话体、散文体、知识问答体、备忘录体等多种文体类型。它的叙述拒绝了明确的类别归属；其创作风格体现出明显的多元性、差异性与异质性。似乎预见了读者在面对《哀悼乳房》时所遭遇的文类困境，西西在序言中体贴地解围"这是一本通过种种文学手法写成的书，有的朋友当是小说，有的当是文集。我想，尊贵的读者喜欢怎样分类就怎样分类吧；这次，随你的意"（西西 3）。西西的"随意性"为《哀悼乳房》的文类属性提供了广阔的探索空间。

然而，尽管《哀悼乳房》文体兼备，但从叙事角度进行分析，其核心依旧是关于疾病或残疾的自我书写。自20世纪70年代以来，伴随着生命写作形式的成倍增长与自传领域的开始分裂，自我疾病书写逐渐从生命写作中独立成型，呈现出一种特殊的传记面貌。1978年，苏珊·桑塔格的《疾病的隐喻》的出现在某种程度上导致了自我疾病叙事作品的增加。此时，研究者也多倾向于在自我叙事的特定模式中解决问题（Smith and Waston 106），这在无形中促进了自我疾病叙事的理论化发展与实践。至90年代初，美国学者托马斯·库瑟正式提出新术语——自病记录（autopathography），用来概括此类作品，从而充实了生命书写的体裁类型。此后，经过西多尼·史密斯、朱丽娅·沃森及杰弗里·阿伦森等学者对自病记录的承认与不断完善，这一文类的内涵获得持续的丰富与发展。

西西创作的《哀悼乳房》正符合自病记录的特征。这部作品的创作时间与库瑟提出概念的时间相当；作品中蕴含的"反病理书写"也与库瑟"第一人称疾病叙事的冲动往往也是为个人健康状况去病理化的冲动"（qtd. in Smith and Waston 187）的观点不谋而合。尽管已经出版30年，《哀悼乳房》所蕴含的对疾病文化话语的抵制以及对女性身体污名化的反驳，使它仍旧可以超越时代的限制，成为自病记录在中文生命书写中的典型代表。

## 一、流动生成的自病记录

《哀悼乳房》的单行本首见于1992年9月，由中国台湾洪范出版社出版发行。在归类时，出版社将其归为"长篇小说"。但这种做法引来不少评论家的质疑。学者朱崇仪直白地表示"它（指《哀悼乳房》）所述也并非小说（只不过被出版的洪范书店归类为'长篇小说'，大概是出版当时小说仍较具卖点？）"（144）。事实上，《哀悼乳房》确实不符合小说所要求的人物与情节的紧凑安排，也不符合小说所具备的虚构性特征。相反，它在疾病叙事中所涉及的医疗诊断、治疗及愈后完全脱胎于西西的真实遭遇。作为以第一人称"我"为主的叙述结构，加之叙述事件的真实性以及回顾性，使得《哀悼乳房》非常符合现代传记中自传的特点，[①]因此笔者暂时将其归类为自传。

但与传统自传专注于叙述作者的生平往事相比，《哀悼乳房》讲的却是失去乳房的事；是有关乳腺癌的发现、诊断及治疗；是某种关于个体内在的深度书写。郑树森认为《哀悼乳房》"是作者西西（张彦）一种生命的自传式记录，一段痛苦经验的忆述"（郑树森）。这种将生命书写聚焦于疾病与痛苦的文类，被托马斯·库瑟称为"自病记录"。

作为一个全新的术语乃至作为生命写作中的亚文类（subgenre），自病记录首次由库瑟在1991年发表的文章《自病记录：女性、疾病与写作》中提及，意指有关疾病与残疾的叙事（Couser, *Autopathography* 65）。关于这个新词的发明，库瑟表示可以从两方面进行解读。其一，从自传（autobiography）的角度来理解，将意指生命的"bio"[2]替换成希腊词根中表示困难的"patho"[3]（如表示病理学的pathology），这意味着作者从对于个人生活（life）的强调转向对疾病等困难的书写。其二，可以理解成库瑟直接在现有词汇"pathography（病情记录）"的前面加上"auto"，以此来强调对患者疾病的临床研究（Couser, *Memoir* 43）。"pathography"首次出现于"美国生理学之父"罗布利·邓格利森主编的《医学辞典》，被解释为一种关于疾病的描述。颇受库瑟推崇的安妮·霍金斯曾考察到"作为一种文类，病情记录的出现是引人注目的"（qtd. in Couser, *Recovering* 5）。库瑟在这一名词前加上表示"自我"的"auto"，其含义不言自明，即指向自我书写的病理学记录，笔者称为自病记录。

30年来，随着自病记录作品的增加以及这一理论范式的日臻成熟，西方有不少研究者接纳了这一概念并赞同它是一种用作者的疾病来表达叙事的文学类型（Moran 79）。在此期间，有学者以库瑟的概念框架来研究肥胖回忆录，进而发现病态的肥胖文化观念对女性自我身份的抹杀（Linder 221-22）；也有学者借这一理论来解析以往的文学作品，使经典焕发出全新的生机与意义（Moran 81-90）。

在中文世界里，关于自病记录的研究并不多见。笔者认为，西西的《哀悼乳房》可作为自病记录的典型文本来解读。在作品中，西西顺着时序写自己发现病变的种种征兆，求医和治病的过程，还有详尽的食疗等医疗资料，列出可能对癌症人有用的饮食习惯及疗程。但在安排结构时，她采取了开放式结构，这使得《哀悼乳房》不再是统一的或有机性的，而是具备了流动性及生成性特征。《哀悼乳房》由三十篇文章构成，但西西在九篇文章的末尾附加了相关的阅读指引，如在第四篇文章《血滴子》后，她说"如果你只想知道治疗乳腺癌的事，那么别浪费时间，跳到第一一一页去看《黛莫式酚》"（西西 50）；在第十四篇《梦工厂》后，她指向第十七篇"是否噜噜苏苏的太多，你想看乳腺癌的治疗，就请看第一七一页的《魔术子弹》"（147）。依照这种指引，读者可以通过调换篇章顺序或舍弃部分篇章，对作品进行重新组合阅读;《哀悼乳房》

的叙事结构变得松动，作品本身呈现为一个多元化的阅读空间。

促使《哀悼乳房》呈现松散流动的文本结构的原因固然与西西对读者的体贴密不可分，她认为现代人工作忙碌，应该小心照顾身体"花太多时间通读这本书也许会得不偿失，最好是随便翻几段，选自己认为有趣的就行"（4）；但这其中依然存在着不容忽视的客观因素。事实上，早在结集出版前，《哀悼乳房》的大部分篇章在1990年至1992年间已陆续刊载在《八方文艺论丛》《素叶文学》和《星岛日报·文艺气象》上。④至最后一篇《哀悼乳房序》发表后，才由作者增删、编排、结集成书。因此，《哀悼乳房》的单行本是将原彼此独立的散落于三份刊物的篇章汇总集合，为了增强结构间的联系，西西或合并原篇章，或调换顺序，或插入新篇目，以此来消弭原篇章在分载时的不连贯性。为此，她甚至增加了阅读指引，促使《哀悼乳房》内部不断分化、生成新的文本及内容指涉。这种模式虽不是刻意为之，但作品形式上精神分裂的"万花筒"特质却无形中契合了哲学家德勒兹的"根茎"理论。"书写，形成根茎，通过解域而拓张界域，延伸逃逸线直至一点、在其中它变为一部抽象机器"（德勒兹 13）。如同根茎一样，《哀悼乳房》的各个篇章不断地相互联结、不断地重新构成自身，以生成全新的文本，展现不同的面貌。

## 二、反病理书写

事实上，通过《哀悼乳房》，西西企图在身体疯狂的路径中描绘出一种生存的轨迹。一方面，在身体向医学权威屈服的同时她对身体的自觉意识增强，因此想重新掌握自我的生命叙事。题目中的"哀悼"一词，"含有往者不谏，来者可追，而期望重生的意思"（西西 3）。另一方面，由于社会上依旧存在对身体机能障碍的普遍文化否定，西西希冀以书写来祛除附加于疾病尤其是乳腺癌之上的污名，继而搭建个人独特的生存编年史。这种疾病叙事的特征被库瑟概括为反病理学的。作为一种反抗的叙述，自病记录的反病理书写主要表现在通过控制自己的叙述，患者抵制了医学权威以及挑战了加诸他们身体状况上的医疗脚本或文化建构（Couser, *Memoir* 44）。

在《哀悼乳房》中，西西正是通过揭露疾病来自我治疗。一直以来，疾病因自身所携带的灾厄气息而为人们所避之不及。出于恐惧，人们多把它当成一种禁忌来隐瞒，"中国人从来就是一个讳疾忌医的民族"（西西 3）。如果不幸染上某些恶疾，患者更会陷入情绪的虚拟黑洞中无法自拔。他们信任医学话语，渴望被治愈，因此往往会放弃对自己身体和故事的控制。在疾病被边缘化的背景下，《哀悼乳房》的出现显得尤为可贵。西西有条不紊地讲述自己治疗乳腺癌的故事，用知识和理性重新认领被异化的身体，从而构建自我身份。早期的乳腺癌患者由于病灶尚未出现大规模转移的情况，因此多采用乳房切除术来遏制癌细胞的扩散。很多病患无法接受身体完整性被打破的事实而将其视为一种"耻辱"。西西在术后同样无法直视自己的身体，"我挣扎着，逃避自己的躯体仿佛逃避可怕的鬼魅"（63），但她用文学化的隐喻手法揭露了身体的实质性创伤，"如果我的右胸曾是一座山，如今是下陷的谷；如果它曾是一碟盛载了粉嫩的饱点的美食，如今剩下的只是一个空碟子"（64）。西西的描述颇具知识气息，令哀愁凄苦的故事添上了不少书卷味。虽然身体向医学权威屈服，但她企图从生物医学叙事中收回患者的声音（Jurecic 67）。亚瑟·弗兰克认为，疾病的后现代体验的特点正是患者从医学话语中收回自己身体和故事的冲动（Frank 10）。在医学话语中，身体容易与自我疏离，单纯地成为向医生提供证据的客观对象；医生从病变的角度对身体某些器官或机能进行医疗介入。例如，医生为西西开具药物黛莫式酚以抑制癌细胞的生长和发育，为她做"放射性核素造影"以促进身体内部运作。但西西以充满个性的自我叙事消解严肃的医疗程序，重塑自我的主体性。黛莫式酚在她看来"活像小孩子爱吃的巧克力糖豆"（西西 111）。X射线造影的机器发出的"起杭起杭"的声音被她诗意地比作"恐龙在唱歌"（130）。机器缓慢的移动过程又"仿佛自己在舞台上参与表演刀锯美人或催眠升空的魔术"（130）。面对乳腺癌，她没有惊慌、沮丧或自怨自艾，而是通过阅读书籍、校对文学译本及回味电影，保持思想的活跃，同时以积极的态度为自己的疾病状况"去病理化"。在手术过后，用以盛接伤口流出来的血水的"滴盘"被她戏称为"血滴子"。平时携带它有诸多不便，但她发现"身体转动的时候，走路的时候，血水在里面晃荡，水少时叮咚叮咚，水多时泼泼潺潺，倒像个音乐盒子"（34）。在西西眼中，寓意麻烦的医疗器械反而成为生活中独特的协奏乐器。

总体看来，西西对医学权威的抵制是以第一人称叙写并逆转被剥夺主体经验的过程，是寻回在医学话语中迷失的主体性。但对乳腺癌患者来说，最具威胁性的不是疾病话语，而是认为身体机能障碍是耻辱的文化话语（Couser, *Recovering* 44）。

有关癌症的文化建构及隐喻分析，桑塔格早已做过相关论证。她身患乳腺癌，在持续数年的治疗中，承受了来自疾病本身及加诸其上的象征意义的双重重压。在《疾病的隐喻》中，她考察了诸多疾病（结核病与各种癌症等）的隐喻化过程，并犀利地指出疾病已转变成一种道德评判，转变成使患者蒙受羞辱的文化话语。西西继承了桑塔格的批判思想，她在《哀悼乳房》中也批判了传统意识形态加诸癌症患者的罪恶感。桑塔格曾抨击"疾病是惩罚"这种成见导致"癌症不仅被看作一种不治之症，而且是一种耻辱之症"（Sontag 57）。西西同样为癌症患者打抱不平"得病已经很不幸，还得接受这种精神上的歧视，令人啼笑皆非"（西西 77）。如果说桑塔格是在广义的范围上解除了癌症、结核病、艾滋等疾病的隐喻，那么西西则是进一步解除了乳腺癌的隐喻，以此来对抗文化话语中将患者污蔑为不正常、异常或某种意义上病态的人。

与其他威胁生命的疾病不同，乳腺癌因为攻击女性特有的器官而对女性身份构成潜在的威胁。这种特质导致乳腺癌无法被言说，患者总是倾向于隐藏自己的疾病。库瑟发现"患病的妇女通常会默默忍受这种疾病；强加给她们的秘密是一种惩罚，一种孤独的监禁"（Couser, *Recovering* 37）。乳腺癌的受害者，被怜悯和恐惧所孤立。西西也提及这种现象普遍存在，"乳房的病是非常隐私的，既不能让人见，也不好说，遂默默无闻了"（西西 47）。针对乳腺癌失语的禁忌，西西以医学知识进行了科学拆解。她态度坦然地指出乳腺癌"只是自身细胞不正常的分裂，根本没有病毒，没有细菌，不会传染"（105），与其他疾病一样，它不会为患者带来任何耻辱。为此，她专门以《反击战》这篇文章来阐述癌症的发生及治疗原理，从医学的角度使疾病远离象征意义与隐喻，以消除因无知而产生的非必要恐慌。

在传统观念中，癌症的发生与罪恶的隐喻相关。而女性患上乳腺癌，则又在这种隐喻上叠加出新的污名。存在"某些医学研究"，认为"四十至六十岁的妇女最易生乳腺癌，尤其是那些没有结过婚的女子"（41），这种论调一旦被缺乏乳腺癌知识的人们所接受，便很容易构建出公众污名，⑤形成对中年未婚女性的歧视隐喻。西西运用智性和科学知识对这种隐喻进行了有效的批驳。首先，她直接质疑所谓的研究，"我说有些，因为总有这样那样的研究，而没有定论"(41)。其次，她借用西蒙·波伏娃的理论进行反击"即使在人口过剩的二十世纪，人们还认为女子天赋必须为社会生育子女，这是她们被迫结婚的理由。不结婚，就是不正常"（43）。最后，在《可能的事》中，她直接采用条目式结构列出了导致乳腺癌的诸多因素（包括外在因素、内在因素、遗传因素、内分泌因素、心理因素等），从而清晰直白地移除了附加于乳腺癌患者身份上的文化建构。除此之外，作为一种失控状态，乳腺癌很容易将患病的妇女变成令人恐惧的他者，变成投射在世界上的另类。对此，西西以《须眉》揭露了一个少为人知的事实：男子也会患乳腺癌。这相当于在根基上瓦解了消极的性别类型观念，既然在疾病王国里不存在性别差异与身份差异，那么对乳腺癌患者的污名化和边缘化就是完全的短视与偏见。

## 三、三重压抑的反驳与回归

西西创作《哀悼乳房》的目的不仅是自我治疗，更是救赎他人。"如果读者读了这本书，也开始关心健康，留心身体发出的种种信号，那么，这本书就有了动笔的理由"（2）。她希冀通过《哀悼乳房》将公众的注意力与公共资源集中于乳腺癌本身。在她笔下，疾病叙事的范围覆盖了医患关系、疾病表征以及身份政治等诸多方面。对读者来说，她的书写不仅提供了宝贵的医疗资讯，而且分享了一种特殊的生命体验以减少她们直面疾病时的恐惧；从文学史层面看，《哀悼乳房》的出现是对女性、身体与疾病三重表征被压抑的一种反驳与回归，它促使知识界将目光转向被边缘的个体与现象。

无论在中国抑或在西方，在身心对立的二元体系中，身体往往作为精神的支配对象，处于一种贬抑的地位。西西在《皮囊语言》中简略阐述了西方经过笛卡尔对"我思"的强调以及黑格尔对"绝对精神"的推崇后，身体陷入漫漫长夜的发展历程。她对此颇为感慨，因为对身体习惯性漠视的结果就是"后来的知识分子，再也不记得自己有一个极其重要的皮囊"（293）。在文学创作中，作家倾尽全力关注心灵；身体只是一块平板玻璃，通过它能清楚直白地窥见心灵，除了欲望及贪婪等一两种激情外，它毫无价值、微不足道甚至并不存在（Woolf 4）。在生命书写中，作传者多关注传主的生平成就，身体很少成为书写的对象。⑥与身体的边缘地位相似，疾病作为一种重要表征，也总是处于压抑状态而未能进入生命书写的领域。造成此种现象的原因固然与西西提及的中国人有"讳疾忌医"的习惯有关，但也与病患所处的疾病状态密不可分。疾病状况会为生命写作带来强大的文化障碍。患者可能会因为病得太重，身体实在虚弱而无法书写；也可能因为疾病状况而受到精神创伤，乃至无法接受当前的处境。更普遍的是，疾病会把人向内转得太远以至于她们变成虚拟的黑洞，只能吸收能量而无法发光。库瑟曾一语道破疾病与疾病写作的关系，"虽然身体机能障碍可能有利于自传写作，但只有一小部分患病和残疾的人真正能写"（Couser, *Recovering* 5）。他也曾援引威廉·霍威尔斯的话，后者认为自传是文学界最民主的领域，理论上，现代社会的任何人都可以参与写作（4）。但在生命写作的实践中，自传依旧是男性主导的类型，女性因生活区域局限于家庭空间，社会活动经验偏少，因此在书写时面对很多心理障碍与社会障碍。如果将自传范围缩小至以疾病为主的书写，则更是如此。学者阿伦森曾分析270部自病记录，结果得出一个并不让人意外的结论：男性创作者的数量要远远多于女性（Aronson 1599）。

以上提及的三重表征都受到对立面的压抑，这种逻辑可以表述为：身体之于心灵，正如疾病之于健康以及女性之于男性。若要实现对三重压抑的突破，由女性创作的以身体疾病为中心的自传便成为一种合适的反驳。这在一定程度上体现为身份政治的影响。身份政治是在社会上，基于某些共同属性如性别、种族、宗教、性取向等集体的共同利益而展开的政治活动。乳腺癌因为对特定人群（以女性患者居多）的身份尤其构成威胁，与之相关的自病记录便成为身份政治向特定疾病领域的延伸。在这种背景下，《哀悼乳房》的出现便具有政治性意义，它成为突破三重边缘文化表征的典型作品。面对疾病，西西选择承认而不是假装健康或身体完好；她凭借韧性的自我建构了非同寻常的疾病叙事，完成了对身份重建的叙述性补充。处于疾病状态中，叙述者通常有两个凝视的方向，向内望向受伤的心灵或向外看向创伤的事件。过度向内转会将作者本人吸入无边的黑洞中，向外转则成为个体经验的独特表达。尽管西西也会流露出不安的情绪"一切都不清楚，精神异常痛苦，除非整个脑袋麻醉，否则无法驱除悬念"（西西 207），但她依旧振作起来，战胜创伤，"患癌病的人该努力好好地活着，凡遇禁忌，加以破除；凡遇病患，加以治疗，病人和医生合作，可以给医学界鼓舞，也给其他患癌的人带来希望"（80），通过写作《哀悼乳房》完成了自我在文化世界中的定位。法国学者西苏称赞女性写作的行为"一方面是为自己的，写作使女性重返自己的身体，而她们的身体需要被聆听。另一方面，女性的发言能重建自己的话语系统，并进入一直以压抑她们而存在的历史"（陈顺馨 17）。西西的写作正是如此。她的疾病遭遇使她将目光转向对女性物质性肉身的关注，并企图揭示被传统话语忽略的身体。她的《哀悼乳房》不仅为个体提供了探索身体、调节身份的方式，而且还超越了现有的疾病叙事模式，揭开了女性独特的被遮蔽的生命历史。

## 结　语

西西的《哀悼乳房》重塑了女性、身体与疾病的关系，为处于相似状况中的他者提供了一种疗救之道。西西以平和的心态、成熟的思考以及散文式的文笔将真实的诊疗经验娓娓道来，以自病记录的方式展现了特殊的身体体验。她抵制了医学权威对主体意识的改写，将自我身体从社会污名和医学话语的非人格化中解放出来，在生活结构中创造出疾病的意义。从某种程度上说，《哀悼乳房》的出现是文化健康的标志，是人们对未知的具身自我状况的有益探索。

## 致谢【Acknowledgement】

本文受益于《现代传记研究》匿名评审人提出的修改意见，作者谨致谢忱！

I am grateful to the editor of the *Journal of Modern Life Writing Studies* and anonymous reviewers for their suggestions and comments.

## 注释【Notes】

① 自叙性、回顾性和故事化，是自传，特别是现代自传的主要特点。自传是作者的自叙，是作者以自己为传主的传记；作者以回顾自己的生平为目的，而且关于生平的回顾也成为作品的主要内容；自传中的叙事策略开始故事化。参见杨正润在《现代传记学》中对自传的定义（南京：南京大学出版社，2009年，第293—302页）。

② "bio-"往往与生命（life）相关。起源于希腊词根"bios"，意指人类生活（human life），即一个个体的生存方式。柏拉图在《斐莱布篇》、亚里士多德在《尼各马可伦理学》中提及的沉思生活、享乐生活与政治生活，其中"生活"这一词汇的使用都用"bios"，指向一种有质量的生活，一种生活的特殊方式。

③ "patho-"与疾病相连，起源于希腊词根"pathos"，表达"痛苦、疾病"的意思。

④ 1990年11月《八方文艺丛刊》刊载6篇，1991年11月至1992年6月《素叶文学》刊载8篇，1992年6月15日至1992年9月9日《星岛日报·文艺气象》刊载7篇。关于具体刊载篇章及详细时间，参见徐霞《西西〈哀悼乳房〉研究》（香港中文大学硕士论文，2002年）。

⑤ "污名"一词来自社会学家欧文·戈夫曼，更多被定义为一种标志与标签。如果被标记"污名"，说明个体拥有一些不被社会接受或欢迎的负面属性，从而使个体的个人价值或利益受损。污名分为自我污名与公众污名。自我污名是受污名群体成员将污名化的态度指向自己产生的自我评价低、自我效能低，前文提及的乳腺癌患者自我感到耻辱便属于自我污名。公众污名是一般公众对受污名群体的刻板印象、偏见或歧视。参见欧文·戈夫曼《污名》，宋立宏译（北京：商务印书馆，2009年）。

⑥ 在20世纪八九十年代，中国文坛曾出现以林白、陈染等为代表的"身体写作"浪潮，她们多在女性的肉体感觉与感官的基础上书写从女孩到女人的成长过程。后经卫慧、棉棉等作家的发展，"身体写作"陷入对性经历、性经验的过度书写而招致诸多非议。本文所谈及因疾病而将身体作为对象书写的作品侧重自病记录的性质，与"身体书写"时期的作品并无相似或关联之处。

## 引用文献【works cited】

Aronson, Jeffrey. "Autopathography: The Patient's Tale." *BMJ Clinical Research* 321(2000): 1599–1602.

陈顺馨：《中国当代文学的叙事与性别》。北京：北京大学出版社，1995年。

[Chen Shunxin. *Narrative and Gender in Contemporary Chinese Literature*. Beijing: Peking University Press, 1995.]

朱崇仪：《透过性别来重读/重塑文类？》，《中外文学》1997年第4期，第133—150页。

[Chu Chungyi. "Rereading/Reshaping Genre by Gender." *Chung Wai Literary Quarterly* 4(1997): 133–150.]

Couser, Thomas. "Autopathography: Women, Illness and Writing." *Auto/Biography Studies* 6(1991) :65–75.

—. *Memoir: An Introduction*. New York: Oxford University Press, 2012.

—. *Recovering Bodies: Illness Disability and Life Writing*. Wisconsin: The University of Wisconsin Press, 1997.

吉尔·德勒兹，费利克斯·加塔利：《资本主义与精神分裂：千高原》，姜宇辉译。上海：上海书店出版社，2010年。

[Deleuze, Gilles and Felix Guattari. *A Thousand Plateaus: Capitalism and Schizophrenia.* Trans. Jiang Yuhui. Shanghai: Shanghai Bookstore Publishing House, 2010.]

Frank, Arthur. *The Wounded Storyteller: Body, Illness and Ethics.* Chicago: University of Chicago Press, 1995.

欧文·戈夫曼：《污名》，宋立宏译。北京：商务印书馆，2009年。

[Goffman Erving. *Stigma.* Beijing: The Commercial Press, 2009]

Jurecic, Ann. *Illness as Narrative.* Pittsburgh: University of Pittsburgh Press, 2012.

Linder, Kathryn. "The Fat Memoir as Autopathography: Self-Representations of Embodied Fatness." *Auto/Biography Studies* 26(2011): 219–237.

Moran, Stephen MD. "Autopathography and Depression: Describing the 'Despair Beyond Despair'." *J Med Humanit* 27 (2006): 79–91.

Smith, Sidonie and Julia Watson. *Reading Autobiography.* Minneapolis: University of Minnesota Press, 2001.

Sontag, Susan. *Illness as Metaphor.* New York: Farrar, Straus, &Giroux, 1978.

Woolf, Virginia. *On Being Ill.* London: The Hogarth Press, 2002.

西西：《哀悼乳房》。桂林：广西师范大学出版社，2010年。

[Xi Xi. *To Mourn My Breast.* Guilin: Guangxi Normal University Press, 2010.]

杨正润：《现代传记学》。南京：南京大学出版社，2009年。

[Yang Zhengrun. *A Modern Poetics of Biography.* Nanjing: Nanjing University Press, 2009.]

郑树森：《文类的综合——读西西〈哀悼乳房〉》，《星岛日报》，1992年10月11日：文艺气象版。

[Zheng Shusen. "Synthesis of Genres: Reading Xixi's *Mourning a Breast.*" *Sing Tao Daily* 11 Oct. 1992: ArtCan.]

# 当代作家传记书写的审视与再反思

房　伟　刘玄德

**内容提要**：当代作家传记创作繁盛但良莠不齐、传记理论不发达等现象较显著。实证性资料欠缺、传主比重失衡、消费型写作泛滥及学术体制局限等问题，限制着当代作家传记的发展。反思当代作家传记写作，提出新的要求和写作规范，有助于增强作家传记的史料价值和文学史意义，推动当代作家传记的良性发展。

**关键词**：当代作家传记　史料研究　当代文学史

**作者简介**：房伟，文学博士，苏州大学文学院教授，主要从事中国现当代文学、网络文学研究。

刘玄德，苏州大学文学院博士研究生，主要从事中国现当代文学研究。邮箱：fang6184362@163.com。

**Title:** Examination and Re-reflection on Biography Writing of Contemporary Writers

**Abstract:** In biography writing of contemporary writers, the creation is prosperous but the good and the poor are intermingled. At the same time, the theory is underdeveloped. Problems such as the lack of empirical materials, the imbalance of the proportion of biographees, the proliferation of consumer writing and the limitations of academic system limit the development of biographies of contemporary writers. It will promote the historical value of literary biographies and the significance in literary history to reflect on the writing of contemporary literary biography and put forward new requirements and writing norms, thus contributing to the development of contemporary literature.

**Keywords:** Contemporary literary biography, historical material research, history of contemporary literature

**Fang Wei**, PhD in Literature, is Professor in the School of Chinese Language and Literature, Soochow University. His research interests include modern and contemporary Chinese literature and network literature.

**Liu Xuande** is a doctoral candidate in the School of Chinese Language and Literature, Soochow University. His research focuses on modern and contemporary Chinese literature. E-mail: fang6184362@163.com.

新时期以来当代作家传记（即以"当代作家"为传主的传记文本）发展繁盛，传主范围不断扩大、传记版本更迭频繁、文本数量逐年递增等创作趋势，象征着当代作家传记进入创作鼎盛期。但传记文本的增加，不代表文本质量和艺术水平的提高，更不代表学术研究的深入。当代文学研究中，作家传记一直未受到足够重视，传记研究也未能与传记文本产出同步发展。相较于文学史、作家作品论、文学批评等学术领域，当代作家传记研究的发展并不充分，甚至形成创作与研究失衡的局面。

## 一、当代作家传记研究现状

做好作家传记研究，首先要考察、了解当代作家传记的发展和研究现状，归纳总结文本特征和发展趋势。

### 1. 传记文本数量众多，但质量良莠不齐，且传主分布不均衡

在诸多因素推动下，新时期作家传记发展繁荣。第一，《新文学史料》杂志"抢救"现代文学史料的倡议，在新时期形成作家自传、回忆录创作潮；第二，受反思"文革"、为受批判者"翻案"等因素影响，涌现大量书写"右派"作家的传记；第三，"新启蒙""主体性"等口号的提出，掀起对鲁迅、周作人等现代经典作家的重评热潮，沈从文、张爱玲等备受争议的作家亦得到重新评价，形成继20世纪30年代后又一学者创作传记的热潮；第四，夏志清《中国现代小说史》对鲁迅、沈从文、张爱玲等现代作家的颠覆性评价，在新时期掀起重评、重读现代重要作家的热潮；第五，文学商品化热衷于挖掘、虚构

作家的私密经历，以迎合市场需求，部分非以文学读本为主的出版社，推出大量盈利性传记丛书，如"倾城才女系列"（北京工业大学出版社）、"多情诗者书系"（中国纺织出版社）等。数据显示，现存"鲁迅传"逾300种，"郭沫若传"超100种，"萧红传"近100种，"丁玲传"70余种，"张爱玲传"70余种。仅21世纪以来，便有"林徽因传"40余种，"沈从文传"逾20种。[①]

当代作家传记虽数量庞大，但文本质量参差不齐。以盈利为目的的商品化写作，使出版社、作家选择迎合市场阅读需求，娱乐性、故事性成为传记写作的首要追求，学术性、真实性等特征被弱化。尽管对当代学术研究产生重要影响的作家传记，多出自专业作家、批评家、高校学者等学术群体，但部分学术性较强的作家传记、文学年谱，同样存在体量不足、史料不完整等问题。加之作家传记创作准入门槛低、传记作者学术水平落差较大，且缺乏明确的传记写作标准和评价体系，共同形成并加剧当代作家传记数量众多但质量良莠不齐的现状。

"随着现代作家研究逐渐走向正常状态、文献资料发掘日渐丰厚，现代作家传记作为现代文学研究之一，在学术研究的推动下也得到了相应的发展。"（张立群，《一段"继往"与"开来"的历史》56）但相较于鲁迅、沈从文、萧红、张爱玲等现代作家传记的畅销，以当代作家为传主的传记较少。首先，新时期初当代文学尚未形成足以支撑文学史框架的体量；其次，当代文学诸多问题未有定论，许多作家、作品、文学现象均存在较大争议；最后，路遥、莫言、贾平凹等当代作家初登文坛，其创作实绩和文学史地位不足以做传。这导致新时期以来作家传记中传主分布较为失衡，当代作家传记写作多以王蒙、孙犁、汪曾祺等少数横跨现当代的"归来者"作家为主。进入21世纪，人们侧重对个体作家、作品及文学现象的研究，仍未意识到当代作家传记的重要性，除贾平凹、莫言、路遥、海子、王小波等少数重要及热点作家有一定数量传记外，其他当代作家极少有传记存世。与现代作家传记相比，当代作家传记在传主数量、传记体量、文本质量等方面，存在全方位失衡现象。

### 2. 当代传记理论研究丰富，但不发达

当代传记理论的发展既延续现代传记的理论脉络，又有古典传记的史传

特征。具有代表性的有：全展的《中国当代传记文学概观》有开阔的文学史视野，重在梳理作家传记发展轨迹，并从作家传记创作经验中提取传记发展的内在逻辑；李健的《中国新时期传记文学研究》从多个维度切入新时期传记文学，兼具宏观的理论概括和针对性的纵深讨论；房福贤的《新时期中国现代文学家传记研究十六讲》为高校文学教材，主要面向研究生群体，因而更具宏观概括性。此外，部分学者已意识到当代作家传记书写的重要性，形成以文本创作、理论研究为主的高校学术团体：福建师范大学的辜也平、四川外国语大学的郭久麟、山东大学的张立群、荆楚理工学院的全展、浙江师范大学的陈兰村等，均在各自院校形成具有学术传承性的传记理论研究传统。其中，全展和陈兰村凭借自身传记研究成就，影响并推动《荆楚理工学院学报》和《浙江师范大学学报》开设"传记文学研究"专栏。2001年6月至8月《文艺报》"关于传记文学的讨论"理论专栏和《东吴学术》"学术年谱"专栏的开辟，也为当代作家传记提供理论研究、论争的平台，间接推动当代作家传记的发展。

　　然而，尽管当代传记理论研究已有部分著作，但当代传记理论在专著数量、理论深度、体系建构及学术性等方面，远不及古代、现代传记的理论研究，且部分研究仅停留在叙事策略、艺术审美等静态批评，缺乏文学史视野的理论建构和动态阐释，很难达到《现代传记学》《传记文学理论》等著作的理论高度。目前，当代作家传记仍未形成完整的理论体系，缺少真正具有开创性、引导性的当代传记理论著作。所以，尽管当代作家传记理论研究成果较丰富，但本质上并不发达。

　　当代作家传记的创作与发展之所以存在以上现象，一定程度是因为当代文学、学者、作家同步发展，人们在心理上忽视尚未历史化的当代文学，认为自身经历、参与的文学事件尚不具备明显的史料价值，且身处同一时代的"当代作家宜'评'不宜'传'"（张光芒 133）。但围绕相关问题的争论，并未影响传记文本的海量发行。这也表明当代作家传记处于片面的创作繁荣状态，并在可预见的未来，仍会维持这一发展态势。

## 二、当代作家传记书写存在的问题

新时期以来，当代作家传记逐渐分化为学术型、消费型两大类型。学术型传记注重文本的理论性、史料性等学术价值；消费型传记受市场与读者主导，追求故事性、娱乐性特征。进入21世纪，学术型、消费型传记都有大量文本出版发行，相关理论研究也不断推进。然而如上文指出的，当代作家传记的发展只是表象繁盛，文本质量难以确保、当代作家的传记书写不受重视、当代传记理论研究不发达等现状，表明当代作家传记依然存在诸多问题。

### 1. 缺乏与传主相关的实证性史料

缺乏权威可信的第一手材料，是当代作家传记面临的重要问题。史料匮乏与失真，会削减传记本身的学术性，对读者产生一定误导。首先，大部分畅销传记作者学术素养有限，一些消费型传记所引用史料的真实性本就存在争议，各版本在互相借鉴时，对一些材料的真实性缺乏必要且严谨的考证，增加了辨别史料真伪的难度。例如，张立群研究海子传记时发现，目前市面上存在几十种海子传记，且不乏同一作者出版多部海子传记的现象，其中不仅自我抄袭严重，各版本间的史料互引也极为随意，对海子研究造成史料性困扰。

其次，部分传记作者没有切实的田野调查，缺少深入的采访、对谈，掌握的权威档案、书信、日记等文字材料不足，导致传主相关信息存在显著的讹误，出现不同版本中同一信息互相矛盾的现象。如张志忠的《莫言论》引用莫言自撰简历：出生日期为1956年；莫言在《我的故乡与我的小说》中提到自己出生于1956年春，但父母所言其生于1955年；《莫言王尧对话录》中"经过准确查证，我的出生日期应该是1955年2月17日"；叶开在《莫言评传》中考证莫言出生于1955年2月17日；张华的《乡亲好友说莫言》引用莫言战友彭宏伟"莫言，1957年生于山东高密"的言论；莫言大哥的《大哥说莫言》则暗示莫言出生于1954年（唐小林 17–18）。类似情况在不同版本的《陈忠实传》《路遥传》中亦不鲜见。作家传记引用缺乏真实性考察的史料，不仅增加了学术研究的难度，也会在一定程度上误导读者。

最后，受意识形态等问题影响，当代作家自身详实可考的文字材料不足。有些作家在新时期有重要的学术地位，但受意识形态限制，可发掘利用的相关史料和文字档案十分有限，以之为主的学术研究本就不足，以之为主的作家传记更是欠缺。当代作家实证性资料的缺乏，在增加传记书写、研究难度的同时，也体现了搜集当代文学史料的重要性和迫切性。

### 2. 缺乏足够的思潮性作家传记

当代作家传记书写的失衡，主要表现为热点作家传记文本众多，思潮性作家传记不足。新时期作家传记中的热点作家，一方面是鲁迅、沈从文、郭沫若、丁玲等现代经典作家和赵树理、孙犁、路遥、陈忠实、莫言、贾平凹等当代重要体制作家；另一方面是徐志摩、林徽因、萧红、冰心、张爱玲、顾城、三毛、海子等由市场主导的消费型作家。上文已提及，鲁迅、沈从文、丁玲、萧红、张爱玲等现代经典作家，均有逾百种传记存世；林徽因、萧红、顾城、三毛、海子等消费型热点作家，市面上亦有数十种传记流通；孙犁、路遥、陈忠实、莫言、贾平凹等当代作家，传记数量虽远不及前二者，但也有一定数量的传记或文学年谱问世。

相较于传记数量众多的热点作家，既不被学术研究重视亦不受市场追捧的相对冷门的作家，如邓友梅、茹志鹃、陆文夫、戴厚英、遇罗锦、张洁、张贤亮、王小波等当代文学史中重要的思潮性、时代性作家，缺少相应的作家传记。茹志鹃、高晓声、陆文夫、蒋子龙等人的日记、访谈录、书信等重要资料非常丰富，但无论自传、他传、评传还是文学年谱，都没有代表性文本问世。

### 3. 消费型传记多，思想性、精神性传记少

这一问题与20世纪90年代市场经济介入直接相关。在市场主导之下，文学商品化倾向显著，作家传记追求书写传主生活史、情感史等故事性情节，刻意塑造传主的传奇人生，迎合读者的猎奇心理。消费型传记主要关注现当代文学史中具有争议性、传奇性的作家，并形成一份包括徐志摩、林徽因、萧

红、丁玲、张爱玲、顾城、三毛、海子等消费热点作家在内的畅销传记作家名单。"作为一种'传记前史',他们的名字和经历大都能引起大众读者的兴趣点、隐含着可消费的契机。至于可以列入这份名单的原因,则是至少需要符合'传奇人生''复杂的感情经历''死亡神话'三重标准之一。因此,当他们由历史人物转化为文本主体之后,其传记作为物质化产品,就成为市场消费的起点及重要标志。"(张立群,《近年来现当代作家传记的一种考察》23)以海子为例,海子的恋爱经历、恋爱对象、近乎癫狂的遗书、死亡与气功的关联等神秘因素,是多数海子传记吸引读者眼球的"卖点"。徐志摩、陆小曼、林徽因之间复杂的情感纠葛,沈从文与张兆和的情书往来,张爱玲传奇且悲剧的人生,三毛对精神自由的追求及与荷西轰轰烈烈的爱情等,亦是资本津津乐道的内容。

不同于消费型传记创作,书写作家思想史、精神史的传记不仅有极高的学术要求,需投入大量时间和精力,且要求传记作者有较高的学术素养和理论建构能力。这类传记更注重学术性,语言相对枯燥乏味,不受市场和读者追捧,投入大产出小,难以获得较高收益。相较而言,现代资本推动的商业化写作,必然会选择标准更低、产出更快、收益更高的消费型传记。而以消费为主的作家传记写作方式,已经在当代作家传记书写中形成了一种有别于传统的"叙事逻辑",甚至出现了"某种写作的'暴力'"(张立群,《"丁玲传"的历史与现实》77)。

### 4. 学术体制的限制

当下学术体制对传记书写、研究的重视不足,是当代作家传记面临的又一重要问题。作为兼具文学性、学术性与史料性的特殊文本,人们往往更重视传记的文学因素,将之视为文学创作而非学术成果。最直观的体现,便是国家社科基金对传记类项目的支持远低于学科平均水平。对比分析近几年国家社科基金立项中传记的相关立项数据(包括传记理论、自传、他传、回忆录、年谱等立项),[②]能直观地看出学术体制对当代作家传记发展的制约与限制(见图1至图4)。

单位：项

图1　2013—2021年国家社科基金年度立项总量与史料研究立项总量数据对比

单位：项

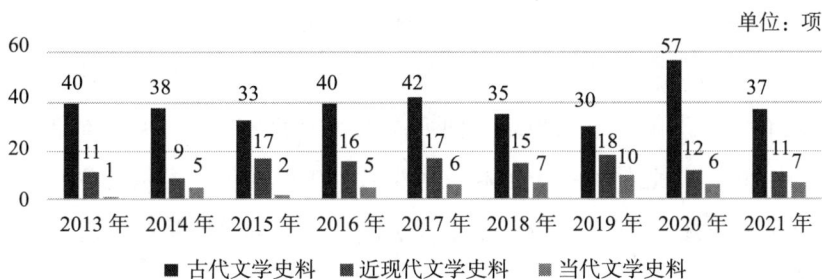

图2　2013—2021年国家社科基金古代、近现代与当代文学史料立项数据对比

单位：项

图3　2013—2021年国家社科基金中、外文学传记立项数据对比

单位：项

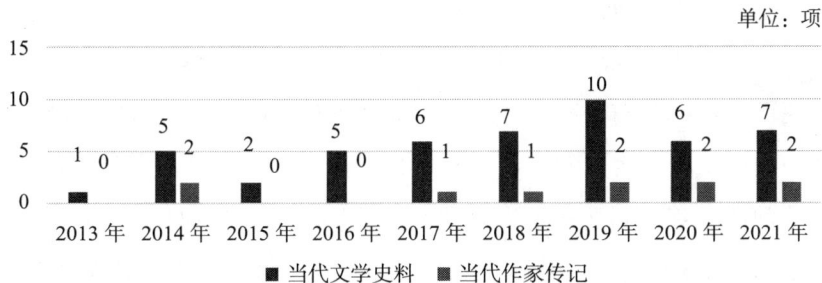

图4　2013—2021年国家社科基金当代文学史料与作家传记立项数据对比

从表1～表4可以看出，近年来国家社科基金虽较为重视史料研究，但对当代文学史料的重视程度远不及古代、近现代。其中传记研究立项数据表明，中、外传记研究都未受到足够重视，历年来当代作家传记和外国文学传记研究的立项数量，远低于古代、近现代文学传记研究的立项数量，且当代文学史料立项中的当代作家传记研究占据较小比重。

国家社科基金立项中当代作家传记数量较少的原因，一是体制对当代作家传记书写和研究不够重视，二是高校学术认定体制不承认作家传记的学术合法性。多数高校学术认证体制，将作家传记视为文学创作而非学术研究。学者们无法凭借传记写作申请相应课题、项目，也难以获得学校资金支持，且传记书写工作量较大，周期长、回报小，前期需投入大量精力，后期又面临所取成果不被承认的尴尬。此外，由于各高校对学者提出严格的学术量化要求，限定时间内完成科研项目、研究成果、学术专著的多少，均是衡量学术能力的重要指标，因而学者们不得不放弃传记书写，首先选择确保科研任务的完成。

除以上问题外，部分已去世作家复杂的生前关系，传主家属沟通困难，意识形态的限制，为尊者、死者讳，学术传记难以获得出版社支持，及部分传记作者缺少科学严谨的写作态度和迎难而上的勇气等多种因素，都是限制当代作家传记发展的重要因素。

## 三、当代作家传记书写的反思与突围

目前，当代文学的历史化、史料化尚未完成，当代作家经典化同样存在诸多争议。作为研究当代文学的学者，我们既要做好现场批评，也要推动当代作家的经典化和当代文学史的历史化进程。在现当代文学史研究中，"传记式的框架还可以帮助我们研究文学史上所有真正与发展相关的问题中最突出的一个，即一个作家艺术生命的成长、成熟和可能衰退的问题。传记也为解决文学史上其他问题积累资料……所有这些都关系到如何更好地理解文学史的问题"（韦勒克，沃伦80）。赵焕亭认为，"研究中国现代作家传记就是研究中国现代文学、就是研究现代文学史"（27）。而在当代文学和当代文学史的研究中，当代作家传记也是尤为重要的部分。然而21世纪以来，随着一些当代优秀作家的离世，却没有相应的作家传记问世。

审视与反思当代作家传记发展现状及存在的问题，应从以下几方面着手推动当代作家传记的创作突围。

### 1. 重视当代思潮性作家传记的文学史意义

推动当代思潮性作家传记写作，深入了解作家创作心理，及作家传记与文学史之间的构成关系，可以确证作家的文学史地位，呈现当代文学史内在的发展逻辑。

针对这些思潮性作家的传记书写，能够帮助我们了解时代背景，重回历史现场，完善当代文学发展的历史细节。毫无疑问，当代重要的思潮性作家需要优秀、严谨的传记文本，或细致准确的学术年谱来弥补相关研究的不足。然而事实却是，以遇罗锦、戴厚英等作家为主的学术研究，知网检索仅寥寥数篇，相关研究未能深入，更没有作家传记存在。前不久去世的张洁，在反思文学、改革文学中都扮演着重要的文学史角色，但也未有足够分量的作家传记存世。所以，当代重要的思潮性作家传记书写的迫切性，已经超过现代作家传记对版本更新的要求。

此外，应推进王蒙、铁凝、莫言、贾平凹、阎连科、王安忆、迟子建等当代经典作家自传、回忆录访谈等的创作，此举亦是"给史家做材料，给文学开生路"。

### 2. 做好传主相关史料的真实性考证

文学史研究的进步，需要优秀作家传记支撑。当代作家传记书写的史料学意义在于，通过新史料的挖掘与运用，为文学研究提供科学合理的佐证材料，对当代作家、作品，乃至文学史的固有观念提出合理质疑。弗莱在《批评的剖析》中援引诺斯若普·费耐的观点，指出传记是"事实的作品"，而非"想象的产物"。所以，"传记事实是一部传记的生命线"（赵白生 14）。

作家传记对史料真实性的确证有助于澄清历史细节，还原真实的历史场景，呈现作家与文学史之间的隐性关联。作家传记对作家类似真实经历的挖掘、考证，能够帮助我们理解特殊时期的文学创作，以及当代文学体制在当代文学发展、作家创作转向等方面产生的复杂影响。

史料真实性考察在传记写作中有着重要作用，这也是当代作家传记书写必须重视的问题。作家传记的史料学价值和文学史意义，都要求当代作家传记写作必须坚持"真实性"本质，因为"'真实地再现'不仅是作家传记写作的主要任务之一，而且是一部作家传记能否成功、能否传诸后世的前提"（董炳月133）。

### 3. 书写作家的思想史、精神史

当代文学研究对作家精神史、思想史的关注远落后于文本研究。当代作家传记中，书写作家精神史、思想史的传记文本同样不足。当代作家传记多以记录、展示传主生平经历和文学成就为主，很少触及传主性格、情感、思想、精神等内在因素，往往带有较为显著的时代评价标准和缅怀色彩。

作家传记书写传主的思想史、精神史，有助于理解作家的创作心理和作品精神内涵。郭志刚和章无忌的《孙犁传》对传主情感与心理变化进行深入挖掘，探究孙犁不同时期的创作动机、创作心理、创作过程及情感动态，准确地体悟孙犁不同时期作品中的精神特征和情感色彩，展示出作家情感波动的精神轨迹。在论及《铁木前传》的创作过程时，《孙犁传》从特殊时代人与人关系的变化对孙犁构成的影响出发，指出孙犁内心对朋友情义、生活态度、生命价值等问题的思考，甚至从孙犁童年多病的身体状况和敏感怯弱的性格等生理、心理方面入手，完成对作品的审视和重读。关纪新的《老舍评传》在探索老舍精神历程的同时，开创性地关注老舍作为少数民族的民族身份和文化性格，从另一角度完成对老舍作品中精神内涵的文化阐释。

当代很多作家传记，"在具体写作过程中，写法上偏于消费型的传记，写得比较传奇化、浪漫化，学术性比较匮乏。同时在学术型传记之上描述作家精神史、思想史的传记更少"（房伟等，148）。郭志刚的《孙犁传》、於可训的《王蒙传》、易竹贤的《史铁生评传》等文本的成功，启示着当代作家传记不能仅记录传主的生平，也应重视传主思想史、精神史的书写。

关于当代作家传记的创作与发展，既要有宽容态度，亦需要严格要求。要允许学术型、消费型、娱乐型等多种类作家传记共同发展，也应该制定严格的传记创作、分类标准，建构系统的学术评价体系。同时，学术研究加大对当代作家传记的关注、国家社科基金增加当代作家传记的立项数量、学术认证体制承认传记写作的学术价值、出版社加大对学术传记出版的支持力度、传记作者提升自身学术水平等，这些都是推动当代作家传记持续发展的重要手段。正如张立群对各类"海子传"所做的评判，如果将当代作家传记作为学术研究过程中的重要依据，那么我们必须确定其史料意义；如果将当代作家传记作为广大读者阅读的消费文本，那么我们至少要分辨其真实性、文学性等艺术价值（张立群，《"海子传"书写的现状考察》174）。针对当代作家传记的发展现状和存在的问题，我们应当为其发展寻找突围方式，而不是简单地将之视为"历史课题"抛给未来。当然，这并非短时间内能够完成的任务，需要当代学者、作家、传记作者等多方面力量共同努力。

## 致谢【Acknowledgement】

本文受益于《现代传记研究》匿名评审人提出的修改意见，谨致谢忱！

I am grateful to the editor of *Journal of Modern Life Writing Studies* and anonymous reviewers for their suggestions and comments.

## 注释【Notes】

① 本文所采用的传记筛选标准较宽泛，同一版本的再版、修订版、增订版均纳入统计范围，且学术型、消费型传记未做区分。若按照不同筛选标准，数据会有一定出入。

② 图表涉及数据均来源于"全国哲学社会科学工作办公室"官方网站（http://www.nopss.gov.cn）公示文件。相关项目筛选标准较宽泛，回忆录、作家年谱、作品编年，及仅部分涉及史料搜集的社科项目，亦被收录在内。若按照不同筛选标准，图表数据会有一定出入。

## 引用文献【Work Cited】

董炳月：《从几部作家传记谈"作家传记"观念》，《文学评论》1992年第1期，第133—142页。

[Dong Bingyue. "On the Concept of 'Biography of Writers' from Several Biographies of Writers." *Literary Review* 1(1992): 133—142.]

房伟等：《互源与互构：重审作家传记与中国现当代文学史关系》，《传记文学》2022年第1期，第

139—153页。

[Fang Wei, etc. "Mutual Source and Mutual Construction: Re-examine the Relationship Between Writers' Biographies and the History of Modern and Contemporary Chinese Literature." *Biographical Literature* 1(2022): 139–153.]

刘新林：《陆文夫的十七年文学经验反思》，《东吴学术》2018年第5期，第151—160页。

[Liu Xinlin. "Reflection on Lu Wenfu's Seventeen-year Literary Experience." *Soochow Academic* 5(2018): 151–160.]

雷纳·韦勒克，奥斯汀·沃伦：《文学理论》，刘象愚等译。北京：生活·读书·新知三联书店，1984年。

[Wellek, René and Austin Warren. *Theory of Literature*. Trans. Liu Xiangyu. Beijing: SDX Joint Publishing Company, 1984.]

唐小林：《莫言的身世之"谜"》，《文学自由谈》2019年第1期，第16—28页。

[Tang Xiaolin. "The 'Mystery' of Mo Yan's Life Experience." *Literature Talks* 1(2019): 16–28.]

张光芒：《当代作家宜"评"不宜"传"》，《江苏社会科学》2006年第2期，第133—135页。

[Zhang Guangmang. "Contemporary Writers Are Suitable for 'Reviews' Rather Than 'Biographies'." *Jiangsu Social Sciences* 2(2016): 133–135.]

张立群：《"丁玲传"的历史与现实——兼及现代作家传记写作的若干问题》，《人文杂志》2018年第10期，第69—77页。

[Zhang Liqun. "The History and Reality of the Biography of Ding Ling: and some Problems in the Biography Writing of Modern Writers." *The Journal of Humanities* 10(2018): 69–77.]

——：《"海子传"书写的现状考察——兼及传记的史料问题》，《文艺争鸣》2015年第11期，第170—175页。

[—. "A Study on the Present Situation of the Writing of the Biography of Hai Zi: and the Historical Data of the Biography." *Literary and Artistic Contention* 11(2015): 170–175.]

——：《近年来现当代作家传记的一种考察——兼及消费时代的传记伦理问题》，《南方文坛》2017年第6期，第22—29页。

[—. "A Study on the Biographies of Modern and Contemporary Writers in Recent Years: and the Ethical Issues of Biography in the Era of Consumption." *Southern Cultural Forum* 6(2017): 22–29.]

——：《一段"继往"与"开来"的历史——1980年代"鲁迅传"写作论析》，《中国当代文学研究》2021年第5期，第56—62页。

[—. "A History of 'Continuing the Past' and 'Opening Up': An Analysis of the Writing of Lu Xun's Biography in the 1980s." *Contemporary Chinese Literature Studies* 5(2021): 56–62.]

赵白生：《传记文学理论》。北京：北京大学出版社，2003年。

[Zhao Baisheng. *Biographical Literature Theory*. Beijing: Peking University Press, 2003.]

赵焕亭：《中国现代作家传记研究》。北京：中国社会科学出版社，2016年。

[Zhao Huanting. *A Study of Biographies of Modern Chinese Writers*. Beijing: China Social Sciences Press, 2016.]

赵仲：《陆文夫作品学术研讨会略记》，《文学评论》1984年第3期，第142—143页。

[Zhao Zhong. "A Brief Account of the Academic Symposium on Lu Wenfu's Works." *Literary Review* 3(1984): 142–143.]

# 从"自传"到"自传性小说"
## ——《红楼梦》文本性质再解读

**内容摘要：**自《红楼梦》诞生以来，关于这本书究竟是作者自传还是一部虚构的小说，聚讼纷纭。《红楼梦》的确包含了诸多历史信息和家族史实，但承认《红楼梦》的自传性，并非承认它的意义只在背后隐含的历史事实。因为小说正是借助文学虚构和叙事策略完成了从自我经验向文学作品的生成，并由此把自己一家一姓的盛衰，升华为一种人类普遍性的生活和生命体验模式。事实上正是承认《红楼梦》的性质从"自传"转换成了"自传性小说"，《红楼梦》才获得了前所未有的现实概括性和历史象征性。

**关键词：**《红楼梦》 自传 自传性小说 虚构 叙事分层

**作者简介：**李丹丹，中国艺术研究院艺术学博士，洛阳师范学院新闻与传播学院讲师。主要从事明清小说与《红楼梦》及当代传播研究，近期出版专著《红楼梦性别诗学研究》（北京时代华文数据，2021年）。邮箱：lidanlz@126.com。

**Title:** From Autobiography to Autobiographical Fiction: A Reinterpretation of the Textual Nature of *A Dream of Red Mansions*

**Abstract:** Since the creation of *A Dream of Red Mansions*, there have been many disputes as to whether it is the author's autobiography or a fiction. Indeed, *A Dream of Red Mansions* contains a lot of historical information and family facts. However, regarding *A Dream of Red Mansions* as an autobiography does not mean that its significance is restricted to the historical facts behind it. The self-experience is converted to literary works by virtue of literary fiction and narrative strategies, and thus the rise and fall of the family sublimes into a universal pattern of human life experience. In fact, it is the recognition of the textual transformation from an autobiography to an autobiographical fiction that makes *A Dream of Red Mansions* acquire an unprecedented generality and historical symbolism.

**Keywords:** *A Dream of Red Mansions*, autobiography, autobiographical fiction, fiction, narrative stratification

**Li Dandan**, PhD of Arts from Chinese National Academy of Arts, is Lecturer at the School of Journalism and Communication of Luoyang Normal University. Her research interests include novels of the Ming and Qing Dynasties, *A Dream of Red Mansions* and contemporary communication studies. Recently, she has published *Gender Poetics of "A Dream of Red Mansions"* (Beijing Times Chinese Publishing House, 2021). **E-mail:** lidanlz@126.com.

《红楼梦》一面世，就面临着在体裁、内容和性质归属上的巨大争议，此书究竟是曹家生活实录、[①]个人自传，[②]还是反清复明的政治寓言；[③]是自叙传小说，[④]抑或仅仅就是一部小说，[⑤]这几种观点之间的争论绵延两百多年至今未休。正如众所周知，《红楼梦》的创作包含了诸多历史信息及曹家真实经历，再加上脂砚斋点评中对此信息、历史本事的密集提醒，不仅使得研究者对此兴趣盎然，乃至催生出红学的索隐派和考证派，遂成为20世纪红学主流。1974年自余英时呼唤要将《红楼梦》当作小说阅读，倡导红学研究的范式转换以来，红学界对"回归文本"的呼声越来越高。但如此不得不再次面对《红楼梦》的自传性：因为彻底否定自传性，不仅与文本开头"作者自云"矛盾，且从根本上否定了《红楼梦》的现实性和独特性。故而如何认识红学中的自传说？如何看待《红楼梦》中的自传成分？它的写实与虚构能否判然二分？如果不能，那么《红楼梦》又是如何从"自传"走向了"自传性小说"？

## 一、徘徊在真实与虚构之间：自传？还是自传性小说？

从理论上来说，自传与小说的区别主要取决于作者的真实生活与叙述之间的关系，自传要求真实再现作者生活的原貌，小说则不。虽然小说的写作都可能取材于作家真实的生活经历和体验，但更来自作家的想象、虚构或杜撰，要求作家布局且营造一个结构合理、情节连贯、人物角色生动的完整艺术统一体。因此小说比自传要求更高的艺术性、审美性而非现实性。故而在《红楼梦》文本性质的判别上，坚持其为小说的一方往往认为对方低估了作品本身的艺术性和虚构性；反之，坚持自传的则认为对方忽视了作品中蕴藏的史传力量和春秋笔法，并由此忽略了曹雪芹的本意，甚至有可能会因此取消《红楼梦》作为红学的独特性。

在学界，提倡《红楼梦》是"自传"或"自叙传"的主要有胡适、俞平伯和周汝昌。但在三位学者中，对《红楼梦》的性质究竟是"自传"还是"自传性小说"，研究最切、疑惑最深，并对我们启示最大的当属俞平伯。他在1923年发表《红楼梦辩》，不仅直接继承胡适的"自传说"，且给出了"自传"的具体含义：其一，从作品所写的"本事"看，说它是自传，是因为此书"本于亲见亲闻按自己底事体情理做"；其二，从作者与人物的关系看，如果作品中显示出作者的"态度"与主要人物的"性格"一致，那么作品即是自传；其三，从作者的态度看，"作者自己在书中所说的话"及"作者所处的环境和他一生底历史"皆符合自传的性质（《红楼梦辩》90-93）。

从上述对《红楼梦》是"自传"的判定来看，俞平伯文学性的论述视角显然区别于胡适的实证。也许正是对《红楼梦》文学价值的直觉认识，两年之后，他开始质疑胡适的"自传说"，并进一步从体裁上对先前的观点进行反思："我在那本书里有一点难辩解的糊涂，似乎不曾确定自叙传与自叙传文学的区别；换句话说，无异于不分析历史与历史的小说的界限。……本来说《红楼梦》是自叙传的文学或小说则可，说就是作者的自叙传或小史则不可。"（349）在此，俞平伯明确地肯定了《红楼梦》作为自叙传小说的性质。但尽管如此，他却没有从作品内容与现实的关系上否认《红楼梦》的现实性成分："《红楼梦》系作者自叙其生平，有感而作的，事本昭明不容疑虑。现在所应当仔细考虑的，是自叙生平的分子在全书究有若干？我想，决不如《红楼梦辩》中所假拟的这样多。换言之，《红楼梦》一书中，虚构和叙实的分子其分配比率若何？"（346）

俞平伯的上述研究历程清晰地标举出他对《红楼梦》性质的认识：从自

传到自叙传小说的演变。但有意味的是，直到晚年，在之后几次对红学的反思中，他一方面反对自传说，因为无论是出于情感还是理智，俞平伯都承认《红楼梦》的小说身份；但另一方面，他又坦言自己对《红楼梦》是"愈研究愈糊涂"，因为一旦进入作品，面对具体的文本史实，尤其是当他真的考证出小说细节与某处史实相符时，他总是不免又强调《红楼梦》的自传性。并且甚深地感慨："人人皆知红学出于《红楼梦》，然红学实是反《红楼梦》的，红学愈昌，红楼愈隐。"（《研究》220）

可以说，在对《红楼梦》文本性质的认识上，俞平伯的这种糊涂自白具有相当的普遍性。首先，他困惑于《红楼梦》是否应该且能够被划分为两个领域：史实部分（自传）和虚构部分（小说）。其次，对此书性质的判定存在认识论上的二元对立，承认《红楼梦》是小说，但又无法否认其独特的历史性；而认可此书是自传，则显然无法解释自传说中无法还原甚至自相矛盾的诸多问题。这种争论到了余英时那里，他认为是时候进行红学的范式革命了，"《红楼梦》将要从严肃的红学研究者的笔下争回它原有的小说的身份"（26）。显然，在余英时看来，"自传"与"小说"之间也存在对立。但无论是徘徊于承认自传、小说的两极之间，还是将二者截然对立，其实都反映出研究者对《红楼梦》性质认识的偏执：自传与小说虚构之间存在巨大矛盾。因此尝试从回忆书写机制、叙事学的层面上解释《红楼梦》中史实材料与小说虚构之间的关系，或许可以成为理解《红楼梦》文本独特性的一条途径。

## 二、自我、经验与文学的重构：自传性文学的发生机制

《红楼梦》确实是一部写法独特的小说，文本中事无巨细地描摹了满清贵族世家的起居、审美、气质、见识等阶级特征与文化风俗，如实地践行了作者自云的"至若悲欢离合，兴衰际遇，则又追踪蹑迹，不敢稍加穿凿"的写实观念，而脂砚斋的批语亦多次点明：

写出贵公子家常不即不离气致。经历过者则喜其写真，未经过者恐不

免嫌繁。（第八回批）

非经历过，如何写得出。……追魂摄魄。石头记传神摹影，全在此等地方，他书中不得有此见识。（第十八回批）

周到细腻之至，真细之致，不独写侯府得理，亦将皇宫赫赫，写得令人不敢坐阅。（第五十八回批）

如此一见，《红楼梦》之所以能如此巨细靡遗"画出内家风范"，确实非得奠基于真实非凡的出身经历，况且脂批多次以"真有是事、经过见过""嫡其实事，非妄拟也""此语余亦亲闻者，非编有也"……暗示小说中隐藏的史实，同时明确小说文本"以省亲事写南巡"，点明了"文忠公之嬷"等历史本事。这些无处不在的暗示都提醒读者：《红楼梦》所涉故事绝非向壁虚构。靖本十三回有回前总评："'秦可卿淫丧天香楼'，作者用史笔也。老朽因有魂托凤姐贾家后事两件，岂是安富尊荣坐享人能想到者？其言其意，令人悲切感服，姑赦之，因命芹溪删去'遗簪''更衣'诸文，……"读到这里的读者，恐怕很难对此处脂批所言的"史笔"弃之不顾，更难以放弃对此本事的遐想和追索。

显然《红楼梦》在写作上继承了中国史传文学的传统，作者甚至是有意在小说中楔入某些历史史实。庚辰本第五十五回前有段描述，说"元宵已过，只因当今以孝治天下，且下宫中有一位太妃欠安，……"据俞平伯的考证，这个"老太妃"的历史本事在《清史稿》中有相符的记载，甚至连小说中的元宵节气也符合。[6]客观地讲，对自传说的研究，为我们了解文学作品的内容与作者关系搭建了桥梁，并且如果我们承认胡适的另一种说法："我相信文学作品都有作者的经验做底子，……所以广泛一点说，本来可说：一切文学作品都是作者的自叙传。"（转引自周策纵 251）那么说《红楼梦》含有自传性，本身并无可非议。但对文学来讲，所谓自传性，更重要的是因为作品在叙述文本里隐藏着一种与作者自身记忆相关的脉络，这种脉络是以"意义"的方式，而非以情节的联系呈现自身。所以无论是将自传视为"一种由本人写作的个人传记"（Starobinski 73），还是认为自传乃是注重作者个体生命，特别是其人格发展的一种"回顾的散文体叙事文"（勒热讷，《自传契约》2），或是将自传界定为作者对于个人过往生命的内省记录，是"一种自我认识论"（Stelzig 30），都是在文学范围内的界定。因为作者追索过往的主要通道是"记忆"，故自传必然包含人生历程的记忆，但更包含着对此记忆的夸张变形乃至自我解释、说明和辩白。因此即使是有意识的自传，对作家来讲，也不只是以文字重现过去、以"现在的我"去记录"过去的我"，而是试图呈现二者之间的相互确认、辩证对抗，这甚至构成了自传最显著的特征。故而很多自传不仅书写回忆，还在回顾中反省进而完成经验总结，且在这个过程中，作者会通过对过往生命经验的转化，重新建构一个新的自我"主体"，并借此完成某种身份的转化与重新认同。

上述关于自传的性质及书写机制的简单描述，或许可以帮助我们重新认识《红楼梦》的书写动机及其何以能含有自传性质的原因。因为在书写时，大量的过往经验与当下对过往的反省重构，会使创作者在"认识自我"（过去的我是怎样的）与"重现自我"（我将要写下一个怎样的我）的双重"焦虑"下，被迫形成文本中真实与虚构多重复现的复杂结构模式。比如《红楼梦》开篇"作者自云"："因曾历过一番梦幻，之后故将真事隐去，而借'通灵'之说，撰此《石头记》一书也。故曰'甄士隐'云云。"如果孤立地看待这个句子，表面的意义是明确的，它如实坦诚地说出写书的动机，是对回忆的重现，紧接着明确表示其写作是"追踪蹑迹、不敢稍加穿凿"。但是从写作心理机制上看，"梦幻""通灵""甄士隐"几个语词却因为明显的虚构性，而显得语义模糊、意义不定。这表明作者接下来试图书写的不是一个意义确定、指涉分明的现实故事，而他似乎也并不打算为他之后展开的叙述的真假负责。尤其是"梦幻"等词的使用，正是以一种虚构化的描述姿态向读者宣示：接下来开始建构一个写作的想象世界，你所读到的对故事的回忆不过是一个梦。

按常理说，既然《红楼梦》开篇即是对石头亲历经验的重新回溯，那么《红楼梦》就应该呈现出对回忆的忠实记录。但其奇特之处恰在于，作者总是故意用大量虚构手段模糊真、假的界限。从写作心理上讲，如实记录总是很难，这不仅关涉作者对自己所处文化语境的认知，比如清代严密的文网语境能否容许他如实描述自己家族的兴衰历史，其家族长辈能否允许他真实臧否家族人物，这从脂批令作者删除"秦可卿淫丧天香楼"等情节其实可见一斑。即便撇开客观语境的制约，自传书写的另一个目的是要通过对过去的重述，完成对自我的重新评价和救赎。换言之，一个作者选择自传的方式进行写作，最初的动机可能不是要挖掘或宣示自我生命真相或自我价值，而很可能是借此书写为"自我合理化"提供渠道。从这个意义上看《红楼梦》，似乎就可以理解为何小说一开篇就充满了"今风尘碌碌，一事无成""实愧则有余、悔又无益""以至今日一技无成、半生潦倒之罪，编述一集，以告天下"的反思和忏悔之意，因为回顾、忏悔都是为了在无意义中重新寻求存在过的意义和价值。有论者也将这种叙事意图称为"叙事驱策（narrative imperative）"（Flanagan 65），就是说，很多在现实处境中遭遇身份弥散或者无法肯定自我价值的写作者，会选择回忆性的叙事，将自己曾经经历或深信经历过的经验转化成有逻辑性的叙事，重述自身存在的意义，进而完成自我身份的重构。然而也正是在这种重构中，自我经验中原本"真实"的材料，在经过"叙述"之后，无疑都会被压制或扭曲，形成文本裂隙乃至潜意识，进而促使文本从自传走向虚构。从这个意义上可以说，自传式文类正是"自我—生命"不断被"自我—书写"干扰与中介的过程。

"自我—书写"对《红楼梦》干预的结果就是导致文本出现了复杂的叙事策略和繁复的文体虚构特征，而这些特征又告诉我们：作者非写自传而是在写小说。虽然所用材料可能是真实的，但是作者的叙述承袭了小说的叙事惯例，比如俞平伯就曾凭借其艺术家的直觉强调了文学写作对于经验的重构性质，他指出："忆旧"虽写的是昨日之"旧"，但"忆"却是今日当下之"忆"，今日所忆"即使逼近原本，活现得到了九分九，但究竟差此一厘，被认为是冒牌"（《论红楼梦》344）。也就是说哪怕是回忆，在实质上也不是"重现"，而是一种全新创造。甚至说，《红楼梦》从一开始就已经以自己的叙述姿态传达了另一个非现实故事：它的话语构成方式迫使我们悬置对历史史实的真假判断，而进入虚构的想象空间。事实上，当我们沉浸在家族衰亡的感慨中，被宝玉及裙钗人生悲欢的情绪所震撼，继而觉得感同身受并有所领悟时，红楼话语所传达的个体经验就已经生发成了一种普遍性的人类共通经验。

当然承认《红楼梦》的虚构功能，并非否定它的自传性，虚构不是以重现而是以象征和隐喻的方式重构了文本世界的真实。用伊瑟尔的解释来说，文学文本正是现实、虚构的"混合物"，是既定事物与想象事物相互纠缠、彼此渗透的结果，而虚构正是将"原型"转化为"典型"的手段。因为"原型"只是指谓现实生活中某个真实的人，而虚构则是从众多原型中撮其概要，故而人物的一举一动、一颦一蹙既显现出个体的独特性，又铭刻着特定社会群体、阶层的特征，并"例证"了社会现实，因此也就具有了从个体向普遍的生成，这也是文学"典型"能产生的原因。清二知道人早已指出，"太史公纪三十世家，曹雪芹只纪一世家""然雪芹一世家，能包括百千世家"（102）。因此，尽管不少读者在《红楼梦》中读到了清代历史、贵族世家的某些痕迹，如明珠家事说、傅恒家事说、和珅家事说、张侯家事说……但有趣的是，能从小说中读出多个不同的本事，恰恰代表《红楼梦》不是一家一姓的自传，而是杂糅多种经验而自成一格的文学典型。诚如钱静方所言，"要之《红楼》一书，空中楼阁，作者第由其兴会所至，随手拈来，初无成意。即或有心影射，亦不过若即若离，轻描淡写，如画师所绘之百像图。类似者固多，苟细按之，终觉貌似而神非也"（326）。

## 三、叙述分层：叙事学理论对自传性小说的支持

自传文学的发生机制告诉我们自传与虚构的融合是有可能的，不过对《红楼梦》来讲，将自传与小说进行叠加，还有叙事理论发展的支撑。随着自传与小说两种文类之间的相互渗透，西方很早就已经发展出关于"自我小说（autofiction）"以及"小说—自传（roman-autobiographie）"的多种定义，且证明了自传与虚构并不矛盾。之后，在韦恩·C.布斯（Wayne C. Booth）对作者与叙述者的研究中，明确地将作品中隐含的作者与作家本人进行了区分。

　　　　无论我们把他当作什么人——在创造作品之时，他创造出自己的一个

更高超的版本；任何成功的小说都令我们相信一位"作者"，他等同于一种"第二自我"。这第二自我常常是一个经过高度细腻化和精选的版本，比任何真实的人都要更智慧，更敏感，更有洞察力。（Booth 92）

布斯的思考，一方面帮助我们理解了什么是隐含作者，导引我们将注意力转向作品本身；另一方面，也令读者有理由相信一部即使被视为自传性的作品，也是针对这个"隐含作者"的，而非作家本人。这种区分，因为引入了叙述者的问题，使我们能够科学地理解《红楼梦》开头那个复杂的叙述分层是否必要，以及其意图何在。另外，赵毅衡也曾将小说中的叙述者看作是作者主体分裂出来的一个代替人格，而小说的虚构叙述之所以能够发生，正是因为"作者主体分裂出来一个人格，另设一个叙述者，并且让读者分裂出一个叙述接收者，把这个文本当作实在性的叙述来接受。此时叙述者不再等同于作者，叙述虽然是假的，却能够在两个替代人格中把交流进行下去"（《叙述者的广义形态》18）。

实际上正是小说开头设置的多个叙述者，进一步完成了《红楼梦》自传与自传性小说的区分。按赵毅衡的划分，《红楼梦》有四个叙述分层：超超叙述层的"作者自云"；超叙述层的石头自叙经历，空空道人抄录，曹雪芹"批阅十载"；主叙述层的贾雨村、甄士隐、林如海故事及荣宁两府故事；次叙述层的石呆子扇子故事，林四娘故事；等等（《苦恼》106）。这四个分层并非作者故弄玄虚也并非可有可无，这实际上关系着作者如何处理他本人、隐含作者、叙述者以及故事主角的关系。某种意义上自传说要成立，必须首先建立在上述几个身份的对等上面，比如周汝昌自传说大厦的根基就是"曹雪芹=叙述者=贾宝玉"。但如果仔细分析《红楼梦》的叙述手法，之所以能实现从自传向自传性小说的过渡，正是因为借助了这个叙述者的主体分化，一个人讲自己的经历，那可能是自传；但当一个人虚构出一个人物来讲述他的经历时，那就是小说了。而《红楼梦》正是让作者、叙述者、故事的讲述者、接受者、抄写者、增删编撰者轮番登场，从而明确区分了"讲故事的人"（作者本人）、石头故事的回忆者和叙述者（石头）、增删编纂者（曹雪芹），并从亲历、写作、阅读三者关系的角度，向读者揭示了《红楼梦》如何由"真"而"假"、并由"假"

而"真"的成书过程。

更为重要的是，这个叙述主体的层层分化，又恰好体现了自传与自传性小说的根本区别——从小说家的亲身经历到小说的故事呈现，中间至少隔着三个层次的叙述。比如《红楼梦》一开头，小说家就通过"作者自云"将叙述权转移给"隐含作者"，然后"隐含作者"也隐身，将石头故事的缘起推卸给超叙述层的那个复合叙述主体，由此小说家便进一步疏远了自己与主人公宝玉的关系。并且当"隐含作者"宣布将用"假语村言"敷演下面的故事时，随后的一切便已经处在"假语村言"中。这颇像钱钟书所言，讲故事前必须"献疑于先"，听者如果愿意听，就必须搁置对虚假的挑战，因为说者已经预先声明，接下来的就是故事。实际上，所有的虚构叙述都或明或隐地设置了这个"自首框架"。而对《红楼梦》而言，这个叙述分层的设置正是这个"自首框架"，这也如涂卫群所注意到的：

> "通灵之说"和《石头记》都是"作者"有意用"假语"隐瞒"真事"的产品。通过"借""说""敷演""假语村言"等字眼，作品的虚构的特性一再得到强调。"作者"以此将自己与叙述者和主人公贾宝玉拉开距离，或者说，将自己的真实生活与《石头记》拉开距离。（199）

这也意味着，《红楼梦》的作者是有意通过叙述分层，去"控制"其与叙述者、角色以及读者之间的关系和距离，从而"客观化"自身的经验，并使个体经验转化为虚构的普遍性经验，由此实现作品的意义从"自我"向整个"外界"的全面辐射。因此《红楼梦》的"真实性"或者"客观化"是来自叙述者对生活经验的转化，对人物原型的提喻，而非生活经验本身。

另外，也正是借助叙述分层，《红楼梦》实现了作者的声音、思想与主人公的声音、思想的诸多不同。主要体现在：其一，对待儒家价值观上，叙述者开头的忏悔姿态以及对补天石无才补天的惭恨，明确暗示出作者并非反对儒家的补天济世思想，而贾宝玉则不同；其二，在具体的女性观上，作者与贾宝玉对待女性的态度主要体现在女性与女儿之间，女性齐家才智与审美诗才之间，出闺与未嫁之间，宝玉的女性观主要取自后者，而作者的思想显然比宝玉宽广且复杂；其三，对情/淫的态度上，贾宝玉是"意淫"的具体表现者，其"情不情"思想表明他是"至情论"者，但作者显然有更复杂的情/淫观，比如他对尤三姐的态度。关于作者与贾宝玉的区分，不止有文本的证据，脂批亦多次点明，宝玉身上虽有作者之影但非作者也。如第十九回己卯夹批曾明言："按此书中写一宝玉，其宝玉之为人，是我辈于书中见而知有此人，实未目曾亲睹者。"

当然《红楼梦》之独特还在于作者虽有意写小说，但又不排斥自传的写法，比如刻意使用真、假交错的叙述手法，用梦、幻为此书立意，正反映了作者是有意要模糊自传与小说之间的界限。一方面他指出小说中的人物乃是他的"假借"，假非真，是他用"假语村言"敷演出来的《石头记》；另一方面，作者又刻意将自己的真实经历赋予宝玉，假即真，《石头记》有家族兴衰的印记。如此一来，小说给读者的感觉就是，一位已经从"梦幻"中醒来的过来人，他借人物贾宝玉"编述"自己所经历过的世间梦幻。但是从叙述策略上看，"作者"、"石头"、小说的叙述者与主人公贾宝玉之间却有着根本性的差别：前者都是从梦中已"醒"之人，而宝玉则是梦中人（十几岁）。

事实上，中国古代文学无论是"自传""传记"，还是"书信回忆"，虚构都在所难免，睿智的读者都了然于胸。但《红楼梦》之特别正如上所述，"假作真时真亦假"的写法"招供"更像是对读者的挑战，即邀请读者进入作者所设置的真假游戏中。故而"荒唐言"（虚构的梦与假）和"辛酸泪"（事实的醒与真）正是《红楼梦》作为自传性小说所不可分割的一体两面。但作为小说，其撼人心魄的艺术魅力却并非因"荒唐言"，而是来自其超越故事逻辑的情感维度，也即所谓"辛酸泪"，正是"它让艺术时空之'真情'超越生活世界里的'真实'。因为它符合生活世界中常常体现着的一种神秘性的情感现实。……即使故事的逻辑关系上存在破绽都不影响我们对这种真切的神秘现象进行深刻的体验"（徐岱 154）。而阅读《红楼梦》的感觉正可作如是观。

## 致谢【Acknowledgement】

本文受益于《现代传记研究》匿名评审人提出的修改意见，谨致谢忱！

I am grateful to the editor of *Journal of Modern Life Writing Studies* and anonymous reviewers for their suggestions and comments.

## 注释【Notes】

① 在《〈红楼梦〉考证（改定稿）(1921)》一文中，胡适明确提出"《红楼梦》明明是一部'将真事隐去'的自叙的书"。其主要观点参见《胡适红楼梦研究论述全编》（上海：上海古籍出版社，1988年，第99页）。

② 周汝昌是坚定的自传说的拥护者，其主要观点参见周汝昌《红楼梦新证》（北京：人民文学出版社，1976年）。

③ 提倡政治寓言说的，前有蔡元培，今有廖咸浩。具体内容参见蔡元培、胡适《石头记索隐·红楼梦考证》（北京大学出版社，1989年），廖咸浩《〈红楼梦〉的补天之恨：国族寓言与移民情怀》（台北：联经出版事业股份有限公司，2017年）。

④ 关于自叙传小说的说法是俞平伯修正后的主要观点，具体内容参见正文论述。

⑤ 此说自余英时倡导"回归文本"后，已经成为大多数学者的普遍共识。

⑥ 关于这个老太妃，《红楼梦》第五十八回承前文又写道："谁知上回所表的那位老太妃已薨……"俞平伯认为两次提到老太妃，这不大像一般小说的写法，很可能是实有其事，于是查《清史稿》，发现在乾隆九年确有一位姓纳喇氏的老太妃薨逝，曹雪芹是顺手牵羊，写在书中了。关于此段论述参见俞平伯《红楼梦的著作年代》（人民文学出版社编辑部编：《红楼梦研究参考资料选辑》第二辑。北京：人民文学出版社，1976年）第21—23页。

## 引用文献【Works Cited】

Booth, Wayne C. *Distance and Point-of-view: An Essay in Classification, The Theory of the Novel*. Ed. Philip Stevick. New York: The Free Press, 1967.

二知道人：《红楼梦说梦》，一粟编，第83—103页。

[Er Zhi Taoist. *"Dreams Elaborated in 'A Dream of Red Mansions'"*. Ed.Yi Su, 83-103.]

Flanagan, Owen J. *Self Expressions: Mind, Morals, and the Meaning of Life*. Oxford: Oxford University Press, 1996.

菲力浦·勒热讷：《自传契约》，杨国政译。北京：北京大学出版社，2013年。

[Lejeune, Philippe. *Le Pacte Autobiographique*. Trans.Yang Guozheng. Beijing: Peking University Press, 2013.]

钱静芳：《红楼梦考》，一粟编，第323—326页。

[Qian Jingfang. *"Textual Research on 'A Dream of Red Mansions'"*. Ed. Yi Su. 323-326.]

Starobinski, Jean. "The Style of Autobiography", trans. Seymour Chatman.*Autobiography: Essays Theoretical and Critical*. Ed. James Olney, New jersey：Princeton University Press, 1980.

Stelzig, Eugene L. *The Romantic Subject in Autobiography: Rousseau and Goethe*. Charlottesville and London: University Press of Virginia, 2000.

涂卫群：《眼光的交织：在曹雪芹与马塞尔·普鲁斯特之间》。南京：译林出版社，2014年。

[Tu Weiqun. *Interweaving the Visions: Between Cao Xueqin and Marcel Proust*. Nanjing: Yilin Press, 2014.]

徐岱：《基础诗学：后形而上学艺术原理》。杭州：浙江大学出版社，2005年。

[Xu Dai. *Basic Poetics: Principles of Post-metaphysical Art*. Hangzhou: Zhejiang University Press, 2005.]

一粟编：《红楼梦研究资料汇编》。北京：中华书局，1964年。

[Yi Su ed. *Compilation of Research Materials on "A Dream of Red Mansions"*. Beijing: Zhonghua Book Company, 1964.]

俞平伯：《红楼梦研究》。上海：上海古籍出版社，2005年。

[Yu Pingbo. *Research on "A Dream of Red Mansions"*. Shanghai: Shanghai Chinese Classics Publishing House, 2005.]

——：《红楼梦辨》。北京：人民文学出版社，1973年。

[—. *Discrimination of "A Dream of Red Mansions"*. Beijing: People's Literature Publishing House, 1973.]

——：《俞平伯论红楼梦》。上海：上海古籍出版社、香港：三联书店（香港）有限公司，1988年。

[—. *Yu Pingbo's Treatise on "A Dream of Red Mansions"*. Shanghai: Shanghai Chinese Classics Publishing House, Hong Kong: SDX Joint Publishing Company, 1988.]

余英时：《红楼梦的两个世界》。上海：上海科学院出版社，2002年。

[Yu Yingshi. *Two Worlds of "A Dream of Red Mansions"*. Shanghai: Shanghai Academy of Sciences Press, 2002.]

赵毅衡：《苦恼的叙述者》。成都：四川文艺出版社，2013年。

[Zhao Yiheng. *The Uneasy Narrator*. Chengdu: Sichuan Literature and Art Publishing House, 2013.]

——：《叙述者的广义形态：框架——人格二象》，《文艺研究》2012年第5期，第15—23页。

[—. "The Generalized Form of Narrator: Two Images of Frame Personality." *Literature and Art Research* 5(2012): 15–23.]

周策纵：《胡适的新红学及其得失》，《红楼梦学刊》1997年第4辑，第242—256页。

[Zhou Cezong. "Hu Shi's New Redology and Its Gains and Losses." *Journal of "A Dream of Red Mansions"* 4(1997): 242–256.]

# 论传记中的剥聚结构

毛　旭　郭莉萍

**内容提要**：剥聚或剥聚结构指的是将传主的特征或传事剥离时间线，然后按照类别聚集在一起的作传方法。剥聚结构一共有三种：描述型剥聚、叙述型剥聚和论述型剥聚。叙述型剥聚和描述型剥聚仅仅对材料进行分类，论述型剥聚则在分类的基础上进行论证。剥聚结构有三种应用情况：必用、可用和迫用，三者大致对应于描述型剥聚、叙述型剥聚和论述型剥聚。剥聚结构可以在缩小传记体量的情况下增加其可读性，但它也有三大缺陷：剥——在将特征或传事剥离时间线的同时，也剥离了其存在、发生的背景；聚——特征或传事聚集在一起，形成一种同时存在或集中发生的假象；静——或指情节停顿、不发展，或指人物形象的凝滞。

**关键词**：剥聚　描述型剥聚　叙述型剥聚　论述型剥聚　静传　动传

**作者简介**：毛旭，北京大学医学人文学院博士后、助理研究员，研究方向为传记文学、比较文学与世界文学、叙事医学等。近期于《跨文化对话》（2021.12）发表论文《拉美文学大奖的关注点》。

郭莉萍，北京大学医学人文学院教授，研究方向为叙事医学、医学人文教育等，近期于《医学与哲学》（2022.03）发表论文《以叙事医学实践促教学医院医学人文教育》。

**Title:** On Integration as a Biographical Method

**Abstract:** Integration as a biographical method means plucking the traits or deeds off the time-line and then integrating them together under the same heading. There are three types of integration: descriptive integration, narrative integration and demonstrative integration. The first two only serve as classification, while the last one makes a deduction based on classification. There are three types of application of integration: the must-use situation, the could-use situation, and the have-to-use situation, which correspond roughly to the descriptive integration, the narrative integration and the demonstrative integration. Integration can enable concise and readable biography, while it also has three drawbacks. Firstly, it rips the traits or deeds off their background; secondly, it causes misconception of concurrent existence or intensive occurrence; thirdly, it turns the plot and character from dynamic to static.

**Keywords:** integration, descriptive integration, narrative integration, demonstrative integration, static biography, dynamic biography

**Mao Xu** is Assistant Researcher and post-doctoral fellow in the School of Health Humanities, Peking University. His research interests include life-writing, comparative literature and world literature. His most recent publication is "Some Focus on the Latin American Literature Award" in *Dialogue Transcultural* (Dec. 2021).

**Guo Liping** is Professor in the School of Health Humanities, Peking University. Her research interests include narrative medicine and medical humanities education. Her most recent publication is "Using Narrative Medicine Practice to Promote Medical Humanities Education in Teaching Hospitals" in *Medicine and Philosophy*(Mar. 2022).

剥聚或剥聚结构，是传记作家进行材料处理和组织的一种方法。剥，指的是将特征（traits）或传事（deeds）从时间线上剥离下来；聚，指的是将剥离下来的特征或传事按照主题汇聚在一起。从本质上讲，剥聚其实是一种对故事时间（story time）的打乱和操纵。历时地看，剥聚结构伴随传记的产生而产生，但最早由苏埃托尼乌斯大量使用，其《罗马十二帝王传》《诗人传》《语法家与修辞学家传》基本都是用剥聚结构写成；不仅如此，他还将其理论化，在《罗马十二帝王传·奥古斯都传》中这样介绍自己的方法："在简短地概括了他的生平之后，我现在将详细介绍其各个阶段，但不是按照编年顺序（chronological order），而是按照类别（by classes）逐个进行叙述，这样可以使得记录更加清晰、更加具有可读性。"（Suetonius 1: 133）

现代传记大师里昂·埃德尔在《生命书写：传记原则》中附议苏埃托尼乌斯的观点。埃德尔将剥聚结构视为编年法记传的反面："编年体传记（chronicle biography）很容易将生平碎片化，使之变得乏味无趣"（Edel 196），且"以年为单位进行记录的作传方式，将同类的事件和思想孤立起来，播撒在不同的时间点上，而它们本应被聚集在一起"（197）。在埃德尔看来，编年体传记结构松垮，"从资料中提供给读者一点一块的事实或引语，根本没有进行真正的整合（without genuine integration）"（201-202）。只有剥聚才是对传记材料的"真正的整合"。埃德尔以拜伦为例：

> 传记作家了解到拜伦某天去看望了情妇，第二天去打猎，埋葬了他心爱的猎犬，并哀悼一番，然后写信安慰一个家有丧事的朋友。以顺时的方式罗列这些事实，传记就会读起来像报纸；我们从一个条目跳到另一个条目，这些条目之间似乎并无关联。但如果把有关拜伦的情妇的故事放在一起；而将其猎人的身份、动物爱好者的形象，以及他如何与朋友交往调整到合适的时间讨论，这比复述一些互不关联的事实更能增加其生平的戏剧性。（202）

剥聚或剥聚结构有三类型、三应用和三缺陷。

## 一、剥聚三类型

按照剥聚结构所构成文本的文类体裁，可以将其细分为三种类型：描述型剥聚、叙述型剥聚和论述型剥聚。

在描述型剥聚中，主题可以隐含，不必以主题句的形式显现出来。它在本质上是传主特征的集合，其句式大多为系动词结构或表示习惯、能力的实义动词结构。描述型剥聚的成果，就是一个"合成的人物（composite figure）"（198）。比如，亨利·詹姆斯在写作关于爱默生的回忆文章时，就是"把他记忆中的爱默生拼凑在一起"，产生了一个"总结出来的爱默生（a summarized Emerson）"（198）。再如，在《罗马十二帝王传·提比略传》中，苏埃托尼乌斯这样介绍传主的长相：

他很胖、很壮，而且身高高于一般人；肩膀和胸脯很宽；身材匀称，从头到脚都很对称。他左手更灵活强壮，关节如此有力，可以用一根手指钻透一个新鲜的苹果，或者弹指一挥就能敲破小孩或年轻人的头。他皮肤很白，头发在后面留长，甚至能覆盖他的脖颈……他的脸很英俊，但偶尔会长出很多痘……（Suetonius 1: 389–391）

在叙述型剥聚中，主题同样可以隐含，不必以主题句的形式显现。它在本质上是传主传事的集合，故其句型多由实义动词主导；但由于被剥离了原语境，其动作具有了瞬时性或完成性的色彩。比如，在《罗马十二帝王传·凯撒传》中，苏埃托尼乌斯用叙述型剥聚——列举传主统兵作战的主要成就：

他将整个高卢……都并作一个行省，并命令其每年向他缴纳4 000万塞斯特斯的岁贡。他是第一个在莱茵河上建桥并攻击河对岸日耳曼人的罗马人；他使日耳曼人损失惨重。他还入侵了不列颠人，在此之前无人知道这一民族的存在。他征服了他们，并强行索要金钱和俘虏……（1：33–35）

在论述型剥聚中，主题句必须显现，其与所聚集起来的特征或传事形成论点与论据的关系。论述型剥聚的功能是表现特征，但其剥聚起来的既可以是传事，也可以是特征。比如，在《罗马十二帝王传·凯撒传》中，为了证明传主的宽大为怀，苏埃托尼乌斯列举了四个例子：

即使在报复别人时，他也非常仁慈。当他抓住了绑架他的海盗之后，他把他们钉死在十字架上……但是，他下令先把他们的喉咙割断，以减轻他们受折磨的时间。他在躲避苏拉的追捕时，科尼利乌斯·法吉特斯埋伏了好几夜，终于把他抓住，凯撒那时候病得很重，而且还贿赂了法吉特斯，但也不能阻止法吉特斯把他交给苏拉。尽管如此，他后来并没有伤害法吉特斯。奴隶法尔蒙是他的秘书，曾经和凯撒的敌人串通一气，要毒死他主人，凯撒杀了他，但并没有折磨他。当他妻子庞培娅的情人克劳迪以亵渎神灵罪被起

诉，法庭传唤凯撒作证时，他说他没有克劳迪的犯罪证据。（1：95-97）

如果对这三种剥聚结构进一步归类的话，可以说，论述型剥聚是以描述型剥聚和叙述型剥聚为基础的一种更高级形态。描述型剥聚和叙述型剥聚仅仅对材料进行了分类，论述型剥聚则在分类的基础上，能够"诊断出症状"或者总结出更高层次的特征。

以苏埃托尼乌斯为例，学者们认为，分类和论证正是他处理材料的两大层次。大卫·绍特讨论了苏埃托尼乌斯的分类法。他认为，苏埃托尼乌斯在作传时化用了古罗马演讲稿的模式："苏埃托尼乌斯在描写传主时，遵循罗马演说家的模式，按照'主题（headings）'收集和布置材料，很少关注事件发生的顺序。所谓的'主题'当然没有被明示，但一般分为家族史、传主出生前的预兆、登基前的生平、登基后的统治、身体上的特征、死亡以及其预兆。"（Shotler 76）表面看来，有些主题之间可以形成连续的时间段，但实际它们已经被剥聚结构给剥离分裂了。

安德鲁·华莱士-哈德里尔则讨论了苏埃托尼乌斯的论证法。他认为，苏埃托尼乌斯在作传时化用了古代学者的方法，并指出苏埃托尼乌斯改换了传记的体裁："反着说，苏埃托尼乌斯写的不是历史；正着说，苏埃托尼乌斯写的是学术论文"（Wallace-Hardrill 10），"传记属于历史，历史就是叙事——这是个误解"（10），"古代学者的方法清晰可见：提出一个问题，然后罗列证据，让龃龉的观点之间产生辩论"（14）。在论证方面，苏埃托尼乌斯可谓是传记界的"老忠实泉"，在他笔下，从来不会出现只有主题句而没有例证的时候——就连普鲁塔克都做不到这一点。论证的意识也能从他对"比如"的使用上体现出来：在苏埃托尼乌斯的《奥古斯都传》中，"比如"出现了九次之多，是他的一个笔头禅。

## 二、剥聚三应用

剥聚结构则有三用：必用、可用和迫用。必用即应该使用，可用即具有选择性的使用，迫用即不得不用。三者大致对应描述型剥聚、叙述型剥聚和论述型剥聚。

所谓必用，指传记作家有主观上的义务使用剥聚结构。在任何传记中，有三类描述型剥聚基本上是必须出现的：对长相的刻画、对性格的描写和对习惯的描述。如果没有的话，便说明传记作家不负责任——是鲍斯威尔将其上升到义务的层面，他在《约翰逊传》的末尾写道："我相信，约翰逊的特征已经在这部传记中得到了很详尽的展示，任何一位读者，都可以说对他熟识了。但是，读者或许期待我能将这一伟人的主要特点集中起来介绍一番，所以我将会履行我的传记义务——尽管这是项艰巨的任务，而且我的很多读者有能力比我总结得更好。"（Boswell 4：424-425）然后他开始履行这一义务，介绍其传主的长相、性格和习惯："他很高，身材匀称……"（425）莱特福德在《〈约翰逊传〉的设计》中将这一写作方法称为"定论综合（magisterial synthesis）"（Redford 73），即将长相、性格和习惯这三大特征放在最后集中描写。鲍斯威尔不是定论综合的发明者，他在这里师法的是苏埃托尼乌斯。不过，定论综合并非西方传记独有，《大慈恩寺三藏法师传》的作者似乎与西方传记作家心有灵犀，也在传记的最后使用定论综合，总结传主在长相、性格和习惯三大方面的特征：

> 法师形长七尺余，身赤白色，眉目疏朗，端严若神，美丽如画。音词清远，言谈雅亮，听者无厌。或处徒众，或对嘉宾，一坐半朝，身不倾动。服尚乾陀，裁唯细氎，修广适中，行步雍容，直前而视，辄不顾眄。滔滔焉若大江之纪地，灼灼焉类芙蕖之在水。加以戒范端凝，始终如一，爱惜之意过护浮囊，持戒之坚超逾草系。性爱怡简，不好交游，一入道场，非朝命不出。（释慧立、释彦悰 223）

所谓可用，指在长相、性格、习惯三大主题之外，传记作家有权选择是否使用剥聚结构。这里尤其指的是叙述类剥聚，作者可以根据情况选择用编年记传或叙述型剥聚的方法处理传事，比如传主的疾病、人际关系等等。在哈罗德·尼克尔逊的《圣伯夫传》中，传主与猫的关系、与妓女的关系、与仆人的关系等话题，都被集中起来叙述，以介绍圣伯夫在某方面的生平——尽管这些传事彼此之间相隔了很多年。

类似的，比较托马斯·卡莱尔的三部传记：弗莱德·卡普兰的《托马斯·卡莱尔传》、罗斯玛丽·艾什顿的《卡莱尔夫妇：一个婚姻的画像》以及朱利安·西蒙斯的《托马斯·卡莱尔：一个预言家的生平与思想》，后者可谓是对前二者的剥聚式再加工。在《托马斯·卡莱尔：一个预言家的生平与思想》中，相比卡普兰和艾什顿的平铺直叙，西蒙斯在时间线上繁忙地跳来跳去，拣选可以划为一类的案例，比如"卡莱尔夫妇与狗""卡莱尔与歌德的书信"等等。

以卡莱尔夫妇的恋爱为例，西蒙斯在讲述时绝不拖沓："这些年来卡莱尔和珍妮·威尔士见面的机会少之又少。"（Symons 90）然后西蒙斯开始列举他们见面的时间与活动：1821年5月首次相遇；那年夏天在爱丁堡见过几次面；1822年见过一次；一年后又见过一次；1823年5月匆匆见过一面，11月又见过一面；1824年2月见过几次，5月又见过一两面。"就这些了。等到1825年1月她和卡莱尔算是正式订婚时，珍妮已经有六个月没见他了。"（90）

西蒙斯为什么不愿像艾什顿或卡普兰那样进行线性叙事？他解释说，那是因为卡莱尔的传记材料太多，"想要始终抓住读者的阅读兴趣，在这种特殊的情形下，就必须偶尔忽略时间顺序"，所以，"现在我们可以集中审视卡莱尔与歌德和他弟弟的书信，这些书信跨越了好多年，展现了卡莱尔的性格和希望"（112）。展现卡莱尔对家人的关怀时也是这样集中处理的："我们有好几页的篇幅没有涉及约翰医生（卡莱尔的弟弟）以及其他家人，但其实他们并没有远离卡莱尔的生平和书信。"（187）然后开始举例。当西蒙斯叙述卡莱尔家的"女仆问题"（272）时，也是在横亘几十年的故事时间里，用不到一页的篇幅集中介绍了一个又一个不称心的女仆。

所谓迫用，指传记作家在客观上不得不使用剥聚结构来处理材料。之所以不得不使用，是因为特征或传事存在或发生的时间本来就佚失了，"剥"已成定局，"聚"则不得不顺势为之。比如，鲍斯威尔在描写约翰逊的最后一年，也就是传记的最后一部分时，一反之前的"编日体记传法（quotidian biography）"，模仿起苏埃托尼乌斯，大量使用剥聚结构。这是因为鲍斯威尔遇到了很多他无法确定时间的"佚事"——佚失了时间的轶事，只好对它们予以分类处理："我在这里穿插进一些约翰逊的语录，没有标明时间先后，因为它们没有记录确切的时间和地点。"（Boswell 4:176）

不无吊诡的是，佚事因为佚失了时间，意外地拥有了一种永恒性的假象。所以，它们常常以论述型剥聚的形式出现，用来证明传主在某一方面的品质。以《约翰逊传》为例，鲍斯威尔用这些佚事证明的论点包括"约翰逊的善良和敏感""约翰逊说话时会考虑对方的接受能力""约翰逊在辩论中快输掉时能以奇计反败为胜""约翰逊写作时特别注意标点符号等细节""约翰逊脾气暴躁""约翰逊性格复杂""约翰逊喜欢小孩""约翰逊温柔地对待仆人"等等。鲍斯威尔心灵手巧，将最具可读性的剥聚结构排在倒数第二，用于压轴，它也成为传记文学史上的经典片段：

> 在这一主题（"主题"原文为"head"，鲍斯威尔将约翰逊喜欢小孩、温柔对待仆人以及爱护动物归为一大类）下，不应该忽略他对动物的喜爱。我永远不会忘记他多么溺爱他那只名叫"霍奇（Hodge）"的猫：为了它，约翰逊经常亲自外出购买牡蛎，因为他担心如果让仆人去跑腿的话，仆人会对它心生嫌恶……有一次，我记得它钻进约翰逊的怀里躺着，非常舒服的样子，约翰逊则微笑着吹着口哨，一会儿摸摸它的后背，一会儿拉拉它的尾巴。我说，这是只好猫。约翰逊回答说："没错，先生，不过以前我还养过几只更讨我欢心的猫呢。"这时，他好像看到霍奇面生愠色，赶紧补充说："但它确实是只好猫，一只非常好的猫。"
>
> 我又想起，他曾经对兰顿先生讲述一个浪荡富家子的荒谬行径："先生，我最近听说他在伦敦城里到处用枪打猫。"然后，他陷入沉思，想起了自己最爱的猫，说道："不过霍奇是不会被他打到的；不行，不行，霍奇可千万别被他打到。"（4: 197）

论述型剥聚的论证是否有效，在很大程度上取决于案例的数量。但在迫用的情况中，剥聚往往因佚事太少，结果是剥而不聚，聚集起来的案例仅有一个，这就很难令多疑的读者信服。这种"一事以蔽之"或"一蹴而就"的论证模式预设了一个前提，即窥一斑可见全豹。似乎"从爪子就能认出一头狮子，从耳朵就能认出一头毛驴"。薄伽丘的《但丁传》即是此中"典范"。为了证明"他学习时非常专注，以至于没有任何声音能转移他的注意力"（Boccaccio 44），薄伽丘举了但丁在喧闹中趴在椅子上全神贯注读书的故事；而为了证明"但丁自视甚高"（57），他引用了但丁在考虑是否担任谒见教皇的使团团长时说过的话："但丁考虑一会儿之后，回答说：'如果我去的话，谁留下来？如果我留下来的话，谁去？'就好像他是唯一有才能的人，别人离了他就什么都不是。"（58）

但正如克洛泽斯所说："有的传主只呈现出一种特征，这种性格分明的人物素描非常有趣，但它们大都只用一个事件便定义了性格。我们对《圣经》中的人物，往往只通过他的一句偶然的话或一个偶然的动作，便认为已熟悉他。"（Crothers 96）克洛泽斯举了人们对迦流、亚拿尼亚、罗德的妻子等圣经人物的刻板印象，此处仅引一例："当我们回想起罗德的妻子时，我们对她的性格有非常清晰的印象：她是个典型的反动分子。但我们对她的唯一了解就是她在某个时刻回头看了一眼（结果变成了盐柱）。如果我们能有一部她的全传，说不定会了解到她在其他场合中是个激进分子。"（97）

## 三、剥聚三缺陷

相比编年记传的线性叙事，剥聚是对传记材料进行处理的一种更高级方式，或者说是一种深加工——对大量的传记材料进行筛选之后，在主题的框架下条目清晰地归类、罗列案例，将传记变成了"举例子的人生哲学"，让读者避免了自己总结、反思的麻烦；而且，编年记传的流动性可能让读者在不断适应改换的主题时感到应接不暇，剥聚却可以在一定的篇幅内专注于一个主题，使读者得以静态地认识传主，而静态地把握对象本来就是人认识世界最简单、容易的方法。当然，这样一种筛选材料并予以归类的方法，要求传记作家更加熟练地掌握材料；比起编年记传，它有着更大的难度，尤其是当传记作家试图穷举一切例子的时候。如埃德尔所说："为了成就一幅优秀的传记画像，就必须使用最高度的简洁，对资料时刻保持敏感，善于发现所有能表现和'代表

（represent）'传主的东西、所有能刻画传主生动个性和人性的材料。"（Edel 181）这便"需要阅读很多信件，在日记、个人文件和出版的作品中进行大量搜寻""而且最重要的，还要有高超的提取能力"，才能完成这种埃德尔所谓的"跳跃式的概括（skipping summary）"或"梗概的艺术（art of precis）"——弗吉尼亚·伍尔夫则称之为"苦差（grind）"（211）。

至于剥聚结构的缺陷，既然剥聚在本质上是对时间进行打乱，所以，其缺陷也来自时间的报复。聚集在一起的案例脱离了具体的时间，而时间对传记而言是至关重要的。纳吉布·马哈福兹曾在《思慕宫》中写道："你睁大眼睛，好好欣赏欣赏这里的一切吧，给它记上日期吧。因为有许多事情，如果没有及时登记上它们发生的年月日，它们就好像没有发生过一样。"（322-323）正因如此，鲍斯威尔才对时间如此重视："有的时候，我不得不跑过半个伦敦的路程，就为了确定一个日期。"（Boswell 1: 7）

与之相反，剥聚结构不仅不重视日期，反而反其道行之。剥聚使特征或传事从时间线上脱落下来，然后将这些同类不同期的元素强行堆砌在一起。埃德尔曾这样为之辩护：尽管"我违反了所有的时间点"，但"我没有违反事实"（Edel 200），"我在时间线上向前向后来回穿梭，甚至还穿越到未来——当然，对我们读者而言，传主的未来其实也是我们的过去……我拒绝被钟表和日历所困"（200-201）。但钟表和日历有自己的报复方式，对时间的背叛造成了剥聚结构的固有缺陷。总结起来，剥聚结构之缺陷有三，可简称为剥、聚、静。

所谓剥，指的是剥聚结构在将特征或传事剥离时间线的同时，也剥离了特征或传事存在、发生的背景，此时的传记作家如果论证心切，往往造成断章取义的结果。比如，在前面引述的例子中，苏埃托尼乌斯用凯撒不指认克劳迪来证明他的仁慈，这当然是错误的——凯撒这样做，更可能是害怕得罪有权有势的克劳迪。苏埃托尼乌斯应该将这一事件还原到时间线上，并修复其历史背景，而不是粗暴地把它变成一个例证。

所谓聚，指的是特征或传事聚集在一起，形成一种同时存在或集中发生的假象。鲍斯威尔深知此理，所以只在不得已的情况下才使用剥聚结构，这也是他批评皮沙夫人《塞缪尔·约翰逊轶事》的根据所在：

　　我请问每一位公正的读者，上述真实的细节记录了约翰逊之坦诚、亲和，以及对一个年轻、陌生的苏格兰人表现出的善良，难道不能反驳那种不公平的观点，那种认为他是个粗鲁之人的观点吗？的确，他会谴责愚蠢、鲁莽和不虔诚的人，他也会因不耐烦而脾气发作，他在这些情形中说出的话因其尖锐机敏而被听者保留下来，很多人读到了便对他的脾气产生了误解。但这些人没有想到，这些例子被皮沙夫人集中到薄薄的、用几小时就能读完的书中，事实上，它们发生在零零散散的很多年中；在这多年里，他（并没有总在发脾气，而是）把时间主要花在了用写作和聊天来教育和娱乐大众，花在了虔敬上帝以及帮助别人之中。（Boswell 1: 410）

　　所谓静，或指情节停顿、不发展，或指人物形象的凝滞。

　　关于情节上的不发展，莫洛亚写道："在我看来，如果事实不是按照正常的时间顺序讲述，那就很难让读者对其产生兴趣。传记的浪漫趣味就在于对未来的期待，我们仿佛站在悬崖的边上，这悬崖就代表明天，而我们对明天将会发生什么一无所知。"（Maurois 51）行文流畅的传记需要依赖传事与传事之间的发展连贯性或特征与传事之间的因果连贯性，剥聚结构却会破坏这种连贯性。比如，在《罗马十二帝王传》中，传主的特征与传事本应紧密相连，互相解释，但因为剥聚的大量使用，结果有些同时属于不同剥聚结构的内容便被叙述了两次，而且相隔甚远。在《罗马十二帝王传·奥古斯都传》中，传主遇雷的事件出现在第29段（关于传主建造公共建筑的叙述型剥聚）和第90段（关于传主迷信的描述型剥聚）中：

　　他建造了很多公共建筑，下面几种尤为重要……他将圣坛献予雷神朱庇特，因为他曾经从雷击中死里逃生。当他在坎塔布连山脉夜行军时，一道闪电略过了他的轿子，杀死了在他前面举火把的奴隶。（Suetonius 1: 167–169）

　　传说他对于宗教的态度是这样的。他在打雷闪电的时候，会因恐惧而变得软弱。不管去哪儿，他总是随身携带一张海豹皮，以抵御雷电……他之所以这么害怕雷电，因为我已经在前面说过了，他曾经在夜行军时差点

被闪电击中，那时便吓破了胆。（1：259-262）

在《罗马十二帝王传·克劳迪乌斯传》中，传主的瘸腿也在第21段（关于"他在很多地方举办过很多次角斗士表演"的叙述型剥聚）和第30段（关于长相的描述型剥聚）中被分开叙述两次：

于是格斗者们便拒绝战斗，声称皇帝已经赦免他们了。他考虑了一会儿，寻思要不要将他们处以极刑，但最后从王座上跳起来，一拐一拐地、滑稽可笑地沿着湖边奔跑，半威胁半许诺地让他们出战。（2：45）

他外表庄严高贵，但这仅限于站住以及静坐，尤其是躺下的时候；他长得很高，但不瘦，面孔迷人……但当他走路的时候，他双膝无力，支撑不住上身……（2：61）

在《罗马十二帝王传·加尔巴传》中，苏埃托尼乌斯记录说，加尔巴被杀后，一个士兵把他的头砍下来，"因为上面没有头发可抓，士兵便把首级裹在他的袍子里，后来又把大拇指抠进嘴里，把首级带给了奥托"（2：223）。苏埃托尼乌斯没有像编年传记作家那样，在之前介绍加尔巴的秃顶，或者紧跟在这一事件之后解释说明，而是用剥聚结构在后面独立的外貌描写中予以介绍："他中等个头，头秃得很厉害……"（2：225）

这种不自然的行文给人以断裂感，而且重复叙述或描述的内容在《罗马十二帝王传》中俯拾皆是，苏埃托尼乌斯自己也很不舒服，因为他不得不经常提醒读者向前回溯。其中某些篇，比如《奥古斯都传》《提比略传》《克劳迪乌斯传》《尼禄传》等，都明确出现"我已经在前面说过了""我们已经讲过了"这类标志语——这是苏埃托尼乌斯的另一个笔头禅。

相比之下，《后汉书·袁绍刘表列传》因为没有滥用剥聚结构，所以特征与传事之间的因果连贯性就比较自然：

绍外宽雅有局度，忧喜不形于色，而性矜愎自高，短于从善，故至于败。及军还，或谓田丰曰："君必见重。"丰曰："公貌宽而内忌，不亮吾忠，而吾数以至言许之。若胜而喜，必能赦我，战败而怨，内忌将发。若军出有利，当蒙全耳，今既败矣，吾不望生。"绍还，曰："吾不用田丰言，果为所笑。"遂杀之。（范晔 1623）

袁绍杀田丰，正是其"短于从善"和"貌宽而内忌"的证明。

剥聚结构之静，并不只在于使情节线断裂、变得不再流畅，更在于深层次的静态的人物观。这一缺陷就剥聚结构而言是本质性的。现实中的人是变化与同一的矛盾统一体。就变化而言，"昨天的我不是今天的我"，人的身体在不断衰老，细胞在不断更新（神经细胞和心肌细胞除外），而且性格、习惯等也会有所改变。所以，爱德加·约翰逊在其传记史前言中写道："我听生理学家说，人身体内的所有细胞每七年全部更换一次。所以从某种意义上讲，我是当年那个年轻作者的孙子，甚至重孙子。"（Johnson 9）就同一而言，人的基因序列和身体特征具有相对稳定性；更重要的是，他依靠记忆和意识维系着一个相对稳定的自我。

与时间紧密结合的编年体传记能够保证自我的连续发展性，既体现传主的同一，又体现其微妙的变化。剥聚结构却抛弃了变化，只承认同一，强令昨天的我和今天的我是同一个我。正是靠着这种一厢情愿，苏埃托尼乌斯才得以放开手脚使用剥聚结构，而其静态人物的观点在《罗马十二帝王传》中体现得淋漓尽致，就性格而言尤其如此。在苏埃托尼乌斯那里，性格——即特征的核心——是恒定不变的。性格不是对外在行为表现的规律总结，而是人的内在属性；就算一个人什么事也不做，甚至变成了植物人，他也有一个稳定的性格。也就是说，苏埃托尼乌斯对性格持本质论，而非生成论的看法。

这也正是阿图尔·叔本华所主张的性格恒定理论：在这种观点的支配下，当有人呈现出新的特征时，我们不会说"他性格变了"，而会说"我之前看错他了"（Schopenhauer 52）。同理，暴露"本性"正是苏埃托尼乌斯在描写传主时的关键词。罗马帝国多暴君，现代人会将其归因于制度问题——是罗马帝国的权力结构导致皇帝的性格发生扭曲；苏埃托尼乌斯却认为他们本来就是坏人。比如在《罗马十二帝王传·提比略传》中，苏埃托尼乌斯写道："他那冷血、残忍的性格甚至在小时候就已经有了苗头……自从他登基之后，他便愈加残暴，即使在统治早期，他还假装节制以争取民心的时候，他也偶尔暴露出他的本性。"（Suetonius 1: 371–373）不得不说，这对提比略非常不公，因为他在统治前期被公认是个非常贤明的帝王。苏埃托尼乌斯在《罗马十二帝王传·尼禄传》中的论调是一样的："尽管他的放纵、好色、挥霍、贪婪和残忍在开始时并不明显，而且可以被归因于年少轻狂，但他的本性已露，所有人都认为这些特征是他的性格缺陷，而非一时之过。一点一点地，随着他的罪恶增强，他不再用玩笑来掩盖邪恶，于是公开犯下更加滔天的罪行。"（2: 129）《罗马十二帝王传·卡里古拉传》的传主也得到了相同的评价："即使在那个时候，他都不能控制他本性中的残忍和邪恶。"（1: 417–419）

但正如莫洛亚所指出的，这与性格的真相是相悖的：

> 或许，我们之所以比古时的传记作家更需要时间顺序，是因为他们相信性格是不变的，而我们不相信。我们相信个体精神就像物种一样，是不断进化的。我们相信性格在接触人和事件的过程中，是缓慢发展的。如果说传主在人生的每时每刻表现出一成不变的性格，对我们而言，那只是一种智力上抽象出来的性格，而不是真实的性格。（Maurois 52）

正因为剥聚结构的这一本质性缺陷，所以当它被大规模使用时，就会将传记从动传转变为静传。动传与静传是胡适的提法："传记大抵静而不动。何为静而不动？（静 Static，动 Dynamic）但写其人为谁某，而不写其人之何以得成谁某是也。"（517）这里的静传与动传概念与胡适有很大不同：胡适强调的是性格成因之有无，而这里强调的是性格变化之有无以及情节叙述是否流畅。尽管由剥聚结构所形成的静传可能更简短并且更具有可读性，但它所倚赖的静态性格观却是错误的。

## 结　语

剥聚或剥聚结构不只是一种作传的方法，它也挑战了读者的固有观念，让读者对传记的本质进行思考。人们一般认为传记一定是叙事，但果真如此吗？由剥聚结构可知，传记既可以是叙述性的记叙文，也可以是描述性的说明文，有时甚至可以是论述性的议论文。

## 致谢【Acknowledgement】

本文为国家社科基金重大项目"构建人类卫生健康共同体研究与数据库建设"（项目批准号：21ZDA130）阶段性研究成果，得到全国哲学社会科学工作办公室的经费支持，作者谨致谢忱！本文的修改工作在《现代传记研究》匿名评审人的帮助下完成，作者谨致谢意！

This research was supported by the National Social Science Fund of China project "Building of and Database-construction for a Global Community of Healthy for All" (21ZDA130). I am indebted to the anonymous reviewer for the insightful suggestions and comments.

## 引用文献【Works Cited】

Boccaccio, Giovanni, Leonardo Bruni and Filippo Villani. *The Earliest Lives of Dante*. Trans. James Robinson Smith. New York: Henry Holt and Company, 1901.

Boswell, James. *Boswell's Life of Johnson*. 6 Vols. Ed. George Birkbeck Hill. Oxford: Clarendon Press, 1887.

Crothers, Samuel McChord. *The Cheerful Giver: Essays*. Boston: Houghton Mifflin Company, 1923.

Edel, Leon. *Writing Lives: Principia Biographica*. New York: W. W. Norton & Company, 1984.

范晔：《后汉书》。北京：中华书局，1999年。

[Fan Ye. *Book of the Later Han*. Beijing: Zhonghua Book Company, 1999.]

胡适：《胡适全集》第27卷。合肥：安徽教育出版社，2003年。

[Hu Shi. *The Complete Works of Hu Shi*. Vol. 27. Hefei: Anhui Education Press, 2003.]

Johnson, Edgar. *One Mighty Torrent: The Drama of Biography*. New York: Macmillan, 1955.

纳吉布·马哈福兹：《思慕宫》，陈中耀、陆英英译。上海：上海译文出版社，2003年。

[Mahfouz, Naguib. *Palace of Desire*. Trans. Chen Zhongyao and Lu Yingying. Shanghai: Shanghai Translation Publishing House, 2003.]

Maurois, André. *Aspects of Biography*. Trans. S. C. Roberts. Cambridge: Cambridge University Press, 1929.

Redford, Bruce. *Designing the Life of Johnson: The Lyell Lectures, 2001–2*. Oxford: Oxford University Press, 2002.

Schopenhauer, Arthur. *Essay on the Freedom of Will*. Trans. Konstantin Kolenda. Mineola: Dover Publications, Inc., 2005.

Suetonius. *Suetonius*. 2 Vols. Trans. J. C. Rolfe. Cambridge, Massachusetts: Harvard University Press, 1979.

释慧立、释彦悰：《大慈恩寺三藏法师传》，孙毓棠、谢方点校。北京：中华书局，1983年。

[Shi Huili and Shi Yancong. *The Life of Xuanzang*. Eds. Sun Yutang and Xie Fang. Beijing: Zhonghua Book Company, 1983.]

Shotter, David. *Tiberius*. Second Edition. New York: Routledge, 2004.

Symons, Julian. *Thomas Carlyle: The Life and Ideas of a Prophet*. Cornwall: House of Stratus, 2001.

Wallace-Hadrill, Andrew. *Suetonius*. Bristol: Bristol Classical Press, 1995.

# 以传记为载体的文明交流与互鉴：
# 武则天形象之海外传播

卢　婕

**内容提要**：武则天是中国唯一的正统女皇帝。她作为女性政治家、思想家和文学家，吸引了大量海外学者的关注。本文通过分析海外多元复杂的武则天传记书写发现：首先，尽管海外学者塑造和传播的武则天形象并没有完全摆脱"东方主义"的魅影，但他们所塑造和传播的武则天形象对于提升中华文化的国际影响力仍然具有积极意义；其次，海外各种塑造和传播武则天形象的文本普遍存在互文性以及参考资料的相互指涉，所以，海外学者所塑造的武则天形象是一个"有机整体"。相较于单一的文本而言，这个有机整体所构成的武则天形象具有更复杂而丰富的文化内蕴、诗学价值和社会历史意义，可以为武则天这一历史形象赋予更为丰富的内涵和更加长久的"来世生命"。

**关键词**：武则天传记　形象塑造　海外传播　中华文化　"走出去"

**作者简介**：卢婕，四川大学外国语学院副教授、四川省社会科学院与四川大学联合培养在站博士后。主要从事比较文学与世界文学研究，近期发表了《发轫期传记：亲友眼中的艾米莉·狄金森》（《现代传记研究》2018年第2期）和《扬雄汉赋：中西文明交流与互鉴之桥》（《新疆大学学报》2022年第3期）。邮箱：81740948@qq.com。

**Title:** Cross-Cultural Exchange and Mutual Learning with Biography as the Carrier: Overseas Dissemination of Wu Zetian's Images

**Abstract:** Wu Zetian is the only female emperor of Imperial China. As a female politician, thinker and literati, Wu Zetian has attracted the attention of a large number of overseas scholars. This paper analyzes the biographical writing of the diverse and complex images of Wu Zetian shaped by overseas scholars and reaches the following findings. Firstly, although the images of Wu Zetian created and spread by overseas scholars don't completely get rid of the phantom of "Orientalism", they are still of great significance for enhancing the international influence of Chinese culture. Secondly, various overseas texts that shape and spread the images of Wu Zetian are universally intertextual and mutually referential, and thus these texts form an image of Wu Zetian as an "organic whole". Compared with any single text, the image of Wu Zetian constituted by this "organic whole" has more complex and richer cultural and poetic value together with social and historical significance, which gives this historical image of Wu Zetian richer connotations and a longer "afterlife".

**Keywords:** biographies on Wu Zetian, image shaping, overseas dissemination, Chinese culture's "going out"

**Lu Jie** is Associate Professor at Collage of Foreign Languages and Cultures in Sichuan University and a Postdoc of Sichuan Academy of Social Sciences and Sichuan University. Her research interests include comparative literature and world literature. Lu's publications include "Early Biographies: Emily Dickinson in her Relatives and Friends' Eyes " in *Journal of Modern Life Writing Studies* 2 (2018) and "Yang Xiong's Fu: A Bridge of Exchange and Mutual Learning between Chinese and Western Civilizations" in *Journal of Xinjiang University* 3 (2022). **E-mail:** 81740948@qq.com.

人们对中国唯一的正统女皇帝武则天的评价毁誉不一。既有人谓之"女中英主"，也有人谴责她"牝鸡司晨"。文学作品对武则天形象的塑造也因此成为中国文艺批评的热点话题。但是，目前国内学界还没有充分关注海外学者塑造和传播的多元武则天形象。事实上，由于武则天身份的复杂性、重要性和争议性，她早已成为海外学者眼中的"箭垛式人物"。海外学者的跨文明传记书写就像数不清的箭射到草人身上一样，不断地加重了其分量，丰富了其形象。本文通过总结武则天形象以传记的形式所实现的跨文明传播，发掘中国古代历史文化名人跨文明传记书写之于中西文化交流与互鉴的当代价值。

# 一、作为"女人"的武则天形象

"武则天的女性身份使其在中国的帝王系列中空前绝后，帝王与女性的双重身份使其处在历史的风口浪尖上。"（韩林 172）武则天之所以成为众多学者关注的热点，是因为她在男尊女卑的中国儒家传统中兼具"女性"和"皇帝"的双重身份。原本二律背反的两个身份在她身上得以交汇，这使得不少海外学者尝试从性别身份这一角度诠释她得以攀升到权力巅峰的原因。2007 年，英国畅销书作家奈吉尔·考索恩（Nigel Cawthorne）出版的跨文明传记《天国之女》就是尝试从性别身份的角度呈现武则天的成长过程。

考索恩根据《房内记》中关于"好女"的描述，想象了武则天十三岁入选唐太宗后宫时的外形特征。考索恩认为："尽管我们看不到武曌在那个年龄段的画像，但我们知道那个时代的中国男人选择情人的标准……我们推测，她是符合这一类型的。"（4）在考索恩的想象中，由于中国自古以来受到彭祖采阴补阳房中术的影响，因此古代帝王在选取后宫佳丽时也必然依据这些标准来甄选能够有益于其身心健康的性伴侣。在作者的跨文明书写中，男性是两性活动中的受益者，女性只是男性意欲在性活动中获取生命力的"能量源"。易言之，女性是被物化的客体，其本身不具有主体性。考索恩对少女武则天的形象塑造实际上迎合了男性对女性、西方对东方、现代对古代、文明对野蛮的"猎奇"心态。一言以蔽之，考索恩关于武则天作为"女人"的形象塑造并不基于可考据的历史文献，也不依据画像或雕塑等历史文物，他所塑造的武则天形象是为了满足西方读者对于作为"他者"的东方女性的猎奇心理。

在考索恩看来，如果说在唐太宗时期，武则天是因为满足了帝王出于养身的目的而得以入宫被选为才人。那么，在唐高宗时期，她则是以狐媚成熟的性魅力征服了比她青涩的高宗而得以晋升为皇后。在讲述武则天与高宗的夫妻生活时，考索恩甚至直言："她似乎是通过迎合高宗的风流而办到了此事……显然，她已经学会了阴阳二气的秘诀，克服了高宗克制身泄的任何企图，将气流逆转了……得到了高宗的阳精，并吸取了这位皇帝强有力的精气与能量储备。作为一个野心勃勃的女人，她现在有机会晋升了。"（59）在考索恩以西方人的眼光观照武则天这一聚讼纷纭的中国历史人物时，他很大程度上将原本错综复杂的政治和宫廷斗争简化为两性关系问题了。简言之，考索恩认为武则天的成功很大程度上是利用了"女性"的身体，通过满足或者控制男性皇帝而达成了政治目的。

在考索恩看来，武则天是以"性"和"身体"填补了"女性"与"皇帝"之间的天堑。不过，这一理论显然难以解释为何武则天在两位皇帝去世之后仍能屹立不倒，因此，考索恩在"性"和"身体"之外，加入了对武则天作为"女人"而具有的"男性潜倾"的描写。卡尔·荣格认为无论男女，人在无意识中都潜藏着另一个异性的性格。因此，他提出："任何一个男人身上都有女性的一面，这就是男性的阿尼玛。任何一个女人身上都有男性的一面，这就是女性的阿尼玛斯。"（转引自李爱云 2）为了使武则天的"阿尼玛斯"（男性潜倾）不至突兀，考索恩在介绍武则天的童年时就突显了其"假小子"的做派："因为父亲在她十岁时便已去世，家中没有男性对其施加限制性影响，也许其假小子的言行还得到了鼓励。"（4）在这样的铺垫之下，后文中关于武则天在执政时期采用恐怖统治来分散民众的注意力的描写也就显得水到渠成了。在考索恩看来，武则天虽然身为一介女流，但是能以男性的铁血手腕执政。易言之，武则天在两位皇帝去世之后不再是以"性"和"身体"为武器，而是通过淡化其女性身份和突显其"男性潜倾"来实现统治。

在考索恩的跨文明书写中，作为"女人"的武则天形象是非常复杂的。在唐太宗时期的武则天是满足"好女"审美标准、服务于皇帝养身事业的小女子，彼时的她女性意识还未萌芽，完全只是任人摆布的"物"；唐高宗时期的武则天女性意识觉醒，善于利用"性"与"身体"交换利益，但彼时的她为了生存而被异化为"非人"；武则天在其单独执政时期则兼具双性气质，既善于利用"女性"身份塑造"母临兆庶，子育万方"的"圣母"形象，又敢于发挥"男性潜倾"，以铁血手腕捍卫自己的权威，彼时的她是一个无所不能的"全人"，正如她所造的名字"曌"，日月并立，阴阳结合，光耀万丈。总体而言，尽管考索恩的传记中有大量刻意夸大中西文化差异、以中国古代社会的别异性来博取西方读者眼球等的弱点，但这部作品较成功地向西方读者介绍了武则天在不同时期的女性意识。

## 二、作为"政治家"的武则天形象

武则天更受关注的是其作为"政治家"的身份。郭沫若、陈寅恪、翦伯赞、刘凌、吕振羽、蒙曼等学者都对其功过进行了评论。但是，值得注意的是中外学者对于作为"政治家"的武则天形象的看法并不完全一致。西方读者关于中国女性长期受到儒家信条的规训而普遍具有谦卑柔顺的性格的"前理解"，与武则天时期严酷的吏治形成了一种明显的悖论，这很大程度上打破了西方读者对中国古代女性书写的"期待视野"，因此，海外学者大多将武则天以一介女流的身份在男尊女卑的中国古代社会登上皇位的重要原因归结于她残忍的天性，因而作为"政治家"的武则天形象被自然而然地打上了"暴君"的烙印。

早在1957年，林语堂就创作了英语传记《武则天正传》。为了增强故事的真实性和感染力，作者不仅将唐邠王当作"见证人"和"亲历者"，还将他作为作者观点的"传声筒"。他在传记开篇就向读者讲道："当年一提到祖母，我们就心惊胆战。如今追忆当年，她只像一个势穷力蹙的魔鬼，已经消失不在了。"（3）除此之外，林语堂还以唐邠王之口详尽地描述了武则天吏治的手段、效果和影响："武后醉心权力，反复无常，而生性专横，她所需要的只是一个杰出的刽子手而已。不久，获得了十几个。这是她虎狼般的臣仆的坚强中心，他们的武器是苦刑和密探。两个原则其实是一而二，二而一的——恐怖统治。"（127）从这一段论述来看，林语堂认为武则天的吏治就是一种典型的恐怖统治。催生吏治诞生的无非就是武则天对权利的野心和残忍的性情。林语堂在跨文明传记中所塑造的武则天是一位十足的"暴君"。因此，在最后一章，林语堂用了下面一段话来对武则天的功过是非盖棺定论："中国历史上这个最骄奢淫逸、最虚荣自私、最刚愎自用、名声坏到极点的皇后的一生，就这样结束了。她死了，她所作的恶却遗留于身后。"（227）在此书出版之后，林语堂通过突显武则天的女性身份与吏治之间的矛盾，引发了广大西方读者的兴趣，武则天也成为西方读者眼中中国女性执政的反面教材。由于林语堂在西方的巨大影响力，他所塑造的残暴专横的武则天形象很大程度上成为西方学界了解武则天的入门读物，这使得之后西方关于武则天的著作都或多或少地打上了林语堂的印记。

在2002年查尔斯·本（Charles Benn）出版的《中国的黄金时代：唐朝的日常生活》一书中，作者在第一章"唐朝简史"中将武则天执政时期归入

"篡位、叛乱与腐败"时期。他向西方读者介绍:"公元684年扬州发生叛乱之后,她开始了长达10年之久的恐怖统治。她建立了一个秘密机构,搜寻敌对者,或者假想敌……一位皇子被囚禁在宫中长达10年,每年都要挨几顿打。后来他甚至可以预测天气了。每逢下雨前,他的伤口就感到胀痛;天气转晴时,就不痛了。"(本 5)查尔斯·本不仅用笼统的议论批判了武则天的吏治,还结合了一个典型的例子来力证武则天的残忍。值得注意的是,查尔斯·本所引用的皇子的悲惨遭遇恰好就是林语堂在英语传记《武则天正传》中借唐邠王叙述的内容;而查尔斯·本关于武则天篡位引发的一系列贵族女性觊觎政权的负面影响又在奈吉尔·考索恩的跨文明传记《天国之女》中以专章的形式得以呈现。由此可见,跨文明书写与跨文明阐释之间形成的互文性具有双向互构的作用。相似内容在不同文本中的叠加和交织会加深读者对某一形象的刻板印象,甚至使之成为该读者群的"集体记忆"。除此之外,查尔斯·本还在介绍唐代的"犯罪与刑法"一章时再次强调:"在唐朝时,有一些酷吏并不遵守法律,他们用各种残酷的刑具折磨犯人。酷吏最横行的是武则天统治时期。她任命了一群酷吏,在洛阳西南的城门口建立了一个特殊的监狱。这个监狱让洛阳的人民闻之色变,据说进去的人没有能活着出来的。"(189)从以上论述可知,查尔斯·本将武则天的统治看作是唐朝在玄宗开启"黄金时代"之前最为黑暗的统治。他还认为甚至是在武则天让位之后,宫廷中的女性还纷纷效仿武则天,以不当的方式干涉政务,造成了唐朝时局的混乱。

在林语堂的传记以及查尔斯·本的阐释中,他们都将女性身份与残酷的吏治对举,形成强烈反差,引导西方读者意识到武则天以"女性"身份成为中国古代"暴君"的反常之处。不过,随着海外汉学对中国历史研究的深入,晚近的一些海外学者在评论武则天作为"政治家"所实施的吏治时,其态度与措辞已经发生了一些微妙的变化。比如,罗汉在2008年指出:"恐怖政治在一定范围内实施,主要针对上层政敌、皇亲国戚以及朝中位高权重的大臣,很少恐吓广大平民、商人及工匠。而且,虽然这些酷吏的权限很大,但是武曌绝不允许他们以权干涉政治决策。"(137)从他的评论来看,首先,武则天的统治并不是以吏治为主要支撑,而是一种必要的补充;其次,吏治所针对的对象不包括平民,因此，其造成的恐怖氛围并不像前辈学者所描写的那么夸张；最后，武则天能很好地操控她用于吏治的爪牙，不会让他们影响国家的长治久安。在罗汉看来，武则天的女性身份与残酷吏治并没有相违背，相反，她很好地利用了其女性身份，尤其是在利用完酷吏为她扫除异己之后，她还寻机将这些酷吏全部消灭，最后还借机将自己塑造成了一个以仁政普度众生的仁慈的菩萨形象。

总体而言，作为"政治家"的武则天形象在海外并不是一成不变的。随着海外汉学的发展，人们对于武则天作为"政治家"的看法也越来越全面和客观。2009年，美国学者陆威仪（Mark Edward Lewis）敏锐地指出："除了一些碑文和佛教文献，关于武后的活动我们只掌握了很少的可靠且有用的资料。资料缺乏的原因是武曌是女人，而所有关于这一时期的记录都是男人编著的，他们不仅是其政敌且将其政治生涯视为对自然的扭曲。"（31）在这样的洞见指导之下，未来的海外汉学研究者在解读、塑造和传播武则天作为"政治家"的形象时必将不再只是追随陈见，而是能以他者之眼和他者之手推陈出新。

## 三、作为"思想家"的武则天形象

唐王朝的统治者为了更好地维护政权，对于儒、释、道三教都加以利用，形成了"三教合流"的局面。由于许多前辈学者不遗余力地传播中国思想，这三种思想之于中国的重要意义早已深入人心，因此，在塑造和传播武则天作为"政治家"的形象时，总是会不可避免地塑造和传播她作为"思想家"的形象。

2003年，丁淑芳（Dien Dora Shu-fang）出版了《文学和历史中的武则天：儒教中国对女性的蔑视》一书。作者认为自汉代以来，儒教便成为中国帝王统治人民的意识形态。根据四书五经等儒家经典的教谕，个人从一出生便根据年龄、性别和辈分被指定在某一特定的位置。女性显然一直被置于"次等"的位置。孔子"唯女子与小人难养也"的陈腔滥调以及刘向《列女传》对中国古代妇女美德的赞扬从正反两面对女性施加了压力。正是由于儒教所确立的女性应该处于卑下的地位和应该具有服从的美德等传统不利于武则天的统治，因此，武则天对于儒教的态度是非常明智的。一方面，她不能对之完全置之不理，全盘推翻；另一方面，她还要对之善加利用和改造，因势利导（Dien 2）。她的这一观点在其他塑造和传播武则天形象的海外著作中得到了印证。

在罗汉的跨文明传记中，首先，武则天之所以能参加封禅大典，是因为她巧妙地利用了儒家思想："女性的加入不仅从儒家礼制上讲很有必要，而且也符合自然的和谐之理，有利于女性的'阴'和男性的'阳'达到平衡的状态。因此，尽管儒教礼教贬低武曌的女性身份，但武曌'以子之矛，攻子之盾'，利用这一文化意识形态证明了自己参加封禅大典的合理性。"（67）其次，罗汉还认为武则天通过召集"北门学士"编制儒家经典达到了两个目的：一是削弱并分散了当朝高官的权利，二是将自己塑造成一名儒家思想的积极支持者。再次，罗汉还指出武则天知道如何用儒家修辞话术来使自己的需求获得满足。她总是能以符合儒家标准的口吻来表达自己的诉求。比如，她以一种适合女人的谦卑言辞说服了忠臣刘仁轨，让他以出色的能力和沉着的政治手腕管理长安。最后，罗汉还认为武则天在《臣轨》中改造了儒家思想中人们将孝顺置于忠诚之上的传统，提出要"先其君而后其亲，先其国而后其家"的观点。用君臣之间的联系代替父子之间的血缘关系，这样一来，便可以"从整体上弱化崇拜男性祖先的意义，从而有效削弱了父系权威的基础"（116）。

中国人的传统观念对于女性执政是持否定态度的，但是佛教能为武则天提供思想和政治上的支持。比如，《大云经》中的佛陀告诉净光天女，她"舍是天形，即以女身当王国土，得转轮王所统领处四分之一"。在现实中，她将"为化众生，现受女身"。因此，武则天不仅资助了大量佛经的编译和注疏工作，还修建和翻新了很多佛教庙宇，举办了大量佛教盛会，将自己塑造成以现世的君主现身的菩萨和转轮王。罗汉认为武则天大力支持佛教在中国的发展，是因为道教与原来的李唐皇室联系紧密，而家长制的儒家体制又极端厌恶女性统治者，所以运用排除法，就只剩下佛教可以让武则天获得她执政所需的认可和合法性了。

在罗汉的跨文明传记中，武则天在嵩山竖立石碑表达了对益寿氏和西王母两位道教女仙的尊敬。"武曌通过崇奉这些女神仙与她们建立了联系。嵩山成了重要的礼制中心，在武曌的统治中发挥了重要的作用。"（85）另外，由于李唐王室将道教视为国教，武则天还追封老子的母亲为"先天太后"，并将老子母亲的雕像放在道观之中。她通过这一追封为自己作为皇太后进行政治活动背书。不过，尽管道教有"崇阴"思想，但它与原来的李唐皇室联系紧密，难以成为最有利于武则天执政的思想工具，因此，公元692年，武则天将佛教的地位提升到道教之上，很多道士被迫削发为僧。不过，在武则天巩固了政权之后，尤其是到了老年后，她对道教的态度又有所改变。道教的修炼目的是"长生久视"，因此，当武则天步入老年后便努力从道教仙丹和科仪中寻找长生之法。罗汉还认为她宠幸张氏兄弟，也是效仿道教的神仙素女，通过吸收年轻男子的精气而达到青春永驻的目的。

总的说来，海外学者在塑造武则天形象时，其作为"思想家"的形象是从属于其"政治家"形象的。她对儒、释、道三教复杂多变的态度完全受其执政需求支配。易言之，武则天并非三教中任何一教的忠实信徒，但她能审时度势，综合运用三教的影响力为自己的政权服务。

## 四、作为"文学家"的武则天形象

在海外，最直接塑造和传播武则天作为"文学家"形象的是在文学选集附录中的记录武则天生平的吉光片羽。1999年，孙康宜（Kang-I Sun）和苏源熙（Haun Saussy）出版了《中国历代女诗人选集》。编者共选译了13位唐代女诗人的62首作品，其中武则天的《如意娘》《从驾幸少林》《腊日宣诏幸上苑》三首诗歌入选。除了译介之外，孙康宜和苏源熙对武则天的生平和诗歌成就进行了简要介绍："武则天大力支持儒家和佛教的学术研究，有许多的汇编著作都署在她的名下。《全唐诗》还收录了她自己创作的56首诗歌。"（Sun & Haun 46）武则天的文学才华以及文学鉴赏能力通过《中国历代女诗人选集》中简短的生平介绍传播到了西方。

在诗歌译介和生平简介之后，武则天"文学家"的形象引起了一些著名汉学家的关注。2009年，陆威仪指出："680年诗歌创作被引入进士考试，标志着唐诗从宫廷诗向更为注重抒情风格的重要转变。通过考试和亲自挑选，武后提拔了一些出身卑微的诗人，这些人后来帮助了很多出身于地方精英家庭甚至是出身寒微的诗人。在这种广泛的官员群体的影响之下，更多的流行体裁，尤其是七言律诗，在宫廷变得受人瞩目。"（244）鉴于这套丛书在海外汉学界的巨大影响力，武则天对唐诗的影响以及她通过操控文学来影响政治的策略也逐渐被西方读者所了解。

2008年，罗汉认为武则天能从众多嫔妃中脱颖而出的主要原因是她的诗歌天赋和良好教育："她接受了儒家礼节和历史的教育，通晓书法、绘画、音乐和诗词等。这些因素可以使她成为一个更令人称心如意的伴侣。在对话中，她可以给出诙谐幽默的巧妙对答，对仗工整，或者引用历史典故，巧妙地规劝未来夫君的行为。"（25）罗汉还用一系列事件来证明武则天善于运用文学打动人心，从而达到改变命运的目的。比如，书写武则天在感业寺出家对唐高宗的强烈思念之情时，罗汉写道："如果高宗一段时间不来，武曌就会异常想念他。在又一个这样孤独夜晚，武曌在寺庙令人压抑的寂静中默默期盼着爱人的到来，她写了一首诗表达自己强烈的思念。"（31）除了以上叙述性文字之外，罗汉还在传记中翻译了令人柔肠千转、道尽相思之愁苦的《如意娘》。武则天作为"文学家"的形象通过传记的传播在西方世界更加深入人心。通过阅读在传记中穿插的这首情诗，西方读者原本通过阅读史书而建构的专制冷酷的武则天形象得到了有益补充：作为中国唯一女皇帝的武则天不再只是坐在云端的圣人，也不再只是端坐朝堂的君主，她是一个感情丰富而且才华横溢的女人，擅长以女性含蓄和柔美的文字唤起情人的怜爱之情。

总的来说，海外学者主要是通过中国女性诗歌译本或者跨文明书写中夹杂的议论性文字来塑造作为"文学家"的武则天形象。从现有的研究看，海外学者对武则天作为"文学家"形象的建构虽然历史较短，但已经初见成效。武则天在海外作为"文学家"形象的建构和传播对于中西文学的交流与互鉴具有重大价值。

## 余　论

作为本土学者，面对海外学者通过跨文明传记书写所塑造的如此多元而复杂的武则天形象，除了震惊于武则天这位中华奇女子所产生的持续、广泛和深远的国际影响之外，我们还需要注意以下几个问题：一是，海外学者以传记塑造和传播的武则天形象是否有利于中华文化的正向传播？海外学者在塑造武则天形象时，要克服时间、空间和文化差异的三重障碍，因此，中国本土读者不难发现其著作中的瑕疵。但是，在发现如此大量不如人意的谬误或偏差之后，我们仍然有必要肯定海外学者通过跨文明传记书写所塑造的武则天形象对于中华文化海外传播的积极作用。事实上，在文化交流和传播的过程中，误读和文化过滤等变异现象总是在所难免，而海外学者对武则天形象的跨文明传记书写更是"他国化"——一种更深层次的变异表现。但是，我们不能因为"变异"而否定文化交流与传播的价值。从比较文学变异学的视角看，尽管武则天形象在海外的塑造和传播过程中存在变异，但是，借助海外汉学界对她的传播，中国唐代的历史、政治、宗教、文学产生了更大和更深远的国际影响，中华文化也在海外生发了新意，融入世界文化的洪流之中，得以奔流向前，生生不息，二是，海外学者塑造和传播的武则天形象是否摆脱了"东方主义"的魅影？众所周知，不同时期的中国文学家和史学家笔下的武则天形象已是千差万别，遑论海外学者所塑造的武则天形象与中国学者所塑造的武则天形象以及中国历史上真实的武则天形象之间的距离了。我们应该清晰地认识到：海外学者以传记塑造的武则天形象虽然在客观上起到了助推武则天形象和中华文化海外传播的作用，但从主观上讲，他们的动机还是为了满足其自身文化的诉求。海外对武则天形象的塑造从根本上讲是后殖民时代西方建构和想象东方的一种话语霸权，是西方意识形态加工后的"武则天"，因此，对于海外学者所塑造的武则天形象可以有所借鉴，但不可全盘接受。三是，海外学者塑造和传播的武则天形象是相互独立还是相辅相成？尽管海外学者在传记中塑造和传播的武则天形象常常体现出对"女人""政治家""思想家""文学家"某一形象的偏重，但就总体而言，无论是从跨文明传记书写中正文内容的互文性，还是从参考资料的相互指涉来看，海外关于武则天的各种传记文本之间经常相互印证、相互成就，它们的互文性构成了一个关于武则天形象的"有机整体"。相较于单一的文本而言，这个有机整体所构成的武则天形象具有更复杂而丰富的文化内蕴、诗学价值和社会历史意义，可以为武则天这一历史形象赋予更为丰富的内涵和更加长久的"来世生命"。

## 致谢【Acknowledgement】

本文为2022年四川师范大学武则天研究中心课题"中外武则天传记比较研究"（SCWZT-2022-04）、中央高校基本科研业务费专项资金资助项目"译介·阐释·书写：巴蜀古代文学名人的跨文明传播"（YJ2021119）以及2019中国博士后科学基金第65批面上资助课题"唐代道教诗人在英语世界的传播和影响研究"（2019M653472）的阶段性成果，得到四川省武则天研究中心、四川大学和中国博士后基金的经费支持，作者谨致谢忱！本文写作受到《现代传记研究》编辑委员会各位编辑的肯定与鼓励，且受益于《现代传记研究》匿名评审人提出的修改意见，作者谨致谢忱！

My acknowledgement and gratitude go to the research project "A Comparative Study of Life Writings on Wu Zetian in China and Overseas" sponsored by Sichuan Normal University's Wu Zetian Research Center, "Translation, Interpretation and Writing: the Cross-civilization Dissemination of Ancient Literature Celebrities in Ba and Shu" sponsored by Sichuan University and "A study of the Spread and Influence of Taoist Poets in Tang Dynasty in the Anglophone World" sponsored by China Postdoctoral Science Foundation. I am grateful to the editors of the *Journal of Modern Life Writing Studies*. Their approval and suggestions enhance my understanding of the significance of life writing on Chinese culture's "going out". I am also grateful to the anonymous reviewers for their suggestions and comments.

## 引用文献【Works Cited】

查尔斯·本：《中国的黄金时代：唐朝的日常生活》，姚文静译。北京：经济科学出版社，2012年。

[Benn, Charles. *China's Golden Age: Everyday Life in the Tang Dynasty*, Trans. Yao Wenjing. Beijing: Economic Science Press, 2012.]

Dien, Dora Shu-fang. *Empress Wu Zetian in Fiction and in History: Female Defiance in Confucian China*. New York: Nova Science Publishers, Inc., 2003.

韩林：《武则天形象的嬗变及其性别文化意蕴》，《东北师大学报》2014年第5期，第172—177页。

[Han Lin. "Evolution of Wu Zetian's Image and its Gender Culture Connotation." *Journal of Northeast Normal University* 5(2014): 172-177]

李爱云：《"雌雄同体"的文化阐释及现代性》，《中国女性文化》，李琳、朱天文选编。北京：中国文联出版社，2001年。

[Li Aiyun. "Cultural Interpretation and Modernity of 'Androgyny'." *Chinese Feminine Culture*. Eds. Li Lin and ZhuTianwen. Beijing: China Literary and Art Federation Publishing House, 2001.]

林语堂：《武则天正传》，张振玉译。长沙：湖南文艺出版社，2016年。

[Lin Yutang. *Lady Wu*. Trans. Zhang Zhenyu. Changsha: Hunan Literature and Art Publishing House, 2016.]

陆威仪：《世界性的帝国：唐朝》，张晓东、冯世明译。北京：中信出版集团，2016年。

[Lewis, Mark Edward. *China's Cosmopolitan Empire: The Tang Dynasty*. Trans. Zhang Xiaodong, Feng Shiming. Beijing: Citic Publishing Group, 2016.]

罗汉：《武曌：中国唯一的女皇帝》，冯立君、葛玉梅译。北京：社会科学文献出版社，2018年。

[Rothschild, N. Harry. *Wu Zhao: China's Only Woman Emperor*. Trans. Feng Lijun, Ge Yumei. Beijing: Social Sciences Academic Press, 2018.]

奈吉尔·考索恩：《外国人眼中的武则天》，王纪卿译。长沙：湖南人民出版社，2012年。

[Cawthorne, Nigel. *Daughter of the Heaven: The True Story of the Only Woman to Become Emperor of China*. Trans. Wang Jiqing. Changsha: Hunan People's Publishing House, 2012.]

Sun, Kang-I & Haun Saussy. *Women Writers of Traditional China*. California: Stanford University Press, 1999.

# 宋代皖籍词人的群像刻画
## ——评新发现的宛敏灏遗作《宋四十词人述评》

胡 健

**内容提要**：《宋四十词人述评》是最新发现的当代词学研究名家宛敏灏的遗作。它经历了从单篇文章到结集成书的复杂过程，且一直处于不断增订修改的状态。书稿为四十位两宋皖籍词人作传，主要梳理和考订生卒、里贯、家世、科第、仕宦，辨析和评论词集版本、作品存佚、艺术水平等。其中，《宋四十词人述评·张孝祥》成为宛敏灏张孝祥研究生涯的一个重要节点。宛敏灏的研究心态从早期家国情怀转向晚年个人喜好，且始终伴随着他的生命情感。《宋四十词人述评》"以一家为中心，详考生平，论其作品"的"评传"式研究方法，不仅在现代词学发展史中独树一帜，而且对传记研究也有独特贡献。

**关键词**：《宋四十词人述评》 宛敏灏 宋代皖籍词人 张孝祥 评传

**作者简介**：胡健，南京大学文学院中国古代文学专业博士，安徽师范大学中国诗学研究中心讲师，主要从事中国诗学和思想史研究，近期发表论文《类编诗话与文学史权力》(《古代文学理论研究》2021年第1辑)等。邮箱：1028934286@qq.com。

**Title:** A Collective Portrait of Anhui Lyricists in the Song Dynasty: A Review of *Review on 40 Poets of the Song Dynasty,* the Newly-Discovered Posthumous Work by Wan Minhao

**Abstract:** *Review on 40 Poets of the Song Dynasty* is the newly-discovered posthumous work by Wan Minhao the famous scholar. It has undergone constant additions and revisions from single essays to a collection. The manuscript is a collective biography of 40 Anhui Lyricists in the Song Dynasty, with the focus on their birth and death, native place, family background, learning and exams, appointments and careers, comment on lyric editions, existing and lost works and artistic achievements, etc. In the manuscript, "Review of Zhang Xiaoxiang" has become an important milestone of Mr. Wan's Xiaoxiang research undertaking. Mr. Wan's research philosophy changes from patriotism at the early stage to his personal preference in his later years, and is fraught with his life sensations throughout his career. This book follows the approach of critical biography characterized as "centering on a biographee with detailed life stories and comment on the works". It is not only unparalleled in the history of the development of modern lyrics, but also makes a unique contribution to the study of biography.

**Keywords:** *Review on 40 Poets of the Song Dynasty,* Wan Minhao, Anhui Lyricists in the Song Dynasty, Zhang Xiaoxiang, critical biography

**Hu Jian** is a PhD Candidate in ancient Chinese literature at School of Literature Art, Nanjing University. He is Lecturer at Chinese Poetry Research Center of Anhui Normal University, with his research interest focusing on Chinese poetics and the history of thought. He is author of "Classification Compilation Shihua and the Power of Literary History" (*Studies in Ancient Literary Theory*, 1, 2021). **E-mail:** 1028934286@qq.com。

宛敏灏（1906—1994年），字书城，安徽庐江县人，安徽师范大学教授、研究生导师，当代著名的词学研究专家，著有《二晏及其词》《词学概论》《张孝祥词校笺》等。《宋四十词人述评》（以下简称《述评》）成书于1946年，为宛敏灏遗作。安徽师范大学中国诗学研究中心在整理其藏书时发现此手稿。此书封面题"宋四十词人述评"，卷首有当时中文系主任吴遹生序，其次是自序和四十词人目次。全书依刻本形式进行线装并排列书页数目，计有6万余字，以行书抄写，文字秀美。《述评》是宛敏灏早年治学经历的见证，有助于我们重新认识宛敏灏在词学发展史上的贡献，其"以一家为中心，详考生平，论其作品"的述评式治学方法对于现代传记研究亦具有重要意义。

## 一、宛敏灏与《宋四十词人述评》

宛敏灏《述评》主要为宋代词人作传，且传主皆为皖籍。然而，他早年从事宋词研究，并不限于安徽地域。1934年，宛敏灏于安徽大学（今安徽师范大学前身）毕业，毕业论文为《二晏及其词》。这标志着宛敏灏以传记研究宋词的开端。此研究受到夏承焘的高度赞赏，夏承焘鼓励他"尽疏两宋各名家，汇为词史"（夏承焘 1）。宛敏灏虽然踌躇满志，但此时只想为全宋词人作新传，并无尽疏名家、汇为词史意愿。

最终促成宛敏灏集中为皖籍词人作传的契机有二：一是安徽省图书馆的约稿要求，二是好友唐圭璋的建议。1930年，安徽省图书馆创办《学风》杂志，其宗旨是"整理中国文化、阐发安徽文献、培养民族意识、倡导良好学风"（陈东原 62）。1933年，《学风》增设"安徽文化消息"栏目，后又改成"安徽文化史料"，越来越注重安徽本地历史文化梳理。宛敏灏为《学风》所撰稿件也须"阐发安徽文献"。他后来回忆说，由于"编者指定须有关本省文献，故所述皆皖人"（宛敏灏，《述评》2）。《学风》所刊登宛敏灏文章凡九篇，除第一篇《二晏及其词》外，其余八篇所述涉及三十三位皖籍词人，构成《述评》一书的主体内容。其中，《方岳与秋崖词》《胡舜陟父子及汪晫祖孙》《休歙十词人》《二汪二朱及王炎》发表于1936年，《词人周紫芝暨吴潜兄弟》《于湖先生张孝祥》《相山居士王之道》《阮阅及朱翌》发表于1937年。可惜的是，《学风》此后因抗战而停刊，宛敏灏的传记研究也不得不中断。

唐圭璋于1937年底写信给宛敏灏，认为其文"兼及考证，可一洗明清官私书籍之陋，何不扩之为'皖词征'或'两宋词人小传'"（宛敏灏，《述评·序》1）。在朋友鼓励下，宛敏灏虽有扩充之意，但正值日军全面侵华，已无暇顾及。直到1940年，宛敏灏任教于重庆的国立女子师范学院，才又开始了扩充工作，总体方向是"两宋词人小传"。但是，由于各类书籍资料缺乏，不得不转向"皖词征"方向，仅就安徽省范围内所知两宋词人进行梳理考证。1946年夏，他初步完成两宋四十位安徽词人梳理工作，命名为"宋四十词人述评"。

严格来说，《述评》还只是一部未完成稿。宛敏灏1947年自序称，此稿完成于1946年夏，但此后几十年中一直被增订修正，似乎并未最后定稿。以1946年为界，此著作成书过程分为两个阶段：

第一阶段是1936至1946年，主要是从单篇论文到结集成书。《述评》共收宋代皖籍四十词人，《学风》所刊八篇文章涉及三十三人均已收入。单篇文章撰述多以地域为标准，如方岳是祁门人，胡舜陟、胡仔、汪晫、汪梦斗是休宁人，汪存、汪藻、朱松、朱熹、王炎是婺源人，梅尧臣、汪辅之、周紫芝、吴潜、吴渊是宣城人，张孝祥、张孝忠是和县人，王之道是无为人，阮阅、朱翌是舒城人。其中，所谓"休歙十词人"是休宁、歙县两县之人，即程大昌、吴儆、程珌、汪莘、程先、朱晞颜、孙吴会、聂冠卿、罗愿、方有开。这些文章结集后，完全打乱地域格局，按照姓氏笔画多寡排序。从1938到1946年间，又补充另外七人，分别是吕希纯、吕本中、吴舜选、何大圭、叶祖义、魏庭玉和魏杞。宛敏灏的梳理延续之前的方法，先考证生平事迹，尤重里贯、科第和家世；次辨析词集版本流传、作品存佚和艺术特色；后选录词作。此书还作两个附录：一是词人生平事迹和活动年表，二是词人所属里贯表，与前面的论述构成互文关系。

第二阶段是1946年后，主要是针对本书进行修订。最主要有三个方面：一是传主的替换和增补。比如，原先选入的叶祖义在修订时被删掉，原因是其籍贯是婺州（今浙江金华），误为婺源（旧隶安徽）。从本书所附里贯表看，宛敏灏实际上的研究已不限于四十人，书名却一仍其旧。里贯表中增加七人，也并未体现在目录中。这表明宛敏灏可能有扩大四十皖籍词人研究的想法，但实践未果。二是在眉批和附识增补传主生卒、科第和仕途材料。如叙汪晫赋词而逝，眉批曰："《徽州府志》卷十七，绩溪，赠通直郎汪晫墓，在县南上里良安乡坑村之源，今十里牌也。"（宛敏灏，《述评》51）引地方志注明词人墓地情况。附识内容一般较长，如"第二十九张孝祥"后，题曰"附识：文通书局有拙着《张于湖评传》一书，评述较为详尽"（97）。简要说明张孝祥研究与《张于湖评传》的继承关系。三是年表部分增订很多材料。年表分四栏，第一、二栏是"宋元"和"公元"，标明宋元年号和公元纪年；第三栏是"生卒"，注明各词人生卒情况；第四栏是"纪事"，阐明各词人的登第、仕宦、词作系年等。增补较多的是第四栏，增加年份二十多条，主要是吴潜、程珌和方岳三人的内容。

宛敏灏到晚年还一直重视《述评》。1988年，安徽省组织编纂"安徽古籍丛书"，宛敏灏是编审委员会的学术顾问之一。他撰《关于〈安徽古籍丛书〉宋词部分今后如何整理的几点想法》①一文，表达了对于丛书如何整理古籍的五条意见。其中，第四条颇值得注意：

按两宋皖人有此传世者四十余人，可作专集整理不过四分之一，其他亦非都有诗文集，甚至只存词一首，然其中不乏名篇，宜全面辑存为《安徽两宋佚词集》，庶无遗珠之憾。……早在三十年代，我应《学风》月刊之约，撰《安徽两宋词人小识》③，以抗战停刊中止连载。嗣于四十年代就原有基础撰为《宋四十词人述评》。现拟略加修改，采作《佚词集》附录。

可见，宛敏灏撰成《述评》之后，并未搁置此书。他想借编纂"安徽古籍丛书"的机会，将四十词人中词作较少的辑录汇编，而以《述评》为附录。为配合《佚词集》编纂，宛敏灏又有继续修订《述评》的想法，主要是想新增部分作家和扩充《述评》原附年谱、里贯二表，但并未实施。

《述评》一书前后历经半个多世纪，一直伴随着宛敏灏的整个治学生涯，体现了他从未放弃为宋代词人立新传的夙愿。从成书过程看，以传记形式开展宋代词学研究构成了宛敏灏的治学特色。

## 二、张孝祥研究的一个节点

宛敏灏研究宋代词人以二晏和张孝祥最为著名。《二晏及其词》自1934年在《学风》连载后，其基本面目已定。宛敏灏用力最深、前后投入时间最长的是张孝祥研究。

从宛敏灏立志一生耕耘于词学研究领域开始，便注定了他与张孝祥长达半个多世纪的缘分。这项研究始于1934年完成二晏研究之后的两三年中，此时宛敏灏开始为《学风》杂志供稿。宛敏灏研究张孝祥起点早、跨度长。同时代的毕寿颐和岩子系②都做过张孝祥研究，但都是偶一为之，而宛敏灏的研究从20世纪30年代持续到90年代，先后发表很多研究成果。

宛敏灏的张孝祥研究可以分为两个阶段。1949年前的主要代表作是《张于湖评传》（1937年）、《于湖先生张孝祥》（1937年）、《宋四十词人述评·张孝祥》（1946年），全面梳理了张孝祥的生平；1949年后的主要代表作有《张孝祥年谱》《张孝祥怀念弃妇词考释》《张孝祥词校笺》③等，对于张孝祥词作与生平事迹进行了细致考证。《述评·张孝祥》事实上成为宛敏灏于湖研究中承上启下的一环。这几种研究成果联系非常紧密，在叙述顺序和逻辑上有着明显的沿袭之处。如《张于湖评传》分为七章，分别是"叙言""家世""里居""交游""年谱""学艺""词论"，《述评·张孝祥》则选取了"家世""里居""年谱""词论"中的部分文字进行压缩和适度改写。如生平梳理部分以"年谱"中的仕宦经历为参考，而词集词作考辨部分则对应了"学艺"中的"文学"部分。《张孝祥词校笺》前言更是基本沿用《述评》的逻辑顺序，前十个部分与《述评》顺序一致，只有第十一个部分是后来新加的。当然，随着宛敏灏研究的深入，其撰写的"前言"也更加详细严密。

宛敏灏在撰写《述评·张孝祥》后，研究的心理情感有所转变，即从家国情怀到个人偏好。虽然他早期研究张孝祥是出于研究皖籍名家词人的需要，但身处抗战背景下，他积极响应《学风》杂志"整理中国文化""培养民族意识"的宗旨，更加看重张孝祥的爱国情怀。唐圭璋在1943年为《张于湖评传》作序：

> 南宋之际，外有强敌，内有奸佞，风云惨淡、八表同昏。仁人志士，畴不扼腕切齿，呼号奋发，思餐胡虏之肉，斩佞臣之头，收已失之疆土，报君父之仇。……于湖为词二百余首，大多感怀君国，声响彻天，真民族词人也。评传显微阐幽，激励忠义，其有功词苑，良非浅鲜！噫！岛夷纵恣，人神共愤，展读是册，足以坚敌忾仇之志，而为全民抗战之一助欤！（1）

宛敏灏在《评传》中也说："张孝祥振聋发聩之功，固不在稼轩下也""诗人呼声，足以转移社会风气，关系国家盛衰，于湖词之伟大正即在此"（宛敏灏，《张于湖评传》29）。抗战期间，屈原、岳飞、陆游、辛弃疾等古代爱国作家及其作品受到重视。宛敏灏则选择为比较熟悉的张孝祥立传。吴遁生在为《述评》作序时说"宛子于民族文献张皇之功，尤足拊称"（1），将学术研究与民族文化命运联系起来，准确把握宛敏灏的作者之心。这其实也揭示了宛敏灏早年在家国情怀上与张孝祥的契合。抗战初期，宛敏灏从东部辗转来到祖国大西南，其迁徙与宋人南渡时的心情必然异代同心。抗战期间，宛敏灏创作了很多诗词，取材于重大事件和人物，叙述爱国情怀，表达抗战必胜的信念，体现了一代知识分子与时俱进的精神风貌（张应中 86）。因此，宛敏灏研究爱国词人张孝祥蕴含着其情绪和精神表达的需求。《述评》叙述张孝祥生平，特别指出其"恢复"志向："痛陈国家萎靡之弊，谓靖康以来，惟知和战两言，遗无穷祸，要先立自策以应之，当同心戮力以副恢复之志。……孝祥方第，即上疏言岳飞之冤，请表其忠义。"（宛敏灏，《述评》88）末尾选词三首，其中两首即著名的《六州歌头·长淮望断》和《水调歌头·闻采石战场》，皆有感于"恢复"。

不过，在后期研究中，宛敏灏逐渐不再过多强调张孝祥的爱国性，而是悄然转向一种对于学术对象的热爱，体现了自己强烈的生命体验。他在这一时期发表一系列文章，集中在对张孝祥家世、里贯、佚事的考证。如《张孝祥世系里贯考辨》《张孝祥年谱补正》《张孝祥和他的〈于湖词〉》《张孝祥与张同子》《关于词人张孝祥一二事》《张孝祥》[④]等。同时，随着1971年张同之夫妇墓的发现，宛敏灏弄明白《念奴娇·风帆更起》一词的本事，解开了张孝祥早年与李氏恋爱并有私生子张同之的谜团。这些发现都体现在"前言"的第三部分中。又，志在恢复是张孝祥的政治底色，不可能完全忽略。但从"前言"文字看，宛敏灏在叙述时更加理性客观。比如，"前言"评张词曰："大抵激于爱国热情，抒发忠义之气，则如惊涛出壑。……其直抒胸臆，表达豪迈坦荡之怀者，则如净练赴海。……至于摹景融情，别有清隽自然之趣、缠绵悱恻之思，则似绉縠纹江。"（宛敏灏，《张孝祥词校笺》23）较为全面地评论了张词的三种风格。而《述评》中评张词则只有第一种，且用词更带感情："当时宋室南渡，国难日深，故多悲歌慷慨之作。声调洪迈，语气扼拔，今人读之兴奋。毛晋谓《歌调》诸曲骏发踔厉。"（宛敏灏，《述评》95）此外，尤能表现宛敏灏研究心态转变的是"前言"的第十一部分"顿教风月属陶塘"。宛敏灏不无感慨地写道：

绍兴初，孝祥随父迁居芜湖，其遗迹据各书记载及其传说，尚可略知。《四朝闻见录》说："张，乌江人，寓居芜湖，捐己田百亩汇而为池，园种芙蕖杨柳。鸥鹭出没，烟雨变态。"……陶塘在赭山南麓，一名镜湖。今市民仍多沿习惯称为陶塘。民国以来，明清两代所以纪年孝祥者，已逐渐不为人所知，惟此塘依然无恙，解放后辟为镜湖公园，面貌一新。……有谢崧渭移祀张于湖诗石刻，已很久未与群众见面。(26)

张孝祥晚年寓居芜湖捐田造湖，即今芜湖市镜湖。宛敏灏在这一部分特别介绍镜湖的历史变迁，深切表达了对古人胜痕难寻的惋惜之情。这是由于宛敏灏一生与芜湖结下了不解之缘，他在安徽师范大学教书育人超过半个世纪，而安徽师范大学正门前的镜湖是他常去的地方，有一种特殊的感情。更因张孝祥事迹而偏爱镜湖，又因生活在镜湖边上更重张孝祥。这种带着情感的传记研究方式，成为宛敏灏晚年张孝祥研究的突出特征。

宛敏灏长期关注张孝祥，通过评传、年谱等方式，描述了最真实、最生动的张孝祥形象。这不仅在于对其生平事迹和家世、交游的考证分析，还在于解读词作时呈现出传主的性格、心态和形象等。同样，作为传记的研究者，宛敏灏自身的性格和情感也注入其中。因为评传者始终要设身处地去想象传主的生平经历和语言行为，所以与传主有关的一丝一毫都牵动着研究者的情感，而将自己的生命感受注入其中。总之，张孝祥是宛敏灏于《述评》中极力突出的一位词人，不仅文字篇幅较多，而且评论多带感情，是其四十词人新传中的一个典范。

## 三、以"评传"刻画中小词人群像

宛敏灏所述四十词人，除张孝祥、方岳外，皆为小词人。但是，《述评》以"评传"的方式刻画中小作家群体群像成为一种重要的研究范式。

其实，宛敏灏的成名之作《二晏及其词》其实就是"评传"体。其序言中已强调评传之法，并指出它的重要性：

诚以一人之见闻有限，考证遂多不精，评论亦难尽当。虽自来词苑著述汗牛充栋，别集、总集、词谱、词韵、词话等，不胜枚举，或搜遗佚，或示准绳，固不乏征考文献，以论世知人为归者，然类接芜杂琐屑，不成片段。其能以一家为中心，详考生平，论其作品，实属罕觏。宜乎编撰文学史等书者，无可取材，未由参考，不得不掇拾陈言，聊充篇幅。爱好文学者遂多读其书而不知其人之憾。词人评传之撰述，顾可缓耶？（宛敏灏，《二晏及其词》3）

采用"评传"的方式研究作家是宛敏灏有意追求。一方面古代典籍虽多，但各类记载错漏芜杂，亟须重新整理；另一方面，以人物为中心的评传类研究并不多见。所谓"评传"就是"详考生平"和"论其作品"。宛敏灏指出，"评传之第一目的，为考定身世""评传之第二难题为评论作品"，考定身世与评论作品是评传的内容和目的，但具有极大的困难。宛敏灏不惧艰难，努力爬梳文献、考订史实，对二晏和张孝祥做了细致准确的艺术评论，实践了自己关于"评传"的理念。这种作家研究的方法，也成功应用在《述评》的两宋中小词人研究当中。

首先是生平梳理。在宛敏灏之前，要了解这四十位词人的生平事迹，多借助宋元史料笔记或明清方志家谱等。但它们的叙述较为简单，缺乏考订辨析，往往以讹传讹，多有互相矛盾处。宛敏灏根据各类文献，依次梳理词人字号、生卒、籍贯、科第、仕途和家世等，遇到需要辨析之处，则详细说明。宛敏灏的词人生平梳理，纠正了前人不少错误，为进一步研究宋代词人提供了比较可靠的基础。比如，王之道的籍贯问题。宛敏灏认为王之道是无为人，但现在不少辞典皆认为王之道是"濡须（今安徽省合肥市）人"，可能大多沿袭唐圭璋编的《全宋词》作者小传。王之道属于合肥人的判断，显然有误。[5]似乎宛敏灏的判断并未引起唐圭璋的注意。又如，王炎生年问题，宛敏灏指出："据《徽州府志》所载胡升《王炎传》，谓炎登干道五年进士，嘉定十一年卒，年八十二，是炎应生于绍兴七年。但《双溪诗余》自叙有'三十有二，始得一第'语，以干道五年推算，当生于绍兴八年，寿八十一。至十月生系据其《玉楼春》词，题'丙子十月生'。"（宛敏灏，《述评》13）《徽州府志》是外部资料，且是年代较晚的明清文献，显然不如用王炎作品中的自叙可靠，由此认定的王炎生卒就让人更加信服。这就纠正了方志的错误。可见，宛敏灏对于传主的生平梳理，特别注重各类材料对比，由此得出的结论也比较准确。唐圭璋称宛敏灏的考证订误"一洗明清官私书籍之陋"。

其次是作品评析。这包括两个方面，一是词集词作考辨，二是评论词作。二者在古代分散于不同性质的文献中，前者多见于目录学著作，后者多在词话谈艺类著作中。宛敏灏则将二者结合了起来。

关于词集词作考辨，宛敏灏注意先考察词集的存佚和版本，然后确定作品的真伪和数量。在词集词作考辨中，宛敏灏常常介绍赵万里《校辑宋金元人词》和唐圭璋《全宋词》的研究成果。这里点明了赵、唐著作辑词的来源，甚至指出《全宋词》所用底本，非行家不能道。当然，词集词作考辨，并不是研究的最终目的。文献梳理本质上是为研究作家作品服务的。宛敏灏在考辨词集之后，紧接着就评析作品。

关于评论词作，宛敏灏采用选录和词作举例的形式，且多"知人论世"。宛敏灏在《词学概论》中辟专节论述欣赏词作要"搞清本事或写作背景"（宛敏灏，《词学概论》314），并特别举例指出，张同之夫妇墓志中反映的张孝祥与李氏关系对于理解《念奴娇·风帆更起》一词有重要意义。因此，宛敏灏每评必有举证，或摘例句，或录全篇，同时强调词作本事。如评王炎词：

> 晚作每多伤感迟暮语，如"相对苍颜"（《浪淘沙》）；"老大自伤春"（《卜算子》）；"老大逢春，情绪有谁知"（《江城子》）；"自缘老去少欢踪"（《虞美人》）；"少年游乐，而今慵懒"（《忆秦娥》）；"老来添得鬓边霜"（《小重山》）；"老来多病须调护"（《踏莎行》）；"料明年又老似今年，当休歇"（《满江红》）等是。又多悼亡之词，如"老来尚可花边饮，惆怅相携失玉人"（《鹧鸪天》）；"帘箔四垂庭院静，人独处，燕双飞"（《江城子》）；"因记得当时共捻纤枝，而今寂寞凤孤飞。不似旧来心绪好，惟有花知"（《浪淘沙令》）；"尘暗犀梳，香消翠被"（《踏莎行》）；而《木兰花慢》一

首，尤极缠绵之致……此词次于《浪淘沙令》（开禧丙寅在大阪作）后，该首中亦有"认得绿杨携手处，笑语如存"及"往事不堪论……白首重来谁是伴，独自销魂"等句，意其丧偶。（宛敏灏，《述评》14-16）

这里评析王炎的作品特色比较注意结合他的生平经历。文中指出王词"多伤感迟暮语"，亦不乏"缠绵"之作，强调其创作背景可能是丧偶期间。后面又选录《蝶恋花·崇阳县圃夜饮》《点绛唇·崇阳野次》《水调歌头·夜泛湘江》《阮郎归·落花时节》《卜算子·渡口唤舟遍》《玉楼春·丙子十月生》，指出王词伤感缠绵的婉约色彩。可见，王炎词风的形成与其所作的悼亡词相关。宛敏灏从王炎丧偶评析，有助于清晰认识王词的创作风貌。因此，对传主的研究有利于理解和鉴赏其词学作品，而通过评析其作品又反过来加强了对传主的认知。

宛敏灏早年研究"二晏"时就开始采用以"评传"论人的方式，《述评》刻画了宋代中小词人群像，展现了他们的性格面目和形象品格，进一步确认并拓展了"以一家为中心，详考生平，论其作品"的治学方法。

## 结　语

1935年，夏承焘在《二晏及其词》序中曰"能见其大"（夏承焘，《二晏及其词》序，1）。这不仅指出宛敏灏的二晏研究在词人辨订方面的突出成绩，还强调了宛敏灏在著述方式上的创新。宛敏灏对此亦早有自觉："实感于评传词人者之沉寂，欲聊凑热闹，以引起世人之同情，庶几得改椎轮为大辂，而积水以成增冰也。"（宛敏灏，《二晏及其词》9）这段话虽然是在《二晏及其词》中说的，但也适用于《述评·张孝祥》。显然，宛敏灏对于自己所用"评传"方式的开拓性和前瞻性非常自信。因此，在其整个学术生涯中，他都坚持不懈，致力于为词人作传。

《述评》的"评传体"研究法可成为考察中小作家群体的研究范式，不仅在现代词学研究史上应得一席之位，而且在现代传记研究上也有道夫先路的贡献。

第一，宛敏灏较早地将作家生平考论和作品评析结合起来考察，全面具体地论述作家作品。20世纪三四十年代，中国文学掀起了传记文学创作热潮。这是中国古代传记传统和五四新型"人的文学"思想相结合的产物。胡适的《四十自述》、郁达夫的《达夫自传》、朱东润的《张居正大传》、吴晗的《朱元璋传》、唐圭璋的《蒋鹿潭评传》等，都是其中的佼佼者，但或述生平事迹，或评析作家作品，与宛敏灏的"评传"有所区别。20世纪八九十年代，"评传"著述迅猛发展，以山东大学主编《中国历代著名文学家评传》和南京大学主编的《中国思想家评传》等为典型代表。这些著作大多还是采用生平梳理和作品评论相结合的撰述方式。

第二，中小词人得到前所未有的关注。《述评》采用的是生平考证、作品选录和词人活动及作品编年相结合的形式，为中小词人作了群传。其创新之处是前面的生平作品考论以人为纲，后面的附录年表以编年为主，二者结合，形成了互文关系。比如，吴潜的生平梳理部分提到其与姜夔有唱和词四首，年表则将二人两次相会的年份清晰展示出来。年表本是史学研究之法，王国维撰《清真先生遗事》附《清真先生年表》，较早将年表引入词学研究领域。宛敏灏则将此法融入评传之中，创造了独特的研究范式。总之，《述评》"使祖孙、父子、兄弟同为词人者，得以相次。而另作年谱、里贯两表附诸卷末，借觇时代之先后与夫地域分布"（《述评》自序）。《述评》将众多词人汇集在一起，纵横交织，在名家词人之外，勾勒出部分宋代中小词人群体的历史风貌，构成一种特别的宋代安徽地方词史。

## 致谢【Acknowledgment】

感谢安徽师范大学中国诗学研究中心提供资料帮助。本文受益于《现代传记研究》匿名评审人提出的修改意见，作者谨致谢忱！

I would like to acknowledge the support of *Chinese Poetry Research Center of Anhui Normal university* who gave me generous access to their annual reports.I am grateful to the editor of *Journal of Modern Life Writing Studies* and anonymous reviewers for their suggestions and comments.

## 注释【Notes】

① 此文在宛敏灏藏书中被发现，文末有宛敏灏签名，未曾公开发表。

② 毕寿颐有《于湖词校录》(《国学年刊》1926年第1卷第1期）、岩子系有《民族词人张孝祥》(《中央时事周报》1932年第3卷第15期）。

③ 分别见于《词学》1985年第2—3辑、《安徽师范大学学报》1988年第2期和中华书局2010年版。

④ 分别见于《安徽师范学院学报》1957年第1期、《安徽史学通讯》1959年第4—5期、《合肥师院学报》1962年第1期、《淮北煤师院学报》1979年创刊号、《艺潭》1980年第2期和山东教育出版社1984年版《中国历代著名文学家评传》。

⑤ 濡须原是无为水名，宋人常用来代指无为。清代设庐州府下辖无为，故称王之道为庐州人。今人沿清人说法，却误判沿革，以庐州直接对应合肥致误。

# 引用文献【Works Cited】

陈东原《谈 "学风"》，《学风》1935年第1期，第14页。

[Chen Dongyuan. "Talk about 'Learning Culture'". *Learning Culture* 1(1935): 1-4.]

唐圭璋：《序》，《张于湖评传》，宛敏灏，第1页。

Tang Guizhang. Preface. *Critical Biography of Zhang Yuhu*. Ed. Wan Minhao, 1.

吴遁生：《序》，《宋四十词人述评》，宛敏灏，手稿。

Wu Dunsheng. Preface. *Review on 40 Poets of the Song Dynasty*. Ed. Wan Minhao, Manuscripts.

宛敏灏：《张于湖评传》。贵阳：文通书局，1949年。

[Wan Minhao. *Critical Biography of Zhang Yuhu*. Guiyang: Wentong Publishing House, 1949.]

——：《于湖先生张孝祥》，《学风》1937年第2期，第27—37页。

[—. "Mr. Yu Hu, Zhang Xiaoxiang." *Learning Culture* 2 (1937): 27–37.]

——：《张孝祥词校笺》。北京：中华书局，2010年。

[—. *The Collation of Zhang Xiaoxiang's Lyrics*. Beijing: Zhonghua Book Co., 2010.]

——：《宋四十词人述评》，安徽师范大学中国诗学研究中心藏宛敏灏手稿。

[—. *Review on 40 Poets of the Song Dynasty*. MS. In the Chinese Poetry Research Center of Anhui Normal University.]

——：《二晏及其词》。北京：文化艺术出版社，2018年。

[—. *Two Lyricists Named Yan and Their Lyrics*. Beijing: Arts and Culture Publishing House, 2018.]

夏承焘：《序》，《二晏及其词》，宛敏灏，第1页。

[Xia Chengtao. Preface. *Two Lyricists Named Yan and Their Lyrics*. Ed. Wan Minhao, 1.]

张应中：《余事为诗亦可观——读宛敏灏、张涤华、祖保泉〈赭山三松集〉》，《中国诗学研究》第19辑。南京：凤凰出版社，2021年，第80—90页。

[Zhang Yingzhong. "Excellent Writing of Poetry in Spare Time: Reading the Collected Works of "Three Zheshan Writers." *The Study of Chinese Poetics*, Vol 19. Nan Jing: Phoenix Publishing House. 2021. 80–90.]

# 约翰生在《谢思顿传》中的选材艺术

孙勇彬

**内容提要**：英国18世纪文坛领袖萨缪尔·约翰生有着多方面的才能，但他最大的兴趣和贡献还是在传记方面。他写了52位诗人的传记，《谢思顿传》是其中之一。他通过多种渠道收集有关传主的材料：首先，在酒馆、旅店和俱乐部与朋友聊天的时候，得到一些口传资料；其次，他也参观谢思顿的篱索思花园，得到一些实物资料；最后，就是去图书馆查阅有关传主的文献资料，这也是约翰生的主要传材来源。约翰生以自己独到的眼光对这些传材进行整理、鉴别和取舍，并形成自己独立的评价。

**关键词**：萨缪尔·约翰生《谢思顿传》口传资料 实物资料 文献资料

**作者简介**：孙勇彬，文学博士，南京财经大学外国语学院教授，主要研究领域为英国文学，近期代表性成果是《传记中文本主体的可变性——以弥尔顿早期传记为例》。邮箱：syongbin@nufe.edu.cn。

**Title:** Samuel Johnson's Art of Choosing Biographical Materials in *Life of Shenstone*

**Abstract:** Samuel Johnson, the leading figure in the 18<sup>th</sup>-century English literary world, had many talents, while his greatest interest and contribution was in biography. He wrote 52 lives of English poets, one of which was *Life of Shenstone*. He collected materials about the biographee through a variety of channels: firstly, he got some oral information while chatting with friends in pubs, inns and clubs; secondly, he visited Shenstone's garden the Leasowes and got some physical materials. More importantly, He went to the library and consulted documents related to Shenstone, which was Johnson's main source of materials. Johnson organized, identified and made a selection of these materials with his own unique vision, and formed his own independent evaluation.

**Keywords:** Samuel Johnson, *Life of Shenstone,* oral information, physical materials, documents

**Sun Yongbin** is Professor of English in the School of Foreign Languages at Nanjing University of Finance and Economics. His research area is English literature. His recent article "The Changeability of Textual Subjects in Biography: The Example of Early Lives of Milton". **E-mail:** syongbin@nufe.edu.cn.

无论传主是谁，传记家都是通过自己的经历和感受以及各种文献材料去认知传主的真实存在。杨正润认为："传记家收集的资料主要有3种形态：口传资料、实物资料和文献资料。"（499）萨缪尔·约翰生是英国18世纪文坛领袖。他在写作诗人谢思顿的传记时，虽然他和传主是同时代的人，但并没有过直接交往，所以对约翰生来说，他需要通过各种渠道收集同谢思顿相关的一切信息，并对这些材料进行整理、鉴别和取舍。在传记写作过程中，传记家约翰生和传主谢思顿始终处于一种非常复杂的互动和制约关系之中。那么，要了解他们之间的复杂关系，首先要了解约翰生有关传主谢思顿的主要材料来源，其次要分析约翰生对这些材料的处理艺术。

作为一位传记家，约翰生并没有他的传主谢思顿的第一手资料。两人虽然都是牛津大学彭布罗克学院的校友，但是约翰生在谢思顿1732年入学的时候，已经离开了牛津。谢思顿对约翰生很崇敬，对他的作品也很欣赏。1758年1月4日，他在写给朋友道兹雷（Robert Dodsley）的信中写道："您听说约翰生先生的《莎士比亚集》将在这个冬天出版吗？我有一种偏见（如果可以称为偏见的话），就是喜欢他所有的作品。"（Mallam 346）他读完约翰生的《漫游者》之后，在1760年2月9日写给朋友格瑞夫（Mr. Greaves）的一封信中写道："他是我所知道的最扣人心弦、最清晰易懂、最简洁和最和谐的散文作家之一。"（Boswell, *The Life of Samuel Johnson* 2: 198）由此可见，谢思顿对约翰生及其作品是赞赏的。他有意与约翰生会面，但从来没有能够实现。波西（Bishop Percy）也曾努力安排他们见面，但未能成功。这样，约翰生就没有机会同传主面对面地交流，获得第一手感性材料。但是，他在与其他朋友的交谈过程中，得到了一些有关谢思顿的口传资料，特别是在俱乐部、酒馆、旅店，与朋友们喝茶聊天、分享趣闻轶事的时候。鲍斯威尔和皮奥兹夫人都有相关记录。如鲍斯威尔曾记录他们在一次很好的酒馆晚餐时，谈到英国的旅店文化，约翰生深情朗诵谢思顿的诗句："无论谁去旅行，生活总是枯燥。无论身处何方，都会唉声叹气。还是待在旅店，受到热烈欢迎。"（2: 198）皮奥兹夫人（Mrs Piozzi）有这样的记录："约翰生过去常常嘲笑谢思顿，说他并不在意他非常喜欢的溪水里有没有好吃的东西，'就好像一个人听到涓涓细流的声音或是看到瀑布倾泻而下的场景就能填饱肚子一样'。"（Hill 1: 323）

除了口传资料之外，约翰生也拥有与传主谢思顿相关的实物资料。约翰生曾经于1774年9月与朋友斯拉尔先生一家人参观了谢思顿的篱索思花园。这是传主生活过的地方，有他居住的房屋，也有他设计的花园。篱索思花园占地约0.6平方千米，位于英格兰西密德兰（the West Midlands）地区黑尔斯欧文（Halesowen）辖区。谢思顿在牛津大学彭布罗克学院学习四年以后并未取得学位，他在伦敦和巴斯游荡了一些日子后，就回到了自己的家乡。他在父亲的地产上，依据高低起伏的地形，开始修饰和改造这块乡村的农场。从1743年至1763年，经过他20年的建造，篱索思花园森林密布、曲径通幽、溪水淙淙，其中还布置了乡间小屋、小修道院、长椅和存放朋友骨灰的纪念瓮。约翰生的日记中这样写道："今天下着雨，然而我们参观了所有的瀑布，有一个地方14个瀑布连成一线。"（Johnson, *The Works* 4: 218-219）有了这样的亲身经历，约翰生针对篱索思花园写下了这样的名句：这是"大人物们妒忌、能工巧匠们崇敬的对象；一个将会被旅行者参观、园艺设计师复制的地方"（3: 253）。可见实物资料对于约翰生的传记写作具有特别重要的意义。

最后是文献资料，这也是约翰生写作谢思顿传记时的主要传材来源。文献资料包括同谢思顿有关的一切文字材料。谢思顿所写的诗歌有一部分是传记性的，但是这些并不能满足约翰生写作传记时的实际需要——事实上的细节。因此，约翰生会寻求一些传记材料来源补充他自己有限的了解。据莱斯特（James H. Leicester）的研究，约翰生的文献资料来源可以列为以下3个：特莱德威·卢塞尔·纳什（Treadway Russell Nash）的"威廉·谢思顿的一些生活细节"（Some Particulars in the Life of William Shenstone），刊载于《沃斯特郡的历史和文物》（*The History and Antiquities of Worcestershire*, 1781）；罗伯特·道兹雷的"篱索思的描绘及传记式前言"（A biographical Preface and a description of the Leasowes），刊载于《威廉·谢思顿韵文和散文作品集》（*The Works in Verse and Prose of William Shenstone*, 1764）；威廉·梅森的《格雷生平回忆录》（*Memoirs of Gray's Life*, 1775），其中有一封信提及《谢思顿的书信集》。（191）

　　需要特别说明的是，约翰生并没有选择《谢思顿书信集》作为他的传记材料来源。在约翰生写作《谢思顿传》之前，已经有两个版本的"谢思顿信件选集"出版，①再加上一卷鲁克斯伯勒夫人写给谢思顿的书信选集也已出版。②而且，其中一部信件选集是由约翰生的朋友书商道兹雷所编，他认为谢思顿的书信很有价值，是"他思想的真实历史"写照。谢思顿于1754年10月23日写给格立弗（Graves）的信中也表达了对自己所写书信的态度："我把它们当成友谊的记录，对于我来说它们总是很亲切，可以作为我过去二十年的思想史。"（Shenstone 235）再加上约翰生和鲍斯威尔讨论时，约翰生也认为："谢思顿这样的人，和他通信是一种荣耀。"（Boswell, *Boswell's Life of Johnson* 5: 268）那么，约翰生为什么要忽略这些书信呢？事实上，约翰生了解书信对于传记家来说所具有的价值，但他也意识到了其中的陷阱。对约翰生来说，真相和诚信对于传记实践来说是最为基本的。而书信不可能毫无保留地反映一位作家的性格，传记家应该谨慎使用这些信件。他曾在《蒲柏传》中写道：他不相信"人们的真实性格可以从他们的书信中找到"（Johnson, *The Lives* 3: 150）。他认为，在写给朋友的信中，写信人不可能敞开心扉。约翰生在和俱乐部成员的谈话中，也对梅森在《格雷生平回忆录》（1775）中利用书信的传记方法表示反对。他说："我强迫自己去读它，只是因为它是谈话常常触及的话题。我发现它十分枯燥；而且，就它的风格来说，适合二等桌席。"（Boswell, *The Life of Samuel Johnson* 2: 245）有了这些前提，约翰生在写作谢思顿传记时，没有参考他的书信也在情理之中了。

　　虽然约翰生没有参考谢思顿的书信，但在谢思顿的传记中提到了他的书信，并没有包含在对他作品的评价之内。约翰生没有对他的书信直接进行评述，而是参考了威廉·梅森的《格雷生平回忆录》，借诗人格雷之口，对谢思顿的书信及其反映出的作家性格特征作出评价："格雷在详细阅读了他的信件之后，想到他的性格是这样的：'我已经读完一卷八开本的谢思顿的信件。可怜的人啊！他总是在希望得到金钱、名誉及其他好处；他整个哲学就存在于违背自己意愿过一种退隐生活，生活在符合他品味的那个地方，只有当著名人物来参观并给予评价时他才感到高兴。他和两至三个也写作诗歌的邻居牧师的信件只是关乎这个地方，以及他自己的一些作品，其他什么也没有。'"（Johnson, *The Lives* 3: 330）约翰生在平时的谈话中经常表达对诗人格雷的厌恶，不言而喻，这里也体现了约翰生对谢思顿书信的看法。

那么，莱斯特提出的纳什所编的《沃斯特郡的历史和文物》中有关谢思顿的记载是否是约翰生《谢思顿传》的主要文献资料来源呢？这个问题存在争议。这部书和约翰生的《诗人传》同年出版，但约翰生多于十分之七的传记材料都来源于这一记载，实际上除了一小部分之外，前九段完全取自其中。而《沃斯特郡的历史和文物》的出版时间很特殊，同时也带来了一些问题。安福莱特研究发现："编者纳什早在1774年6月就发表了他写作《沃斯特郡的历史和文物》的计划。这样可以吸引更多的素材，有助于编辑成册。"（Amphlett X）结果是，作品分为两卷，第一卷1781年出版，第二卷1782年刊出。第一卷中包含了谢思顿的回忆录。和往常一样，纳什对于两卷本的所有材料来源都列举了提供者的名字，但是对于谢思顿的叙述，只给了一个模糊的参考："这些细节我们要感谢他的一两位亲密的朋友。"（Nash 528）题献页上面标注的是1781年1月1日，但作品出版的时间是1781年4月4日。同年8月，《绅士杂志》上出现了有关该书的评论，并特别指明："对于谢思顿的叙述，几乎与约翰生博士所提供的材料相同。约翰生博士是他在牛津大学彭布罗克学院的校友。"（Urban 374）而在约翰生《谢思顿传》的最后一卷《诗人传》中，早在3个月前就有相关评论。鲍斯威尔在《祷告与沉思》（*Prayers and Meditations*）中有一段引用："1781年约翰生最后完成了他的《诗人传》，他给出了这样的记述：三月的某个时候，我完成了《诗人传》，我是以我通常的方式写作，一会儿慢吞吞地，一会儿又匆促地写，一会儿不情愿写，一会儿写起来又充满活力而且很快。"（Boswell, *Boswell's Life of Johnson* 4: 34）詹姆斯·H·莱斯特（James H. Leicester）通过对比分析，不遗余力地证明约翰生的《谢思顿传》参考了纳什的《谢思顿传》。他认为纳什的记述要比约翰生的出现得早，例如，有则谢思顿的童年趣闻，约翰生非常谨慎，在前面加上了"据说"一词。约翰生描述谢思顿童年时喜欢读书，家人每次去市场都会带本书给他，他爱不释手，睡觉也要把书放在床边上。"据说，他的请求被忽略的时候，他的母亲就会包上一块书本大小的木块，让他夜里得以平静下来。"（Johnson, *The Lives* 4: 250）约翰生有两处看似参考了纳什的材料，实则约翰生也保留了自己选择材料的主见。一是有关谢思顿的独身生活，"谢思顿先生从来没有结婚，但是他承认是自己的错，他没有接受他深爱着的一位女士之手。他在自己值得庆贺的田园诗歌中深情咏唱她的魅力，这些也是他最值得称赞的诗歌"（Nash 531）。约翰生接受了其中的传记事实，但省略了关于诗歌的批评意见："他从没有结婚，尽管他可以拥有那位女士，就是他在《田园诗》中向其倾诉的那位。"（Johnson, *The Lives* 4:255）约翰生保留了自己的判断，并为诗人谢思顿的后半生感到遗憾。二是在纳什作品的注脚里有关第26首挽歌来源的问题。这首诗题为"致杰西的挽歌"（Elegy to Jessy），描述的是有着天真无邪思想之人的悲伤，是对放荡恋情事件的哀伤：这是有关一位年轻女子不幸命运的故事，她被当作代表，作为一位堕落的受害者，受到法律不允许的爱情的诱惑；一些不知情的读者会想象这是他自己一些冒险经历的忏悔表达。然而，根据他的记忆，这件事毫无根据；"这首挽诗的主题对他的朋友来说都非常熟悉，是理查生小说《帕米拉》中的莎莉·古德弗莱女士（Miss Sally Godfrey）的故事。"（Nash 531）约翰生省略了对于不知情读者的参考，但引用了对谢思顿道德品格的辩护："他的一生没有被任何犯罪所玷污；致杰西的挽歌，被假想为与他自己的不幸和违反法律的恋情相关，然而，他的朋友们都知道这是理查生《帕米拉》小说中古德弗莱女士的故事。"（Johnson, *The Lives* 4: 256）

对于纳什的材料来源，约翰生省略了一处有关出版商道兹雷的重要信息，这与谢思顿早期作品的仓促出版和去世后作品集受到批评有关。"如果他还活着，自己出版他的作品，绝对不会违背自己的意志或判断，选择那些要么幼稚、要么还未完成的作品。"（Nash 530）而这些相对较差的作品阻碍或降低了人们对他的崇敬。谢思顿对道兹雷选编的《杂诗集》（*Miscellanies*）常常表示极大的关心，虽然作品在被选入之前，道兹雷把所有作品都寄给了他，但由于自己当时患有严重疾病，他没有能够做出合适的选择。"可怜的谢思顿希望自己拥有一位朋友，就像帕奈尔对待蒲柏那样，在他去世以后，帮助他校正和出版自己的作品全集。然而，即使没有这样的有利条件，他仍然在我们英语文学史上占有一席之地。"（530）这段文字明显把道兹雷置于不利境地，暗指谢思顿和道兹雷之间存在隔阂。在脚注里，纳什给读者指明出处：谢思顿在写给格立弗的一封信里，这个问题已经讲述得很清楚了。信中谢思顿承认第一眼看到道兹雷选编的《杂诗集》的时候，感到自己受到了很大伤害："说实话，这里面出现的许多篇目是和我的意图相矛盾的。"（530）事实上，道兹雷在作品集的前言里把他与谢思顿的关系写得非常友好，而且他也是约翰生的出版商兼朋友。约翰生省略这一冒犯的段落也在情理之中，加之纳什的作品在这一点上也有误导之嫌，约翰生不希望让误解延续。

从以上的分析可以看出，纳什一反常态，没有给出具体的材料来源，只是说从谢思顿的一两位朋友那里获得。而约翰生在其他诗人的传记中能够明确标注出处，但在《谢思顿传》中并没有说明参考了纳什的作品。最大的可能是，谢思顿的这一两位亲密朋友既把这些信息告诉了纳什，也提供给了约翰生，并请他们不要署名。这样，约翰生能够根据这些材料，进行取舍，并形成自己独立的评价。

约翰生还有一个材料来源就是道兹雷在谢思顿作品集中所写的传记式前言。这份材料在谢思顿去世那年出版。道兹雷的意图一方面是以适合悼念朋友的方式把诗人谢思顿最有利的方面呈现给读者；另一方面，作为出版商，他努力提高诗人的声誉，使他的诗作流行。这两方面的动机使得如果将他的作品作为传记事实材料来源就会存在局限性。约翰生有所保留地使用他前言中的材料：他知道当时传记家所面临的特殊困难、诱惑以及优势。道兹雷的记述在纳什的记述中也有，但也增加了另外一些细节。对于谢思顿的性格，约翰生指出了他的材料来源："他的朋友道兹雷是这样记述的：他非常温柔和慷慨，友善地对待他影响之下的所有人，但是，如果一旦被冒犯，不容易得到平息。"（Johnson, *The Works* 255）道兹雷也提到谢思顿经济拮据，并对诗人外貌作了简单描写。在这些方面，约翰生尽量采用道兹雷前言中的材料：

> 他不是一位经济学家；他出手慷慨大方，不知道如何节约使用金钱；这样一来，他透支父亲的财产。在他去世之前，这份财产已经遇到很大麻烦。但是人们回忆他在周围建起的漂亮花园，他的好客，对仆人的宽容，对贫困人士的慈善，而完成所有这些事情一年下来他花了不到三百英镑。他去世以后，人们想要知道的是他留下了什么，而不是责怪他花钱无度。（Dodsley 1: 9）

约翰生改述了部分内容，对于谢思顿的慷慨和成就没有采信。他只是写成"不注意经济，不关心他的花销"（Johnson, *The Lives* 4: 255）。约翰生曾经生活也很贫穷，对于贫困人士总是抱有同情心；谢思顿在他的花园里收集虚假的遗迹和人物塑像，约翰生认为他的慈善缺乏情感，约翰生关心的是他家族之内或周围真实的男人和女人的生活。所以约翰生是依据自己的标准对传主进行评价。

道兹雷的前言中，在生平之后，对谢思顿的作品有一简要评价。对于这一评价，约翰生也没有选择引用，而是对谢思顿作品作出自己独立的判断，一些观点与道兹雷的评价正好相反，就好像有意纠正或是修改当时流行的评价。因为道兹雷写作时，目的是为了美化谢思顿，忽略其错误，所以他要证明谢思顿的伟大，或者至少证明他的与众不同：谢思顿"作为作家，他在简朴中透着优雅，合适中显着天赋。他追求一种崇高，可以说是最高的程度；然而从他懒散的习性来看，他宁愿选择在山脚下挑选花朵来愉悦自己，也不情愿吃苦爬上比较险峻的帕纳瑟斯山（Parnassus）"（Dodsley 1: 10-11）。约翰生赞同谢思顿的作品简朴，但把"优雅"改成了"易懂（easiness）"。他质疑谢思顿是否能够到达帕纳瑟斯山，即使他的习性并不是那么懒散。约翰生对于谢思顿作品的批评是基于他的成就来判断的，而不是他的期望，所以约翰生更多地是要显示谢思顿的缺点，而不是像道兹雷那样："谢思顿总体上值得推荐的是易懂和简朴；他总的缺点是缺乏理解力和多样性。如果他的脑子储备更多的知识，他是否能够更加伟大，这一点我不知道；但他肯定能够令人更加愉快。"（Johnson, *The Lives* 4: 259）在此之前，约翰生曾经用更加形象的语言评价过谢思顿："有位女士非常赞赏谢思顿的诗歌，而且还带着一只意大利灰狗躺在火炉旁；约翰生对她说：'谢思顿在诗人中的地位与你的狗在其他狗中所处地位相当；他没有猎狗的精明，没有西班牙猎狗容易被驯服，也没有斗牛犬的勇气，然而它仍然是很漂亮的。'"（Hill 2: 5）

道兹雷在他的前言中明显赞同谢思顿的退隐生活。在谢思顿生活的最后几年里，道兹雷每年都要参观谢思顿的篱索思花园，并极力赞美他朋友作为一位风景园林艺术家的成就。在谢思顿作品集的第二卷中，道兹雷增加了《篱索思花园的描绘》一文（A Description of the Leasowes）。在这热情的充满想象力的描绘之中，道兹雷引导他的读者环绕庄园一周，尽情展示每一个角落的美景。约翰生引用了一些素材，试图使得篱索思花园的美能够更加持久——但并不是都认同道兹雷的观点。道兹雷极其喜爱篱索思花园的视觉美，其中有一场景他是这样描写的："如果一位快乐的同伴能够让他对一个酒杯的概念进行拓展，他可能会想到中国人曾经设计的，在各种浪漫情景之下的一种装饰；他也可能会想到这与人世间最高级别的幸福相关。"（Dodsley 2: 360）然而，约翰生的世间幸福的观点包含人性。在伦敦街头还有乞丐，在英国乡村还有贫困家庭，如果谢思顿在他的土地上设计的自然，能够收获庄稼，那么他会更加尊重谢思顿。所以，约翰生在评价谢思顿的时候包含着一丝责备：谢思顿管理他的地产"更多的是为了提升它的外在美，而不是增加它的产出"（Johnson, *The Lives* 4: 253）。

约翰生在写作《诗人传》的时候，一些诗人引起他的崇敬，一些引起他的反感。谢思顿作为诗人，约翰生并没有特别偏爱。如果他选择赞扬谢思顿的话，他的传记在当时会很流行。当时的观点分为两类：作为诗人，谢思顿"达到与格雷相近的知名度"（Williams 101）；作为风景园林艺术的实践者，他得到了广泛的尊敬。谢思顿从喧嚣世界退隐的美德和他在篱索思花园的成就都得到了公众的认可，但是约翰生并不能完全认可他的诗歌和为人。他通过自己的独特眼光来选择传记材料，运用自己的价值尺度来评判传主，显示出自己诚实的、尽管不是充满同情心的评价。约翰生选择写《谢思顿传》，主要是为了彰显与同代人接受的既定观点有所不同的其他观点。虚弱的赞扬，隐含的责备，直接的指责——这些批评与诗人的崇敬者和朋友们的观点不一致，他们意欲颂扬诗人为人的美好记忆，提升诗人的声誉。不可避免地，约翰生的传记没有符合普遍一致的观点，他的作品饱受争议。即使在约翰生去世以后很久，仍然能够听到这些充满敌意的批评和不同意见。

## 致谢【Acknowledgement】

本文系教育部人文社科项目"萨缪尔·约翰生的文学批评研究"（编号：21YJA752009）、江苏省社科基金项目"萨缪尔·约翰生的《格雷传》翻译与研究"（编号：20WWB001）、江苏高等教育教改研究项目"以坚定文化自信为价值导向的大学英语教学模式探究"（2021JSJG689）和南京财经大学学位与研究生教育课题"博士研究生英语课程教学与课程体系建设研究"（Y21002）的阶段性成果，得到教育部社科司、江苏省哲学社会科学规划办公室、江苏省高等教育学会和南京财经大学的经费支持，作者谨致谢忱！

My acknowledgement and gratitude go to Department of Social Sciences, Ministry of Education, Jiangsu Planning Office of Philosophy, Social Science, Higher Education Association of Jiangsu Province and Nanjing University of Finance and Economics for the their sponsorship of the projects, "On Samuel Johnson's Literary Criticism" (No. 21YJA752009), "The Translational and Research of Samuel Johnson's *Life of Gray*" (No. 20WWB001), "An Exploration of the Value-oriented Teaching Model of College English with Firm Self-confidence in Culture" (2021JSJG689) and "Research on English Course Teaching and Curriculum System Construction for Doctoral Candidates" (Y21002).

## 注释【Notes】

① "Letters to particular Friends, from the Year 1739–1763," in *The Works in Verse and Prose of William Shenstone*, Vol. iii. ed. J. Dodsley, 1769; *Selected Letters between the late Duchess of Somerset, Lady Luxborough, Miss Dolman, Mr. Whistler, Mr. R. Dodsley, William Shenstone, Esq. and others*, ed. Thomas Hull, 2 vols. 1778.

② Lady Luxborough, *Letters written by the late Right Honourable Lady Luxborough to William Shenstone, Esq.* 1775.

# 引用文献【Works Cited】

Amphlett, John. *An Index to Dr. Nash's Collection for a History of Worcestershire*. Oxford: Printed for the Worcestershire Historical Society by J. Parker, 1895.

Boswell, James. *The Life of Samuel Johnson, LL.D*. 3 Vols. London: Macmillan, 1900.

—. *Boswell's Life of Johnson*, 6 Vols. Ed. G. B. Hill, revised and enlarged by L. F. Powell. Oxford: Oxford University Press, 1934.

Dodsley, Robert, ed. *The Works in Verse and Prose of William Shenstone, Esq*. 2 Vols. London: Printed for J. Dodsley, 1791.

Hill, George Birkbeck, ed. *Johnsonian Miscellanies*. 2 Vols. Oxford: The Clarendon Press, 1897.

Johnson, Samuel. *The Lives of the Most Eminent English Poets*. 4 Vols. London: Printed for C. Bathurst, et al., 1783.

—. *The Works of Samuel Johnson*. Vol. i: *Diaries, Prayers, and Annals*. Ed. E. McAdam Jr. Contrib. Donald and Mary Hyde. New Haven: Yale University Press, 1958.

Leicester, James H. "Johnson's Life of Shenstone: Some Observations on the Sources." *Johnsonian Studies*. Compiled by James L. Clifford & Donald J. Greene. Ed. Magdi Wahba. Oxford: Oxford University Press, 1962.

Mallam, Duncan, ed. *Letters of William Shenstone*. Minneapolis: The University of Minnesota Press, 1939.

Nash, Treadway Russell. "Some Particulars in the Life of William Shenstone", in *The History and Antiquities of Worcestershire*. Vol. i. London: Printed by J. Nichols, 1781.

Shenstone, William. *The Poetical Works of Will. Shenstone*. Vol. ii. Edinburgh: at the Apollo Press, 1778.

Urban, Sylvanus. *The Gentleman's Magazine and Historical Chronicle*. Vol. ii. London: Printed by J. Nichols, 1 Aug. 1781.

Williams, Marjorie. *William Shenstone*. Birmingham: Cornish Brothers Ltd., 1935.

杨正润：《现代传记学》。南京：南京大学出版社，2009 年。

[Yang Zhengrun. *A Modern Poetics of Biography*. Nanjing: Nanjing University Press, 2009.]

# 以诗立传——论符号的黄埔女兵诗《铁大姐》

刘书景

**内容提要**：符号的《铁大姐》是为黄埔女兵周铁忠作的一首传记诗。谢冰莹、符号与周铁忠的交往，为此诗的诞生奠定了基础。由于创作仓促、信息不对称以及记忆偏差等缘故，诗歌内容与周铁忠的人生经历有六处不一致，需要辨析。《铁大姐》不仅保存了周铁忠成长和参与革命的史料，而且展现了她不断斗争的个性和为革命而舍恋爱的精神；既勾勒了广阔的社会图景，又呈现出真实的历史细节。《铁大姐》的诞生，标志着以诗写传的成功。虽然《铁大姐》存在诸多缺陷，但符号为普通革命者立传的努力值得肯定。

**关键词**：传记诗　符号　黄埔女兵　《铁大姐》

**作者简介**：刘书景，厦门大学人文学院中文系中国现当代文学博士研究生，主要从事中国新诗研究，近期发表了《论五四社会改造思潮背景下沈玄庐的新诗写作》（《现代中文学刊》2019年第2期）。邮箱：632235170@qq.com。

**Title:** The Biography in Poetical Form: On Fu Hao's *Iron Elder Sister*

**Abstract:** Fu Hao's *Iron Elder Sister* is a biographical poem for the Huangpu female soldier Zhou Tiezhong. The exchanges between Xie Bingying, Fu Hao and Zhou Tiezhong laid the foundation for the creation of this poem. Due to the hasty creation, insufficient information and memory distortion, there are six discrepancies between the content of the poem and Zhou Tiezhong's life story, which need to be identified. *Iron Elder Sister* not only preserves the historical materials of Zhou Tiezhong's growth and participation in the revolution, but also shows her character of constant struggle and her spirit of sacrificing love for the revolution outlining a broad social picture and presenting real historical details. The creation of *Iron Elder Sister* marked the success of writing biographies in poetical form. Although *Iron Elder Sister* has many artistic defects, we should recognize the efforts of Fu Hao of writing a biography for ordinary revolutionaries.

**Keywords:** biographical poem, FuHao, Huangpu female soldier, *Iron Elder Sister*

**Liu Shujing** is a PhD candidate majoring in modern and contemporary Chinese literature at the Department of Chinese, Xiamen University, China. His research concerns the Chinese new poetry. He is the author of "On Shen Xuanlu's New Poetry Writing against the Background of Social Reform Thoughts during the May Fourth Movement" (*Journal of Modern Chinese*, 2, 2019). **E-mail:** 632235170@qq.com.

随着中央军事政治学校武汉分校（即"武汉黄埔军校"）招收了中国现代史上第一批女兵，黄埔女兵开始登上历史的舞台，书写黄埔女兵的传记作品也随之而起，其中最著名当属谢冰莹（1906—2000年）的《一个女兵的自传》（1936年）、《女兵自传》（1948年）。与黄埔女兵同一期入校的符号（1906—1993年）则为周铁忠（1901—1990年）创作了传记诗《铁大姐》，记述其成长为黄埔女兵和党的地下工作者的革命经历。《铁大姐》1930年5月由天津夜莺文艺社印行，北平东方书店、武昌黄光学书店、上海沪滨书店、广东华光书局、南京红光书店代售。受诗歌体裁和传主影响力的限制，该诗出版后反响一般，虽印了800本，但"至少积压一半"（汪烈九 29），后来又被当局列为"普罗文艺"而遭查禁（王煦华283），而符号则于当年8月15日被捕。上述因素使得《铁大姐》逐渐淡出人们的视线。中华人民共和国成立后，符号和周铁忠都曾查找此诗，未果，后由董振修在南开大学图书馆寻获。本文试图挖掘符号创作《铁大姐》的机缘，辨析诗歌内容与传主周铁忠人生经历之间的差异，进而探讨此诗的意义。

## 一、谢冰莹、符号、周铁忠的交往与《铁大姐》的诞生

符号、谢冰莹与周铁忠同为武汉黄埔军校第六期学生，符号创作《铁大姐》时，他与谢冰莹的夫妻关系尚未破裂，要探讨《铁大姐》诞生的机缘，得

先从谢冰莹、符号与周铁忠的交往谈起。

谢冰莹和周铁忠都是湖南省立第一女子师范的学生。1926年冬，武汉黄埔军校在长沙招生。被军校录取的第一女师同学去武昌报到时，被安排住在斗级营高升旅栈。她们按照年龄大小结为七姐妹："大姐周铁忠、二姐周佑德、三姐谢鸣冈（即谢冰莹）、四姐王容箴、五姐谢翔霄、六姐谭珊英、七妹黎树蓉。"（符其实 13）谭珊英则称她们结成的是"七兄弟"（谭珊英 162），谢冰莹在1986年和1990年写给谭珊英的两封信中，就分别署名为"三哥（姊）""三哥冰莹敬上"（谭安利 40-42），这就证实了谭珊英所言非虚。女子结为"兄弟"的行为，反映了这些准黄埔女兵们"去女子习性"的心理和巾帼不让须眉的精神气。不管是结为"姐妹"，还是互称"兄弟"，都说明她们的关系非常融洽。

在斗级营期间，谢冰莹的二哥谢承章介绍了他的好友、十师政治部的徐名鸿（1897—1934年）给她们认识，没想却在谢、周之间引发了一场恋爱风波。谢冰莹承认她与徐之间产生了爱情，但二人的旨趣、性格不同，再加上徐名鸿家庭环境太复杂，而周铁忠又热烈地向徐追求，所以她果断退出了（谢冰莹，《女兵自传》351-352）。这场风波对谢、周二人的关系并未造成影响，倒是徐名鸿对谢冰莹的痴情成了谢冰莹与符号决裂的导火索，①这是后话。

谢冰莹与周铁忠曾因反对复试而被军校开除。武汉黄埔军校在长沙招生时，从三千多名考生中录取了男生两百名，女生五十名。后为平衡各省人才，军校决定将湖南籍考生名额限定为男生八十名，女生二十名，将采用复试方式淘汰一百五十名考生。湖南考生听到消息后，成立反对复试委员会，并选出八名男生代表和周铁忠、谢冰莹两位女生代表，递交请愿书。军校则将请愿学生开除。后来，谢冰莹通过改名、改籍贯的方式，重新参加考试，以第一名的成绩被录取，周铁忠则进了军校开办的政治训练班。

"七·一五"反革命政变之后，女兵队解散。谢冰莹先回到老家，后抗婚出走，流落上海，经钱杏邨介绍就读于上海艺大，上海艺大解散后，谢冰莹打算到北平报考女师大，恰好符号也要到天津工作，他们遂于1928年4、5月间北上。周铁忠则随"八一"起义部队南下，辗转于潮汕、香港，1929年被党组织派往天津。周铁忠曾到北平谢冰莹处小住，她俩"同住在一间小房子里，过着自己洗衣服，做饭吃的生活，非常有趣"（344），谢冰莹考上女师大后，周铁忠又回天津从事地下工作。

谢冰莹还曾资助过周铁忠。在女师大期间，由于三哥停止了资助，谢冰莹不得不过上了一边兼课，一边写作的日子，在女儿出生后，生活更加艰难，但她仍从收入中拿出一部分来"资助铁大姐"（346）。当周铁忠被囚禁在山东监狱中时，谢冰莹给她写信、寄钱，并计划将其在天津监狱写的日记出版（冰莹，《献给》623-627）。谢冰莹资助周铁忠，不仅因二人关系亲密，还有更深层次的原因。首先，谢、周二人虽出身不同，但她们都有过反抗旧婚姻、成为第一代女兵、上战争前线的经历，相似的经历使得谢冰莹对周铁忠产生了"惺惺相惜"之情，在女师大求学时期，她就"万分佩服着铁大姐"，甚至萌生创作《伟大的女性》这部小说的想法（冰莹，《我的创作》427）。其次，在北平时期，谢冰莹积极筹划了北方左联的相关工作，被选为九名执委之一，她自然会把从事革命工作的周铁忠引为自己的同志。

作为谢冰莹彼时的丈夫，符号与周铁忠既是军校同学，又共同在天津活动，他们之间不会陌生。周铁忠从山东监狱写给谢冰莹的信里曾表达过对"M弟"的挂念，这个"M弟"是谁呢？据符号回忆，他与谢冰莹之间曾以"M"相称，"M"为英文"maty"的缩写，谢冰莹当初与符号相恋，恰恰是被符号的这个特征所吸引（钦鸿 167）；而当谢冰莹在军校解散回到老家后，父母为逼迫其成婚，将其"囚禁"起来，并扣留了她所有的信件，因谢冰莹原名谢鸣冈，符号就冒称"鸣妹"给谢冰莹写信，这些信不但没遭到扣留，还得到谢冰莹父亲的赏识（符号，《我与谢冰莹》171-172）。"M"为"鸣"的首字母，也是"鸣（姐）妹"的代称。由此可判断，"M弟"就是符号。周铁忠在监狱中挂念符号，说明他们彼此熟悉。

综上，谢冰莹与周铁忠的交往，使得符号能够从谢冰莹那里了解周铁忠的人生与革命经历，同时，在北平、天津活动期间，周铁忠也可能亲口向符号讲述过自己的事迹。所以，当符号得知周铁忠被捕的消息后，他很快就创作出这首八百多行的长诗。

## 二、对《铁大姐》内容的六处考辨

将《铁大姐》与《周铁忠传》《周铁忠自述》《怀念亲爱的妈妈周铁忠》等文相对照，不难发现《铁大姐》与传主周铁忠人生经历之间，至少存在六处不一致，需要辨析。

（1）周铁忠是否参加了长沙五四学生运动？

诗中第四节是这样开头的：

> 浪花追逐着……/"五四"的潮流澎湃。/风雨来袭，/长沙的学生一致兴起；/"打卖国贼"，铁大姐捏起她的拳头向空挥送，/"学生要起来救国。"/"否则国亡无日！"（符号，《铁大姐》85-86）

当北京爆发五四运动的消息传到湖南后，湖南群众开始掀起罢课、游行、抵制日货、驱逐张敬尧等一系列运动。引文所描述的，当为长沙学生的"五四"游行。据《怀念亲爱的妈妈周铁忠》一文可知，周铁忠到长沙去的时间为1924年（乔沙、齐石 125）。因此，周铁忠不可能参加长沙学生的五四运动。

（2）周铁忠是否被湖南第一女师开除？

诗第五节写"铁大姐"参加1925年长沙声援上海五卅运动的"六一游行"后，"她被开除了，罪状是——言行激烈，鼓动学潮"（符号，《铁大姐》87）。《周铁忠传》对此的记载是"当时，周铁忠引起了军阀赵恒惕的注意，几次要学校开除她，甚至要逮捕她，都被校长徐特立保护下来，免遭不测"（董振修 4）。《怀念亲爱的妈妈周铁忠》一文也指出，为避免逮捕，徐特立让周铁忠打扮成学校的勤杂工在校内得以安生（乔沙、齐石 126）。因此，周铁忠未被开除，当无疑义。

（3）周铁忠是否参加了北伐军在两湖的战斗？

诗中第六至十节，写北伐军在湖南和武昌两地的战斗，其中第八、九两节有"铁大姐"主动请缨，与五位农村妇人乘舟去河对岸探听敌情的情节，第十一节写"铁大姐"到武汉后才离开随军的看护和宣传队，去报考武汉黄埔军校。那么，周铁忠是否作为看护和宣传队队员，随北伐军从广州进入两湖？北伐开始后，何香凝组织国民党中央党部妇女部成立了北伐女子宣传队和救护队随军北伐，进行救护、宣传、慰问等活动，但队员从"军人家属妇女救护员传习所"毕业学院中选送（吴琴 80）。周铁忠的条件显然不符。那么，周铁忠是否在两湖地区配合北伐军战斗呢？周铁忠于1925年的"六一惨案"后到中共南县特别支部任妇女委员，但1925年8月至9月，她的妇女委员一职即由段锡珍接任（《南洲风云》编写组 5-6）。《周铁忠传》则说周铁忠于1926年12月离开湖南第一女师去武汉报考军校的军训班（董振修 4）。由此看来，妇女委员职务被接任后，周铁忠应该离开了南县回到了湖南第一女师，直到武汉黄埔军校在长沙招生后才离开。北伐军在两湖作战的时间为1926年7月至10月，这期间周铁忠当在湖南第一女师，而没有参与配合北伐军的相关活动。

（4）周铁忠是否反对武汉黄埔军校的考试？

诗中第十一节描写了"铁大姐"报考武汉黄埔军校反对考试的情形：

> 嘿，军校不仅要考试，/而且，英文，算术，闹得头昏。/"去他爹的！"铁大姐丢卷便走，/"被压迫就要反抗——革命，/要那些洋泾浜何用？/军校要文弱的书生，/质鲁的人，就不配革命？！
>
> 校门上布告煌煌，/反对考试的人，一律除名。/姐妹们改名再试，/铁大姐遄返故乡。（符号，《铁大姐》98-99）

周铁忠反对的是军校复试，这一点上文已经论及。军校初试科目"除三民主义，大要依照中学毕业程度考试下列各科（国文、算学、中外史地、博物理化）"（中国国民党中央军事政治学校政治科 D1），也就是说，知识水平要达到中学毕业程度的青年，才有可能考取。湖南共有三千多人报考，初试只录取了男女生共两百五十名，总的录取比仅为8.3%左右。周铁忠虽然在1924年拿到了小学毕业文凭，但她在湖南第一女师时处于半工半读状态，要通过激烈的初试是很困难的，那么，她是如何通过初试的呢？ 1980年3月29日，谢冰莹为旅美黄埔校友会成立而写的《投考军校的回忆》一文，为我们提供了答案：

有一位大家都叫她"铁大姐"的（原名周铁忠），真出乎我们意料之外。她的程度很低，一笔歪歪斜斜的字，和小学二三年级的学生程度一样，谁也不懂她是怎样考进来的，一进学校，就当了学生会的主席，说起话来，声音很粗，像男人，开口打倒军阀，消灭帝国主义，闭口完成国民革命，实现世界大同。几年之后，才知道她是徐特立保送进来的，原来她很早就是共产党同志了。（谢冰莹，《谢冰莹文集》19）

既然周铁忠是被保送进来的，就没有反对初试这一说了。其实，军校的选拔考试有其可取之处，与北洋军阀的兵源以农民为主不同，黄埔军校选拔的是有志于革命且具有一定知识水平的青年，这就为军校的政治教育提供了便利。黄埔军能够被塑造成一支有政治信仰、纪律严明、精诚团结、仁民爱物的部队，与青年具有一定的知识水平不无关系。被军校开除后，周铁忠进了政治训练班，而不是"遣返故乡"。当然，周铁忠"遣返故乡"确有其事，但她回故乡的时间当在参加军校之前。长沙"六一惨案"爆发后不久，周铁忠就被派往南县做妇女工作。诗中第十二节写"铁大姐"的故乡成立了妇协，她带领妇女与旧势力做斗争，讲的即是周铁忠回乡的经历。

（5）周铁忠是否参加了广州起义？

诗中第十六节写铁大姐"七三一"暴动之后，"暗渡到羊城"；第十七节则有"中国第一个×××出现""'十二月十一'我们为你欢呼"等语。"七三一"暴动指南昌起义，"羊城"为广州的别称，"十二月十一"是广州起义发生的时间，"中国第一个×××出现"则指广州起义后成立了第一个城市苏维埃政权。可见，这两节写的是"铁大姐"参加广州起义的情形。据《周铁忠自述》，周铁忠随南昌起义的军队南下后，于1927年9月24日到达汕头。到汕头后，上级指示有两个选择，一是去香港，二是去海陆丰。由于在1927年的"三八"节庆祝会上，澎湃曾邀请周铁忠到海陆丰参观，她决定去海陆丰。到达海陆丰后，周铁忠主要负责妇女、宣传等工作，她参加了海陆丰苏维埃政权成立大会，曾创办妇女识字班等。1927年12月20日，周铁忠在海丰参加了与广州起义战士的联欢活动（周铁忠 22-29）。可见，周铁忠没到广州，更没有参加广州起义。

（6）周铁忠在工厂是否染上了肺疾？

诗歌结尾叙述"铁大姐"在工厂做工时，因领导工人为改良待遇、改善卫生条件而罢工抗争，最终被逮捕。诗中还写道，"可怕的花绒，使她没法健全身体的组织，污秽的工房，使她得了不治的肺疾"（符号，《铁大姐》119）。《周铁忠传》《周铁忠自述》等文详细叙述了周铁忠在天津制药厂和纱厂工作的经历，但都无周铁忠染上"肺疾"的记录。因此，"铁大姐"染上"肺疾"之说，应是符号为凸显资本家之罪恶的艺术想象。

《铁大姐》的内容与周铁忠人生经历出现不一致的原因主要有：一，仓促成篇，符号在得知周铁忠被捕后，急于宣传她的革命事迹，一些细节问题来不及求证；二，信息不对称，周铁忠因从事地下活动而不便将自己人生轨迹向谢、符二人和盘托出，比如，她考武汉黄埔军校时未经初试而是由徐特立保送进来这件事，谢冰莹也是好几年之后才知道的；三，记忆偏差，谢冰莹、符号对于周铁忠的人生经历难免存在误记的情况，例如，符号在1984年12月19日发表的《我与谢冰莹及其他》一文中还说："她（按：周铁忠）曾参加南昌起义和广暴，率女兵实地作战。"（符号，《我与谢冰莹》168）可见符号一直误以为周铁忠参加了广州起义。

## 三、《铁大姐》的意义

从内容上看，《铁大姐》与传主周铁忠的革命经历存在出入，不是一篇严谨的传记文本；从艺术上看，它体量臃肿，语言贫乏，情感空洞，不是一首优秀的革命诗歌。但它在以下四个方面仍具有积极的意义。

首先，《铁大姐》保存了传主周铁忠成长与参与革命的史料。周铁忠作为一名普通的革命工作者，文化水平不高，被逮捕前从事党的地下工作，被释放后不久旋又遭逮捕，后来长期与党组织失去联系，因此，她缺乏书写自己的能力与条件。若没有这首传记诗，周铁忠成长为黄埔女兵和党的地下工作者的经历，可能就湮没在历史洪流中。由于符号对周铁忠很熟悉，且该诗在周铁忠被捕不久即写就，因此，诗中内容大致可信。除上文辨析的六处之外，其他部分基本上得到了《周铁忠传》《周铁忠自述》《怀念亲爱的妈妈周铁忠》等文的证实。在中国现代文学史上，除谢冰莹的《从军日记》《一个女兵的自传》外，其他描写黄埔女兵的作品并不多见。存世的黄埔的女兵诗，更是屈指可数，就笔者目力所及，只找到符号的《铁大姐》和徐雉的《女将军之死》<sup>②</sup>两首，而《女将军之死》塑造的是一个虚构的女兵林丽英形象，史料价值不高。因此，《铁大姐》就与《从军日记》《一个女兵的自传》一样，是为数不多的保存了黄埔女兵史料的文学作品，为我们了解武汉黄埔军校招收女兵的历史、黄埔女兵的从军经历及精神风貌提供了参考。

其次，《铁大姐》写出了传主不断斗争的个性和为革命而舍恋爱的精神。生平与个性是传记构成的要素（杨正润 88），优秀的传记家应该从传主的生平揭示出传主独特的个性。纵观"铁大姐"反抗旧式婚姻、争取求学机会、参加长沙"六一学生运动"、报考武汉黄埔军校、随武汉国民革命军北伐、参加南昌起义、转战海陆丰、流亡香港、到天津参加地下工作以及被捕入狱等经历，不断地斗争是这些经历中不变的基调，也是周铁忠个性的体现。

如果传主只有"金刚怒目"式的斗争个性，那么，不仅传主形象将扁平化，而且诗歌内容也缺乏张力。而符号将传主置身于"革命与恋爱"的冲突中，由此表现出传主似水柔情的一面。"铁大姐"在随北伐军征战河南过程中遇到了"革命与恋爱"的冲突，这一冲突，也许并非传主的真实经历，但它的设置符合黄埔女兵的精神风貌。革命与恋爱是黄埔女兵常讨论的问题，赞同者认为恋爱可与革命并重，甚至促进革命，反对者认为恋爱会妨碍革命。《武汉中央军校政治讨论结论集》对这一问题的看法是："在帝国主义与军阀的压迫下，饱受政治与经济痛苦的革命青年不忍谈恋爱。"（洪瑞钊 3-4）这代表了军校的态度，也影响了女兵对这一问题的看法。比如，她们在训练中会唱一首内容为"快快学习，快快操练，努力为民先锋，打破恋爱梦。完成社会革命，伟大的女性"的歌，"而且每次唱到'打破恋爱梦'时，总是把嗓子特别提高，好像故意要唤醒自己或者警告他人在革命时期中不应该谈恋爱似的"（谢冰莹，《一个女兵的自传》165）。可见，经过军校教育后，女兵们普遍意识到，在旧社会制度没有被推翻之前，女子永远得不到解放的一天，当面对"革命与恋爱"的冲突时，她们宁愿舍弃爱情，全身心地投入革命事业中。诗中的"铁大姐"也是如此，符号通过"铁大姐"初时对爱情的拒斥，爱情萌发时内心的挣扎与矛盾，爱情不可遏制时勇敢地接受，恋爱与革命冲突时果断地弃绝，写出了传主面对这一冲突时复杂的心路历程，从而增加了传主个性的厚度。

再次，《铁大姐》既勾勒了广阔的社会图景，又呈现出真实的历史细节。《铁大姐》在时间上跨度近30年，涉及五卅、北伐、南昌起义、海陆丰苏维埃政权建立等重大历史事件，空间上则在湖南乡村、长沙、武汉、河南、南昌、潮汕、香港、天津等地漂移，由此勾勒出20世纪20年代广阔的社会图景。而诗歌中诸多细节，则与史实相符。试以诗中叙述的北伐军在湖南和河南的遭遇为例。第七八两节描写了湖南民众对北伐军的支持，"民众不仅是箪饮壶浆；络绎不绝地向战线上输送，一桶桶的大米稀饭和热的茶汤"，而北洋军阀的士兵则"简直得不到一点水浆"，"不得不嚼霉烂的馒头"（董振修 92）。除了给革命军运送粮食外，农民也冒险为革命军刺探情报。据王奇生的研究，湖南农民支持北伐，除了对"北兵"的仇视外，主要得力于中共党团员的发动，在他们的积极宣传和动员下，"北伐沿途的农民为革命军做向导，做侦探，做挑夫，提供后勤运输服务，还有的直接参战"（王奇生 491-492）。诗中，当北伐军问送粮食的农民怕不怕危险时，农民回答"不，我们要争自由，胜未必死，败了时，土劣会追取我们的性命，同志，只要你们前进，开展，我们才能是——头抬，腰升，工农兵共死共生"（董振修 92）。这一句显然是宣传式的政治话语，而非地道的农民语言，而这恰恰反映了中共党团员对农民宣传动员的效果。湖南民众对北伐军的支持，说明北伐军在南方的宣传动员是成功的。但北伐军的宣传工作在北方遇到了挫折，诗中第十四节写了三个女宣传队员被地主枪毙的悲剧。悲剧发生的原因主要有：第一，北方民众识字率低且思想守旧，例如，他们认为北伐军的胜利是靠土地神的保佑，他们也谨守"女子应该谨守闺门"的传统，北伐军的"标语宣言，失其效力"（河南省地方史志编纂委员会 333），所以，当女兵宣传员出现时，他们无不"惊讶"，普遍认为女兵是有邪法，"能使枪弹不侵"，"放毒药在水井"，是"公妻"等，由此引发了对女兵的恐慌情绪，进而导致悲剧的发生；第二，南北地缘文化差异导致北方民众对从南方来的北伐军不信任，郭沫若就注意到，南方民众称北伐军为"南军"，并在"南军"前加上"我们"二字，而"北军"落单的士兵，则会遭到民众的毒打（郭沫若 586-587），北方民众自然也会对从南方来的北伐军产生抵触心理。[③]结合时人的观察，以及后人的研究可知，《铁大姐》对北伐军在湖南、河南两地不同遭遇的描写与史实相符。广阔的社会图景与真实的历史细节，显示了《铁大姐》的史料价值。

最后，《铁大姐》标志着以诗写传的成功。随着国民革命的兴起，新诗中出现了为革命者立传的倾向，如蒋光慈的《在黑夜里——致刘华同志之灵》《从故乡带来的消息》等。在这两首诗中，诗人只撷取友人生命中的若干片段来建构革命者形象，缺乏对传主一段相对完整的人生抑或革命经历的记述。而这一点，恰恰是《铁大姐》所具备的。符号从周铁忠的出生一直写到其被捕入狱，以一段相对完整的生平，有力地展现了传主周铁忠"不断斗争"（符号，《铁大姐》121）的个性。可以说，以诗立传的尝试，在《铁大姐》这里得以实现。

## 结　语

综上所述，谢冰莹、符号与周铁忠的交往，为《铁大姐》的创作奠定了基础。由于创作仓促、信息不对称，以及记忆偏差等缘故，《铁大姐》的内容与传主周铁忠的成长和革命经历存在出入，需要辨析。《铁大姐》以周铁忠的人生经历为经纬，不仅保存了传主成长和参与革命的史料，而且展现了传主不断斗争的个性和为革命而舍恋爱的精神；既勾勒了广阔的社会图景，又呈现出真实的历史细节。它的诞生，标志着以诗写传的成功。对于此诗的创作缘由，符号曾说"想着她（按：周铁忠）的身世，便忍不住要写下一点什么来"（121）。他为普通革命者立传的努力，值得肯定。

### 致谢 [Acknowledgement]

本文得到2021年度教育部人文社会科学规划基金一般项目"晚清民初西方美学译介对中国诗学现

代转型之影响"（项目批准号：21YJA751004）的研究资助。

This paper is supported by the General project of humanities and Social Science Planning Fund of Ministry of Education in 2021: The influence of Western aesthetic translation on the modern Transformation of Chinese poetics in the late Qing Dynasty and early Republic of China. (Project Approval No. 21YJA751004)

## 注释 [Notes]

① 关于谢冰莹与符号感情破裂的经过，参见谢冰莹：《清算》，《小说月报》1931年第22卷第11期，1931年11月10日。

② 徐雉的《女将军之死》最初发表于1931年6月19日《上海青年》第31卷第24期。

③ 罗志田、王奇生等学者对北伐战争中的南北地缘差异有精彩分析，参见罗志田：《南北新旧与北伐成功的再诠释》，《开放时代》2000年第9期；王奇生：《国共合作与国民革命》（1924—1927），凤凰出版传媒集团、江苏人民出版社，2006年，第281—285页。

## 引用文献 [works cited]

冰莹：《我的创作经验》，《黄河》1940年第10期，第425—427页。

[Bing Ying. "My Creative Experience. " *The Yellow River*10(1940): 425-427.]

——：《献给失掉了自由的铁》，《文学》1933年第1卷第4期，第623—627页。

[—. "Dedicated to Iron Elder Sister Who Have Lost Her Freedom. " *The Literature*1. 4(1933): 623-627.]

董震修：《周铁忠传》《党的好女儿铁大姐》，董震修编。天津：天津社会科学院历史研究所、中共天津市河东区区委党史研究室，1997年，第1—18页。

[Dong Zhenxiu: "The Biography of Zhou Tiezhong." *"The Party's Good Daughter Iron Elder Sister"* Ed. Dong Zhenxiu. Tianjin: Institute of History affiliated to Tianjin Academy of Social Sciences, Tianjin Hedong District Party History Research Office, 1997: 1-18.]

符号：《铁大姐》，《党的好女儿铁大姐》，董振修编，第79—121页。

[Fu Hao. "Iron Elder Sister". *The Party's Good Daughter Iron Elder Sister"* Ed. Dong Zhenxiu. 79-121.]

符其实：《斗级营七姐妹》，《武汉文史资料》（第53辑），武汉市政协文史资料委员会、武汉市文史研究馆编。武汉：武汉市政协文史资料委员会，1993年，第13—14页。

[Fu Qishi. "The Seven Sisters of Dou Jiying." *Wuhan Cultural and Historical Materials (Vol. 53)*. Ed. People's Political Consultative Conference Literature and Information Commission of Wuhan, Culture and History Research Institute of Wuhan. Wuhan: People's Political Consultative Conference Literature and Information Commission of Wuhan, 1993. 13-14.]

郭沫若：《北伐途次》，《宇宙风》1936年第24期，第586—589页。

[Guo Moruo. "The Journey of Northern Expedition. " *The Universe Wind* 24(1936): 586-589.]

洪瑞钊：《革命与恋爱》。上海：民智书局，1928年。

[Hong Ruizhao. "*Revolution and Love*". Shanghai: Minzhi Press, 1928.]

河南省地方史志编纂委员会编：《国民革命军第十一军政治部在豫工作之报告》。郑州：河南人民出版社，1985年，第333—355页。

[Local historical records compilation Committee of Henan Province, ed. "Report on the Work of the Eleventh Army Political Department of the National Revolutionary Army in Henan". *The Northern Expedition in Henan*. Zhengzhou: Henan People's Press, 1985, 333-355.]

——：《我与谢冰莹及其他》，《永恒的友谊 谢冰莹致魏中天书信集》，钦鸿编。北京：中国三峡出版社，2000年。

[—. "Xie Bingying, Me and Others." *Friendship Forever: The Collection of Xie Bingying's Letters to Wei*

*Zhongtian*. Ed. Qin Hong. Beijing: China Three Gorges Press, 2000.]

《中国国民党中央军事政治学校政治科上海招生广告》，《申报》1926年11月23日第1版。

[ "Recruitment Advertisement in Shanghai by Political Science Section of Chinese Kuomintang Central Military Political School. " *Shun Pao* 23 Nov. 1926: D1.]

乔沙、乔石：《怀念亲爱的妈妈周铁忠》，《党的好女儿铁大姐》，董振修编，第124—133页。

[Qiao Sha and Qiao Shi. "Miss Dear Mother Zhout Tiezhogn." *The Party's Good Daughter Iron Elder Sister"* Ed. Dong Zhenxiu. 124–133.]

谭珊英：《回忆谢冰莹》，《湘潭文史》1990年第8辑，第161—166页。

[Tan Shanying. "Memories of Xie Bingying." *Xiangtan Literature and History 8* (1990): 161–166.

谭安利：《铭记历史，见证友情——黄埔女兵书信拾零》（一），《黄埔》2011年第4期，第40—42页。

[Tan Anli. "Remember History, Witness Friendship: The Collection of Huangpu Female Soldiers' Letters." *Journal of Huangpu* 4(2011): 40–42.]

汪烈九：《符号及"北方书店"一案始末》，《文史春秋》2004年第11期，第26—33页。

[Wang Liejiu. "Fu Hao and the Northern Bookstore Case. " T*he Years of Literature and History* 11(2004): 26–33.]

王奇生：《国共合作与国民革命》（1924—1927）。南京：江苏人民出版社，2006年。

[Wang Qisheng. *Kuomintang-Communist Cooperation and National Revolution (1924–1927)*. Nanjing: Jiangsu People's Publishing House, 2006.]

王熙华、朱一冰编：《1927—1949年禁书〈刊〉史料汇编》。北京：北京图书馆出版社，2007年。

[Wang Xihua, Zhu Yibing eds. *A Historical Materials Compilation of Forbidden Books (Journals) in 1927–1949*. Beijing: Beijing Library Press, 2007.]

吴琴：《邓颖超与何香凝》。北京：华文出版社，1999年。

[Wu Qin. *Deng Yingchao And He Xiangning*. Beijing: Sino-Culture Press, 1999.]

《南洲风云》编写组：《南洲风云》。南县：南县印刷厂，1985年。

[The Writing Group of *The Wind and Cloud of Nanzhou*. *The Wind and Cloud of Nanzhou*. Nan country: The press of Nan country, 1985.]

谢冰莹：《女兵自传》。上海：晨光公司，1948年。

[Xie Bingying. *Autobiography of a Female Soldier*. Shanghai: The Chen Guang Press. 1948.]

——：《投考军校的回忆》，《谢冰莹文集》（中），艾以、曹度编。合肥：安徽文艺出版社，1999年，第15—21页。

[—. "Memories of Applying for a Military School." *Collected Works of Xie Bingying (Middle Volume)*. Ed. Ai Yi and Cao Du. Hefei: Anhui Literature and Art Publishing House, 1999. 15–21.]

——：《一个女兵的自传》。上海：良友图书印刷公司，1936年。

[—. *The Autobiography of a Female Soldier*. Shanghai: Liang You Press, 1936.]

杨正润：《现代传记学》。南京：南京大学出版社，2009年。

[Yang Zhenrun. *A Modern Poetics of Biography.* Nanjing: Nanjing University Press, 2009.]

周铁忠：《周铁忠自述》，《党的好女儿铁大姐》，董震修编，第19—50页。

[Zhou Tiezhogn. "Zhou Tiezhong's Autobiography." *The Party's Good Daughter Iron Elder Sister"* Ed. Dong Zhenxiu. 19–50.]

# 马来西亚华人作家戴小华家族
# 回忆录《忽如归》中的身份书写

王　爽

**内容提要**：马来西亚华人女作家戴小华的家族回忆录《忽如归》以两代人的人生轨迹为书写主轴，刻画了为国而战的父辈、奔走于两岸统一的子辈。戴小华作为女性作家在家族史书写中再现了传统封建父权制下的女性命运，以自觉的女性意识审视并反思传统封建父权文化。同时，戴小华以更为宏大开阔的民族视野书写了以其大弟戴华光为代表的台湾爱国同胞要求正名政治身份并推动祖国统一的强烈决心。此外，戴小华在对家族历史的追忆中表达出真挚而热忱的华夏文化认同，其文化身份由此建构和书写。

**关键词**：戴小华　《忽如归》　身份书写

**作者简介**：王爽，吉林大学文学院中国现当代文学专业博士研究生。主要研究方向为台港澳暨海外华文文学。

**Title:** Identity definition in Family Memoir of *The Sudden Return* Written by Malaysian Chinese Writer Dai Xiaohua

**Abstract:** Dai Xiaohua, a Malaysian Chinese woman writer, mainly depicts the life track of two generations, and expounds in detail the lives of her parents who fought for national independence and her children who worked hard to realize cross-strait reunification in her family memoir *The Sudden Return*. Dai Xiaohua, as a female writer, reproduces the fate of women under the traditional feudal patriarchy in her family history writing, and examines and reflects on the traditional feudal patriarchy culture with conscious female consciousness. Meanwhile, Dai Xiaohua expounded the strong determination of Taiwan patriotic compatriots represented by his eldest brother Dai

Huaguang to demand political identity and promote the reunification of the motherland. Furthermore, Dai Xiaohua expressed her sincere and enthusiastic Chinese cultural identity by writing and detailing her family history, and constructed and describe her cultural identity in this way accordingly.

**Keywords:** Dai Xiaohua, *The Sudden Return*, Identity Writing

**Wang Shuang** is a doctoral candidate in modern and contemporary Chinese literature at the School of Humanities of Jilin University.

戴小华"在东南亚华文文学与世界华语传媒领域有着非常大的影响，是人文交流的典范"（乐琦 15）。1990 年，马来西亚政府正式解除其国民中国大陆行禁令前，戴小华是首位受邀到大陆讲学和访问的马来西亚作家。1986 年戴小华以《阿春嫂》步入文坛，至今已走过了三十多年的文学创作历程，其间戴小华佳作迭出，2017 年出版问世的家族回忆录《忽如归》更是反响热烈、好评如潮。著名传记学研究学者杨正润认为"回忆录是一种非正式的自传"（《现代传记学》417）。回忆录并不要求完整和全面，回忆者可以有选择地截取部分人生经历呈现在回忆录中，而无须形成连贯性记录。戴小华的家族回忆录《忽如归》共分二十一章，以 1999 年母亲过世后送母亲遗体回大陆安葬这一事件为回忆的起点，以 2005 年父亲病逝与母亲合葬为叙述的终点，在相对明晰有限的叙述时间内保证了作品叙事节奏的紧凑，同时穿插进家族中的重大事件——1977 年大弟戴华光因"人民解放阵线案"被判无期徒刑，作者个人独特的生命体悟亦在感人至深的家族史回忆与书写中展现出来。该回忆录不仅披露了白色恐怖时期台湾的政治状况，亦写出了海峡两岸人民对祖国早日统一的真诚期盼，更呈现出海外华人女性作家对女性身份、政治身份、文化身份的思索与追问。

## 一、《忽如归》中的女性身份书写

戴小华对母亲的追忆与怀念是《忽如归》得以书写的关键情缘，"自从母亲在 1999 年过世，这个故事就开始在我心中酝酿"（乐琦 16）。《忽如归》即以"献给戴克英、回秀真"为情感主旨，戴小华在回忆录中对母亲人生过往的追溯实际上融合了其自身对女性命运、女性身份的诸多思考。

在作品中，戴小华将母亲回秀真视为一位耗尽毕生心血抚育子女成人的伟大女性，通过对一系列事件的记述和再现使得为了回归故土和保护好子女而奔波一生的慈母形象跃然纸上。母亲追随父亲前往台湾后，丈夫戴克英又因公事经常离家在外，原本是大家闺秀的回秀真则要独自一人照看五个孩子。后来，大弟戴华光因"人民解放阵线案"被判刑入狱后，母亲不得不在此后十余年的生活中不间断地前往绿岛监狱探监，"每月一大早从台北松山机场搭机去台东，然后转乘八人坐小飞机飞往绿岛，下机后再搭车前往那深不可测的政治犯监狱——绿岛探望大弟，然后赶在当天再回到台北"（戴小华，《忽如归》69）。舟车劳顿，其辛苦不言自明。为了能够争取到为儿子戴华光减刑的权利，白发苍苍、脸色苍白的母亲以极深的克制身披"请释放我的儿子戴华光"的白布静坐请愿。由于台湾解严后的政治环境相对宽松，母亲一行人的请愿并没有遭到驱离，但母亲年事已高，静坐一星期后就卧病在床。母亲以女性的坚韧和不屈服支撑起历史激流中的动荡家庭。

善良的母亲并未将自己的爱与关照局限在家庭事务中，亦未局限在地域上，在台湾时，面对弱小者和需要救助者，母亲也竭尽全力给予帮助。"板桥旧事"一章中，戴小华以极为生动的笔触记述了自己家和一位盲眼者的每月约定，母亲每逢见到上门乞讨的人，虽然没有现金可以赠予，但一定会送出一些吃食。当一家人搬离了旧的住所后，母亲一度因为没有告知盲眼者新家的地址而心生愧疚。母亲温暖善良的言行为日后子女的成长起到了积极正向的示范作用。

在作品中，戴小华对母亲倾注了全部的情感。戴小华写出了母亲独自操持一个家庭的心酸以及为子女安危奔波的劳苦，同时也写出了母亲作为传统女性在封建父权制文化影响下内心深处的传统封建思想。爱护子女、爱护弱小、爱护家乡人民、为儿子戴华光的冤情毅然决然静坐请愿、为女儿飞航安全可以跪地祈祷的回秀真，却极为认可"不孝有三，无后为大"的传统封建思想，希望可以生出儿子为夫家传宗接代。母亲更试图将"传宗接代"的封建思想传递给下一代，"有着传统思想的母亲认为大弟被判无期徒刑，为戴家传宗接代几乎无望，因而小弟受到的压力更大"（68）。戴小华将以母亲为代表的传统女性的封建思想悉数展现，但并未采取严苛的批判态度，而是将审视评判的权力移交给读者，通过对母亲生命细节的呈现以期引起读者对女性身份、女性命运的进一步思考。

身为戴家的女儿，戴小华对自我的女性身份有着更为敏感的认知。回忆录中记述了父亲"舍女救儿"的故事。在小学一年级时，戴小华与大弟戴华光同时落入水中，父亲在危急时刻优先救大弟上岸，而后当母亲和父亲聊起此事时，父亲坦言因记得算命人说"华儿这孩子命薄，活不过20岁"（33）而先救儿子。这是一个类似"唐山大地震"般痛彻心扉的故事，甚至可以被视为一个近乎完美的能够彰显女权主义的故事情节，但戴小华写得异常淡定从容，读者几乎看不出作者内心的波澜，更察觉不到怨怼或不满。"女作家在撕开自己心灵伤口的过程中，没有愤怒地声讨、控诉与批判，只有平静真实的历史现场。"（王红旗，《用爱"缝合"》82）作者以一种忘怀的宽广胸襟接纳了父亲的选择，只是在这一情节的结尾处，作者却以一种与命运暗暗较劲儿、绝不屈服于命运的傲人之姿写道"只记得我暗暗发誓，定要活过20岁、40岁、60岁，至少到80岁"（戴小华34）。戴小华的所思所想实际上是自我女性意识的自觉，正如张抗抗所言"女性意识的自觉是指女性希望由自己掌控命运的强烈意愿"（转自引王红旗，《中国女性文化》12）。

戴小华在《忽如归》中表达出的"希望由自己掌控命运的强烈意愿"为女性群体的人生追求提供了有价值的参照。"传记并非对传主纯客观的记录，传记家的主体意识是参与其中的。"（杨正润，《主体意识的复苏》149）在回忆录中，戴小华有意识地在有限的篇幅内树立起全新的现代化女性形象——与传统女性（母亲）的相夫教子追求截然不同，戴小华在回忆录中对自我的叙述集中在职业和事业上，其对自我女性身份的书写张扬而热烈。《忽如归》中的"戴小华"有着过人的才识和胆识，为了增长见识同时为了贴补家用，其在毕业同年考进了超高难度的中华航空公司；在弟弟面临人生选择时积极鼓励弟弟前往美国留学，并在弟弟决定转换专业时给予了精神上和财力上的全面支持；

嫁为人妻到马来西亚生活后，依旧不忘怀家乡人民，为中马两国国家及民间友谊的建立贡献了自己的力量，"1990年4月10日，在马来西亚与中国民间还不能自由往来时，我独得机缘，被官方批准成为第一位能公开正式访问中国的'文化使者'"（戴小华，《戴小华中国行》8）。同时，在《忽如归》中戴小华对自己在马华文学收集、整理方面的工作也有所表述。颇有责任心和使命感的戴小华在前辈云里风的病榻前，因不忍心拒绝一个文坛前辈的心愿，答允接手巨大庞杂的汇编工程，即《马华文学大系》的整理出版。作为中马两国破冰之旅的代言人，戴小华更是中马两国国家友谊的参与者和见证者，《忽如归》中记述了2004年马中两国建交三十周年时，戴小华领导文协和作协配合官方协会举办了许多文化和文学交流活动。对自我职业身份和社会身份的彰显而对家庭身份的遮蔽，既是戴小华出于保护家庭的需要，同时更是其女性身份叙述的策略。在作品中，戴小华清晰而明确地传达出女性可以不受制于家庭、婚姻，完全有能力承担起更有意义的社会工作，这种对女性职业身份、职业能力的认可是戴小华站在女性立场为女性进步而写作的直接证明。

无疑，戴小华在回忆录《忽如归》中关于自我女性身份的书写冲破了传统封建文化和父权男性世界为其界定的范式，从对母亲这一传统女性的怜惜到对自我现代化独立女性身份的建构，戴小华个人独特的女性生命经验在回忆录中被全面地表述出来，其对女性自觉意识的张扬更在其自我生命历程的回忆中被充分展现。戴小华以自我生命的绚烂历程为女性群体的主体意识觉醒提供了有价值的参照，这是其对女性生命存在最真挚的关怀。

## 二、《忽如归》中的政治身份书写

《忽如归》中记录了众多历史时刻，其中涉及了海峡两岸近半个世纪的重大历史事件，譬如台湾白色恐怖、1999年五十周年国庆、1999年台海危机等，更涉及马来西亚与中国的友好交往，譬如中马建交30周年庆典等一系列重大史实。戴小华在回忆录《忽如归》中格外重视重现历史真实，正如杨正润先生所认为的，倘若"传记作品的真实性不断引起读者的疑问"，那么必然会"损害了传记的声誉"(《危机与出路》5）。故而，戴小华在回忆录中大量使用了第一手资料和文献来阐述戴华光的"人民解放阵线案"，最大限度地规避了个人话语可能给作品带来的历史基础的消解。1949年5月19日，退守台湾的国民党当局在全岛宣布戒严，1987年7月15日戒严解除，台湾在长达38年的时间内处于白色恐怖的阴影下。绿岛正是当年台湾政治集团用以集中关押"政治犯"的地方，绿岛同样是戴小华大弟戴华光被关押的地方。《忽如归》作品的两条主线，其一是送母亲遗体回大陆安葬，其二即是通过回溯、阐释戴华光"人民解放阵线"案，为戴华光的政治身份正名——戴华光绝不是"政治犯"而是有着"捐躯赴国难、誓死忽如归"精神的爱国志士。

《忽如归》中，大弟戴华光是一个有情有义、有血有肉的爱国志士。黄春明更是认为戴华光是一个无可救药的、浪漫的理想主义者。作品详细地描写了戴华光豪情万丈的人生理想和其在特殊历史时期为争取两岸和平统一所遭受的非人磨难。戴华光在台湾服兵役期间洞察了国民党内部的腐朽和僵化，在美留学期间接触到海峡两岸真正的历史后，开始对海峡两岸的历史走向有了更深切的认识和思考。对于两岸和平统一的热望，促使戴华光在被白色恐怖氛围笼罩下的台湾，仍毫无畏惧地践行"国家统一"意志，作者戴小华将置生死于不顾的戴华光比作姆鲁山洞为了同伴们可以安全出动而自愿牺牲掉性命的先行蝙蝠。台湾当局在"人民解放阵线"案的审讯过程中采取了轮番作战等极不人道的审讯方式，戴华光为了保全同伴的性命在审讯过程中将一切责任尽数抗下。当时大陆正处在十年"文化大革命"的尾声，戴华光对未来走向也略有不确定之感，但其依旧凭借着内心的民族大义和赤诚的爱国之心为海峡两岸的和平统一奔走呼告。戴华光在绿岛政治犯监狱坐了十余年牢，出狱后依旧心系海峡两岸的华夏儿女，在与姐姐戴小华的书信往来中直言："真的，眼看着两岸中国人很可能不会再打仗了，我可是活得越来越高兴了啊！"(《忽如归》65）戴华光即使坐牢十余年却无意将此案作为自己的政治资本，出狱后的戴华光是颇有名气的"政治犯"，倘若想要参加选举或者是助选，大多能够成功，但是为了母亲和心中纯粹的爱国信仰，戴华光无心参与政治活动，全部谢绝，并为了完成母亲在百年之后葬在故土的心愿和真正实现自己的爱国志向入籍大陆，身心得以真正回归故土。

作品在塑造戴华光这一爱国英雄形象时悲痛地谈道："'爱国'在那个时代是个很痛苦的词，而大弟只是一个走在时代巨轮前的悲剧人物，在这个历史激流转弯过程中，不幸仆倒的爱国青年中的一个。"（66）在白色恐怖时期的台湾，戴华光不过是众多爱国青年中的一个，很难确证到底有多少爱国青年、仁人志士在那个动荡的历史时期因致力于实现海峡两岸的和平统一而身陷囹圄，"他们汇成的爱国意识流的精神象征的世界，构成复调，把个人悲剧推演到家族、民族与国家的悲剧叙事"（王红旗，《用爱"缝合"》85）。

"《忽如归》不单记录了一个不正义的时代，也同时记录了一个有情义的时代。"（乐琦 16）戴氏家族的上一代人皆以国为家的宏图壮志，兄弟共六人，其中三人先后为国牺牲。"大伯十五岁时即献身党国"（戴小华，《忽如归》12），"1948年9月7日，三伯在部队从江苏徐州移防到江苏镇江的路上因车祸离世，尸体埋在了镇江"（15）。"到了台湾，父亲的六弟因时常惦记着老家的亲爹、亲娘，郁郁寡欢，没几年就病死在花莲"（17）。戴小华在回忆录中尽管对戴氏家族上一代人的事迹记叙较为简略，但上一代人革命先锋的政治身份仍被清晰地表达出来。

戴氏亲族的父辈们一生都致力于国家和民族的独立，尽管政治信仰有所不同，但对于国家和人民的爱毫无差别，除了亲上战场以身献国的大伯、三伯和六伯，留在家乡照顾父母的二伯也是朴素的爱国者——在日寇扫荡、民不聊生之际"二大伯心地特别善良，村里面任何有困难的人来找他，或者他得知谁有困难，便会大半夜偷自家仓库仅存不多的粮食去救济别人"（13）。戴小华的父亲戴克英在工作中恪尽职守，只是仰赖个人才能而在官场升迁，戴父不愿同流合污，在官场中受到了不公正待遇——未能如愿升任少将后则急流勇退，这足以看出戴父不拘小节且是性情中人，与国民党内部贪恋钱权的叛国之辈截然不同。戴父因其国民党官员这一现实的政治身份而被迫离开故土、远赴台湾，但心中始终牵挂着海峡对岸的人民并坚定地认为海峡两岸同宗同源。在海峡两岸实现"三通"后，戴父致力于为家乡人民的发展贡献自己的一份力量，将"自己省吃俭用存下来的钱拿出来帮助亲戚，捐助戴庄子小学，修建清真寺"

（197）。在戴父弥留之际，最放心不下的除了子女的安康外就是家乡人民的生活，在得知戴庄子小学因为狂风暴雨被吹坏了十五间教室后，戴父异常焦急地要求捐赠五万块，而在妥善处理了捐赠事宜后，戴父在睡眠中停止了呼吸。感人至深的爱国情怀在戴父身上被淋漓尽致地展现出来。

"戴小华以一种严谨的学者姿态，去寻觅、去接近、去厘清历史，在对戴华光案情的叙写中，其实也表达了戴小华对大陆与台湾两岸早日统一的渴望，对民族分裂台独分子的反对。"（杨剑龙 30）《忽如归》是一部民族痛史，但亦是一部台湾同胞的爱国史，戴氏家族的父辈与子辈，他们是革命先锋和爱国志士，他们各自现实的政治身份或许迥然有别，但他们的政治诉求惊人一致——以自己的方式守护这个国家和民族，并推动民族独立与祖国统一。戴氏家族两代人的爱国情怀和为国而战的精神操守始终是他们政治身份的情感内核，由此使回忆录中的政治身份书写超越了现实、具体的党派政治而转向民族大义和家国情怀。

## 三、《忽如归》中的文化身份书写

《忽如归》中的"归"不仅仅是父亲和大弟在特殊年代里呈现出的"视死忽如归"的勇毅，也不仅仅是母亲即使隔着海峡仍要回归大陆的乡情，"它还是一种家国情怀和民族文化的认同与回归，它是身体的回归，也是灵魂的回归，是家族的回归，也是文化的回归"（乐琦 19）。戴小华曾在《八千里路云和月》中说："马来西亚，台湾，中国（大陆）。我觉得自己属于这三种空间，三种时间。在思想上，中国（大陆）是我的祖先，台湾是我的父母，马来西亚是我的丈夫。对祖先，我有着深远的怀念；对父母，我有着浓厚的亲情；对丈夫，我有着坚定的忠贞。"（《戴小华中国行》13）生活在三度时空中的戴小华，血管里流淌着的仍是中华民族的血脉，其文化身份书写在对华夏文化认同中被完整地表述出来。值得注意的是，《忽如归》中戴小华的文化身份书写不只表现为对华夏文化认同的族群文化身份书写，还表现为对宗教文化身份的思索与书写。

　　"对于纪实类作品来说，图像，尤其是照片也许确实可以加强语言文字所难以达到的'历史感'和'现实感'，起到补文字表述之不足的作用。"（王先霈 253）《忽如归》既是家族回忆录，亦是纪实类作品，全书在卷首处展示了多幅照片。戴小华在回忆录中呈现照片是符合读者阅读期待的，因为"对读者来说，除了通过文字了解传主外，也总是希望能见到传主的形象，以及同他有关的人物或景物的图片"（杨正润，《现代传记学》464）。同时，戴小华所展现的照片亦是其个人情感、意志的一种直观表达，其中的一幅照片被戴小华命名为"沧州铁狮子"，照片是戴小华本人与沧州铁狮子的合影。在《回报故土》一章中，戴小华着重介绍了沧州铁狮子的状貌及其历史典故。铁狮子是沧州市的标志，戴小华在客观描述铁狮子外形的同时也表达出其对铁狮子深厚的敬仰与爱戴之情。戴小华将沧州铁狮子塑造为勇敢坚毅的形象，这正是戴小华心目中雄姿英发的沧州人形象，更是不屈服于困难、迎难而上的千千万万华夏儿女形象。"我不禁想着，母亲长久以来能咬着牙，承受这么多磨难，大弟为了理想，敢于牺牲，想必都是受到铁狮子精神的影响。"（戴小华，《忽如归》118）家乡沧州的铁狮子在此早已不再是一个简单的标志性雕塑，它已是一个曾历经磨难而绝不屈服的民族象征，更是支撑起一个国家的伟大精神向导。戴小华在回忆录《忽如归》卷首所呈现的多福照片绝不是可有可无的，这些照片与回忆录的书写内容实际上是相当完美的契合。戴小华对沧州铁狮子精神的称赞与认同，实际上正是其华夏文化认同的直接表现，其对华夏文化归属的认同感正基于此，其文化身份亦由此确立。

　　《忽如归》中，戴小华对戴华光的"人民解放阵线"案予以了详细解密，这是戴华光对华夏文化认同最有力的证明，从戴小华的解密中可以清晰地看出戴华光并未受到任何人的蛊惑，他致力于推动海峡两岸的和平统一完全是自发行为，是出于其对民族的爱与对民族历史的求真态度。戴华光的文化认同不只表现为对海峡两岸和平统一的推动，亦体现在对中国传统文化的赞许与支持。"中药文化是中华民族悠久文化的重要组成部分。"（傅立民 72）戴小华在回忆录中记叙了戴华光对中药、中医的坚定认可，这并不是简单的医学观问题，而是涉及文化的归属和认同。戴华光"一直相信中医对这个世界的贡献终将比西医大。因为它省时、省钱、省力、易学、易懂、易用，不但治病，更能防病，自己保健，自己治疗，种种优点不一而足。其他民族迟早会认识它的价值"（戴小华，《忽如归》156）。戴华光对作为中华传统文化的中药文化的高度重视与坚定认同，实际上正是其本人对华夏文化认同的直接证明，戴华光站在华夏民族的立场审视华夏文化，对华夏文化的未来表达了充沛的热情和信心，这是难能可贵的。同时，戴华光对时下人们对中药文化的排斥和不信任表达了困惑态度："为什么他们就不相信呢？"（156）人们普遍对传统中药文化的不信任正是"文化失语症"的一种表现形式，"本土主义与全球化的冲突以自觉或不自觉的形式体现在个人、集团、族群或国家的生活方式、思想方式和言语方式中，已然成为文化变迁时期每个人都无法逃避的一种矛盾宿命"（叶舒宪 29）。面对全球化的文化浪潮，不只海外华人存在着文化身份认同的问题，居于本土者同样受此问题的困扰，戴小华借助大弟戴华光的反问将这一现实问题隐而不显地呈现出来，这是戴小华相比其他海外华人作家对文化身份问题论述和思索得更为精深和独到之处。

"自传体文学是一个人对整个生命（或者生命中最重要部分）的回顾，为了生命的一个特殊目的而写的，以作者自认为是真实的事实写成。"（Chang 57）戴小华在家族回忆录中突出了其认为的生命中最重要的部分：追念母亲回秀真并揭秘大弟戴华光"人民解放阵线案"的真相。同样，戴小华的回忆录亦是为了生命的特殊目的而写——为女性命运的抗争与女性身份的张扬而书写、为台湾及海外爱国同胞的政治身份正名而书写、为全球文化浪潮冲击下坚定的华夏文化认同者与包容心态的文化接纳者而书写。身为女性作家，戴小华在家族回忆录中通过对母亲和女儿（戴小华）两代女性人生命运及人生际遇的描述，表达了其对女性命运和女性身份的观照；作为爱国同胞，戴小华着重回溯了大弟戴华光的"人民解放阵线案"，为大弟戴华光的政治身份正名；作为海外华人作家，"戴小华的创作实际上提供了一种迥异于传统移民文学落叶归根的新模式，一种落地生根的创作模式，它正产生于戴小华这一代海外华人那种'家在吉隆坡'的胸襟"（黄万华 67）。正因戴小华包容开放的文化心态，在回忆录中，其以极为宽广的胸怀书写了戴氏家族对华夏文化的认同，在对宗教文化身份的本真思考中传达出文化包容与文化接纳的积极心态。戴小华的家族回忆录《忽如归》不仅呈现出一个家族的记忆，亦牵涉到家族成员的各自命运，更连接着海峡两岸半个多世纪的鲜活历史，正如著名资深出版人李昕所言"这部作品无愧为海外华人文学中一部难得的纪实文学佳作"。

## 致谢【Acknowledgment】

本文是国家社科基金重点项目"百年台港澳及海外华人作家传记中的集体记忆与民族叙事"（20AZW017）阶段性研究成果，得到全国哲学社会科学规划办公室的经费支持，作者谨致谢忱!

My acknowledgement and gratitude go to the research project "Collective Memory and National Narrative in the Biographies of Chinese Writers from Taiwan, Hong Kong, Macao and Overseas in a Century" supported by the National Social Science Foundation of China.

## 引用文献【Works Cited】

Chang, Joan Chiun-huei: "Transforming Chinese American Literature: A Study of History Sexuality, and Ethnicity." *Modern American Literature: New Approaches.* Ed. Yoshinobu Hakutani. New York: Peter Lang Inc, 2000.

傅立民、贺名仑：《中国商业文化大辞典》（上）。北京：中国发展出版社，1994年。

[Fu Limin and He Minglun. *The great dictionary of Chinese commercial culture.* Vol. I. Beijing: China Development Press, 1994.]

黄万华：《家在吉隆坡——从戴小华的创作论及海外华文文学的前途》，《华侨大学学报（哲学社会科学版）》1994年第2期，第66—70页。

[Huang Wanhua. "Home in Kuala Lumpur: From Dai Xiaohua's Creation to the Future of Overseas Chinese Literature." *Journal of Huaqiao University* (Social Sciences) 2(1994): 66-70.]

乐琦等：《从〈忽如归〉到〈因为有情〉——戴小华中传行暨"海外华文文学助力文明"对话》，《名作欣赏》2019年第22期，第15—22页。

[Le Qi et al. "From *The Sudden Return* to *Because of Love:* Dai Xiaohua's Visit to Communication University of China and Dialogue on 'Overseas Chinese Literature Help people from China and abord enhance cross-country cultural exchanges'. " *Masterpieces Review* 22(2019): 15-22.]

戴小华：《忽如归 历史激流中的一个台湾家庭》。上海：上海三联书店，2017年。

[Tai Hsiao-hua. *The Sudden Return*. Shanghai: Shanghai SDX Joint Publishing Company, 2017.]

——：《戴小华中国行》。吉隆坡：白屋书坊，1991年。

[—. *Dai Xiaohua's Trip to China*. Kuala Lumpur: White House Book Center, 1991.]

王红旗：《中国女性文化》。北京：现代出版社，2015年。

[Wang Hongqi. *The Female Culture in China*. Beijing: Modern Press, 2015.]

——：《用爱"缝合"被撕裂的"家国痛史"——谈马来西亚华裔女作家戴小华的"非虚构"长篇新作〈忽如归〉》，《中华女子学院学报》2018年第1期，第82—86页。

[—. "'Suturing' the torn 'painful history of country and family' with love: On the non-fiction new novel *The Sudden Return* written by Malaysian Chinese female writer Dai Xiaohua." *Journal of China Women's*

*University* 1(2018): 82–86.]

王先霈：《新世纪以来文学创作若干情况的调查报告》。沈阳：春风文艺出版社，2006年。

[Wang Xianpei. *Investigation Report on Several Situations of Literary Creation Since the New Century.* Shenyang: Chunfeng Literature and Art Publishing House, 2006.]

杨正润：《现代传记学》。南京：南京大学出版社，2009年。

[Yang Zhengrun. *A Modern Poetics of Biography*. Nanjing: Nanjing University Press, 2009.]

——：《危机与出路：关于传记现状的思考》，《荆楚理工学院学报》2011年第1期，第5—10页。

[—. "Crisis and The Way Out: Reflections on the Current Situation of Biography." *Journal of Jingchu Institute of Technology* 1(2011): 5–10.]

——：《主体意识的复苏与当代传记的繁荣》，《传记文学》2019年第10期，第148—150页。

[—. "The Revival of Subjective Consciousness and the Prosperity of Contemporary Biography." *Biographical Literature*10(2019): 148–150.]

杨剑龙：《从"共谍案"外溢的乡愁——戴小华〈忽如归〉印象》，《博览群书》2017年第8期，第29—30页。

[Yang Jianlong. "Nostalgia Overflowing from the 'case of CPC's spies': Impression of *The Sudden Return* written by Dai Xiaohua. " *Chinese Book Review Monthly* 8(2017): 29–30.]

叶舒宪：《两种旅行的足迹》。西安：陕西人民出版社，2019年。

[Ye Shuxian. *The Footprints of Two Kinds of Travel*. Xi'an: Shaanxi People's Publishing House, 2019.]

# 石评梅三封佚信考释

郭晓斌

**内容提要：**最近发现的石评梅的三封佚信，主要涉及石评梅与李惠年、袁君珊、陆晶清这三位友人之间的交往。三封信代表了石评梅书信的三种不同风格，反映出一个不平凡的知识女性多维度的面貌。对这些材料进行梳理和考释，可以拓展学界对石评梅生平经历和创作的认识，也有助于我们理解当时知识女性的生活、交游和人际生态。对于今后石评梅传记和年谱的写作，这些书信也将提供重要的参考价值。

**关键词：**石评梅　佚信　《蔷薇周刊》

**作者简介：**郭晓斌，北京师范大学文学院博士生，主要从事中国现当代文学研究。邮箱：gxbn@foxmail.com。

**Title:** Textual Research on Shi Pingmei's Three Lost Letters

**Abstract:** The three lost letters of Shi Pingmei discovered recently mainly involve the communication between Shi Pingmei and her three friends, i.e. Li Huinian, Yuan Junshan and Lu Jingqing. The three letters represent three different styles of Shi Pingmei's letters and reflect multiple dimensions of an extraordinary intellectual woman. Combing and interpreting these materials can not only expand the academic understanding of Shi Pingmei's life experience and creations, but also help us understand the life, friendship and interpersonal interactions of intellectual women at that time. These letters are also valuable as reference for the writing of Shi Pingmei's biography and chronology in the future.

**Keywords:** Shi Pingmei, lost letter, *Rose Weekly*

**Guo Xiaobin** is a PhD candidate in School of Chinese literature at Beijing Normal University, with his research interest focusing on Chinese modern and contemporary literature. **E-mail:** gxbn@foxmail.com.

作为五四时期第一代的女作家，石评梅登上中国现代文坛已是百年之前，而她不幸英年早逝，距今也有九十多年之久。随着时间的流逝，相关文献可以说是愈远愈稀，也愈加珍贵。新时期出版的《石评梅作品集》《石评梅全集》，已将石评梅的绝大部分文字搜罗在内，但即便如此，还是不免有遗珠之憾。笔者近年钩沉到石评梅的三封佚信，现披露并加以梳理考证，相信会有助于学界对石评梅其人其文的了解。对于石评梅传记和年谱的写作，这些书信也将提供重要的参考价值。

## 一、石评梅致李惠年信

第一封是石评梅致李惠年信，系笔者发现于孔夫子旧书网。据原信照片抄录如下：

> 惠年：
>
> 新式标点的《楚辞》，便是我送给你看的那本了。中间标点〔、〕字都有错误。胡适的《楚辞概论》，是属于分析批评的，只可作参考。这本有注有圈点，我觉比新式较好，特购来赠你。
>
> 评梅
>
> 一九二六·十·廿三

这封信写于1926年10月23日。《石评梅作品集》《石评梅全集》曾收入石评梅致李惠年信十三封，但其中并无这封信，也未见其他学者提及，可以判定是石评梅的一封佚信。

李惠年（1907—2007年），天津人，系石评梅的学生。1921年至1925年就读于北京师范大学附属中学，毕业后被保送至北京师范大学生物系。因自幼酷爱音乐，1936年和1950年，李惠年曾两度前往法国专修音乐。1956年回国后在中央乐团工作，后任中国音乐学院声歌系教授。

石评梅1923年毕业于北京女子高等师范学校后，即任教于北京师范大学附属中学。她先是担任女子部主任兼体育教员，后又兼任国文教员。短短几年内，石评梅教育成绩卓著，深得校长林砺儒的赞赏。李惠年在北京师范大学附属中学读书时，石评梅担任过她的级任老师兼体育老师。由于石评梅教育得法，以诚相待，深受包括李惠年在内的广大学生的爱戴。进入大学后，李惠年依然保持了与石评梅亦师亦友的深厚情谊。《石评梅作品集》中所收石评梅致李惠年的书信，实际上大都是1925年之后写的。与李惠年相熟的晚辈陈恂清说，石评梅"给了李惠年以深刻的影响，也使她们师生建立了深厚的友谊，情同手足，亲如家人。从1924年到1928年10月中旬石评梅病逝前，她们不但经常会面，还不断书信往还"（26）。这应是得自于李惠年本人的可靠转述。从石评梅致李惠年的十三封书信中可以看到，石评梅对李惠年无所不谈，谈写作，谈高君宇，谈家中见闻，谈生活苦闷，无限衷曲尽可放言，确实毫无师生之隔，而深蕴姐妹之情。石评梅去世后，精通音乐的李惠年曾参加追悼会，并负责奏哀乐。

在这封佚信的信纸上，可以看到一枚红色印章，印文为小篆字体的"淳菁"，可知石评梅所用信纸是淳菁阁笺纸。淳菁阁是民国时期北京琉璃厂的南纸店，出产的笺纸在当时颇负盛名。石评梅目前存世的书信手迹很少，但检视一过，发现她在写给其他友人的书信中，也曾用过淳菁阁笺纸。1928年印行的《石评梅纪念刊》中刊有一封石评梅信札的照片，仔细观察，下方也有一枚"淳菁"小篆印章，但是竖向，不同于这封佚信的印章形式。另外，这封佚信的信纸无画，而纪念刊上的信札则用画笺，上有兰花一类的墨画。细加辨认，画的落款是"朽道人"，且印有"陈朽"之印——这正是当年著名的陈师曾画笺。可见石评梅与鲁迅等民国作家一样，平时喜用画笺。陆晶清和孙席珍的回忆文章中，也曾提及她当年常用梅花诗笺，这都显示了石评梅的传统文化趣味。

与石评梅致友人的其他存世书信不同，这封佚信是专谈古典文学的，而且也是唯一的一封。从信中可以了解到，此前石评梅曾送李惠年一本新式标点的《楚辞》阅读，最近她又看到一本"有注有圈点"的版本，觉得比新式标点的要好，遂买来赠给李惠年。同时，她还简要发表了对于《楚辞概论》的看法。

值得注意的是，石评梅谈及"胡适的《楚辞概论》"，应属误记或笔误。胡适曾在1921年为胡思永、章衣萍所办的读书会演讲，谈论关于《楚辞》的话题，后来整理成文，以《读〈楚辞〉》为题发表于1922年的《读书杂志》第1期上，影响颇大。但胡适此文并不长，后收入《胡适文存》二集，未曾以单行本行世。20世纪20年代，以《楚辞概论》之名出版的书只有一种，系著名学者游国恩的成名作，并由胡适题写书名，恰好出版于石评梅写此信的1926年。查阅北新书局出版的《楚辞概论》，可知该书出版于1926年7月。从石评梅的叙述来看，她所指的应是单行本，那么即是游国恩的《楚辞概论》。之所以产生误记或笔误，大概一是受了胡适《读〈楚辞〉》一文的记忆干扰；二是此书本系胡适题签，且封面也标有"胡适题"三字落款，受此误导，很容易一时将其与作者混淆。

可以看到，《楚辞概论》出版仅仅三个月后，石评梅即在书信中谈到它，可见她读书涉猎之广博与关注新书之迅捷。这样一本研究古典文学的专著，居然会被作为新文学作家的石评梅所注意，正可以说明石评梅对于古典文学资源的热情和积极吸纳。她向李惠年推荐《楚辞》，且注意版本之优劣，更可以见出她在古典文学方面的深厚功底。这里面更可注意的是，她作为新文学作家，并不是凡事都以新为好。对于新式标点的《楚辞》，她有颇多不满，转而推荐另一种有注有圈点的旧籍，认为更佳，这显现的是她对于新旧典籍、新旧文化的清醒而客观的认知。石评梅推荐的书是《楚辞》，而不是其他书，这也足以说明她对《楚辞》的偏爱。实际上，石评梅的诗文多骈句，具浪漫与感伤情调，与《楚辞》开创的文风大有关联。石评梅的创作显然受到《楚辞》的深远影响。石评梅在自己的诗文和书信中未曾直接提过《楚辞》，而这封佚信的发现，则是确认《楚辞》与石评梅创作之间的影响关系的有力证明。

根据陈悒清的说法："到1982年人们为纪念石评梅女士准备出专辑时，李惠年从自己的书柜中整理出了她珍藏了近60年的石评梅写给她的50封信中的

13封信公开发表。这些信历经了多次战乱而未毁，说明了李惠年是何等珍视她同老师的情谊。"（26）这里说的"13封信"，即是《石评梅作品集》中所收的十三封信。由此可知，笔者所发现的这封佚信，应是李惠年当年未公布的三十七封信中的一封。大概李惠年去世后，这些书信流散出来，遂有了为外界所知的机会。但其余三十六封笔者未曾见到，尚不知下落，期待它们还有现身于世的一天。

## 二、石评梅致袁君珊信

第二封信，实际上就是上文所谈到的《石评梅纪念刊》中的信。此信照片，1928年影印于纪念刊中，但《石评梅作品集》《石评梅全集》并未整理和收录，可以算作是一封未引起人们重视的佚信。

纪念刊的照片不太清晰，笔者找寻多个版本细加辨识，将内容基本识读出来。现照录如下：

> 今天碎细心境容我留着写文章。恕我不及说了。
>
> 你给我写的落叶墨尚未干。我也写一片算作秋的礼赠并纪念今日陶然亭畔之游。共写三张，一赠你，一赠清，一留给梅自己保存。
>
> 接我信时想你酒已醒了？夜里还能写□□（整字？）①的东西吗？我是连头都抬不起来了。
>
> 评梅<br>一五年秋<br>十一月十一日夜

这封信写于1926年11月11日夜。众所周知，高君宇和石评梅的旷世绝恋，最终以1925年高君宇的突然病逝而告终，一场刻骨铭心的爱情终以悲剧收尾。自高君宇死后，石评梅常常独自或与友人去陶然亭凭吊，饮酒痛哭。由此信内容可知，当天石评梅与陆晶清等三人又去了陶然亭，并且喝得酒醉。正值深秋，落叶纷纷，她们又拾取落叶，题写文字互赠。石评梅也写了三张，一张送给陆晶清，一张送给收信人，一张自己留存。

这封信所叙述的事情，与石评梅、陆晶清的诗文可以互相印证，互为补充，让我们对相关写作背景有了更全面的了解。信里提到在落叶上题字，"算作秋的礼赠"，而石评梅正写有一首诗，名字就叫《秋的礼赠》。这首诗刊于1926年11月30日的《蔷薇周刊》，落款为"一五年深秋"。

《秋的礼赠》中有这样的诗句：

> 是几片离枝未残的红叶，赠作书签。
> 我收捡它们漂零的落叶，
> 在山巅水涯晚风前；
> 深夜里借月光，写些心爱的诗句在上边。[②]

这首诗具体交代和补充了信中所说的事情，而书信则让诗歌写作的背景和细节更加明晰起来。诗中明确写到"深夜里借月光，写些心爱的诗句在上边"等内容，结合此信可知，《秋的礼赠》很可能正写于11月11日深夜。信中石评梅虽然说，自己因为醉酒"头都抬不起来"，无法写东西，但作为诗人，其才情诗思自不可抑，还是写了一首并不短的诗作为纪念。一年后，石评梅在写给陆晶清的《寄到鹦鹉洲》一文中还说道："去年秋深，我们在写红叶作秋的礼赠时，偶然高兴培植了的那一株蔷薇，已经荣发到周年了……"（石评梅，《鹦鹉洲》100）两年后，石评梅已病逝，陆晶清在谈到《蔷薇周刊》时也提及："两年前，在落叶声中我和评梅共植了这株不希望有色香的蔷薇……"[③]这里的"落叶"当然是特有所指的。查阅《蔷薇周刊》，第一号出版于1926年11月16日，而作为"发刊词"的《几句话》，则写于11月12日，正是石评梅与好友们在红叶上题诗作赠的第二天。如此，便不难明白，为何石评梅和陆晶清在日后追忆《蔷薇周刊》时，总要把"蔷薇"与"红叶"一事联系在一起了。

实际上，红叶题诗也是她们生活中常有的点缀。同样在《寄到鹦鹉洲》这篇书信体散文中，石评梅如是描述："这时候又是一样的秋深冬初，我独坐在炉畔沉思着，偶然在书架上抽一本书，揭开来里面总有几片鲜红的叶子，叶上还是题着你喜欢的许多诗句。这是你临走前乘我不知偷偷夹在我书内的。"（99）可见，不止高君宇，也不止石评梅和那位收信人喜欢在红叶上题字，陆晶清也会做同样的风雅之事。在很多方面，她们三人是引为同调的。五四一代的先哲的浪漫诗意，今人是不大容易体会的。

石评梅信中说"今天碎细心境容我留着写文章"，所谓"碎细心境"，当指"今日陶然亭畔之游"的感想。结合这一时期石评梅的创作情况来看，她构想中的文章，应是一周之后写就的散文《缄情寄向黄泉》。这篇散文"以书信体写给死去的君宇，诉说一年来心情的转化和世态的变迁"（李庆祥 161）。在长信中，石评梅向高君宇诉说了她已勉力振作、积极向上的精神状态："我已不是从前呜咽哀号，颓丧消沉的我；我是沉默深刻，容忍涵蓄一切人间的哀痛，而努力去寻求生命的真确的战士。"（石评梅，《缄情》6）

与石评梅、陆晶清一起去陶然亭的友人是谁？照片虽然有意隐去了收信人的名字，但从各方面作一推断和考证，当为石评梅的好友袁君珊无疑。

由《石评梅作品集》收录的书信可知，当年 11 月的 14 日、17 日、21 日、22 日、23 日、30 日，石评梅皆给袁君珊写过信，且都是情真意切、发自肺腑的长信。刊发在《蔷薇周刊》的石评梅"遗稿"系列大多为书信，虽未标明收信人，但据内容不难判断，多篇也是给袁君珊的，写于当年 10 月和 12 月。这当然只是不完全统计，从石评梅的叙述来看，这一时期她几乎每天都会给袁君珊写信。从中可见，1926 年 11 月 11 日前后，石评梅与陆晶清、袁君珊过从甚密，形影不离。三人频繁会面，或去兰陵春宴饮，或在陆晶清处聚谈，或去中央公园散心，等等。石评梅在这些信中同样自称"梅"，每次都要提到"清"，并且留下了三人多次畅饮醉酒的记录，与 11 月 11 日的这封信相关内容一致。石评梅的信中多次提及"去陶然亭"，而且早在 10 月 17 日，石评梅就曾向袁君珊表示"哭时最好去陶然亭，那个地方是适宜于哭的"，并有邀请之意："我和清曾在那里痛哭过一次，好不好那天去，哭了或者心头要松快点。"（石评梅，《痛创》2）而 11 月 11 日的这次"陶然亭畔之游"，正是石评梅邀约的实现。

石评梅、陆晶清开始合编《蔷薇周刊》不久，陆晶清即离京南下，临行前特意委托袁君珊等人帮助石评梅编刊；石评梅去世后，《蔷薇周刊》也一直由袁君珊主编，这都足以看出三人关系之密切。此外，袁君珊正是《石评梅纪念刊》的编者，显然，从她的角度而言，刊用石评梅的书信照片，自然是从自己手头保存的信中选取最为方便，不用麻烦他人，也不必寻求授权。

袁君珊生平不详，除了编辑《蔷薇周刊》并在上面发表文章之外，我们不了解他更多的具体情况。袁君珊的文名虽远不如庐隐、陆晶清，而且从石评梅的叙述来看，应该是1926年才与之相识，却是石评梅这一时期的挚友。石评梅不仅在给他的信中说"我一年多了，未曾写给人这样真诚而长的信"，而且还说过"这些话，是我第一次告诉人……你是一个真诚的朋友，因之我愿你比别人了解、知道、明白我"，④某封书信的措辞，还大有书以绝笔嘱托友人的意味。《石评梅作品集》收录石评梅致袁君珊信七封，写作时间均略晚于新发现的这封信。⑤它是目前存世的石评梅、袁君珊较早的信件之一，也是二人深挚友谊的见证。

## 三、石评梅致陆晶清信

第三封是石评梅致陆晶清信。陆晶清曾在1927年第13期的《蔷薇周刊》上，以"晶清"之名，发表了《江上寄波微》一文。"波微"为石评梅的笔名，这篇文章实际上是写给石评梅的信。而在这篇文章中，陆晶清完整引用了石评梅致陆晶清的一封长信。这封信，未曾被辑录到《石评梅作品集》《石评梅全集》中，《评梅女士年谱长编》同样失记，也未见其他研究者提及，是石评梅比较重要的一封佚信。

现据《蔷薇周刊》原刊，照录如下：

> 我预备了一杯心血之酒，祝你们光明的前途，如意的事业，甜蜜的爱情，凡这宇宙我认为缺憾遗恨的，盼望在你们的灵魂里魄力中得到成功和圆满。
>
> 请不要轻视了我的酒，不要漠然了我的心，那虽是在一般人心目中

的一个虚伪的集合——应酬，然而背影里却藏着我的这颗忠诚的心。愿清作萍的勉励奋发，帮助安慰的爱人，愿萍作清的孤零身世中保护爱怜的英雄。萍！忠于你的革命，忠于你的爱情。清！忠于你的文学，忠于你的爱情。

在那夜我不能执着酒杯说话。因为我若说话，眼泪或许会随着流下来！我自昨天看见你们后，我忽然感到，假如你们都离开了我，我比失掉什么都难过！这情形非过甚之辞，清自然懂的。我笑着赞祝你们时，我将要哭着悲悼我自己。我的泪怕要滴在酒杯里，怕我这不幸的余影又要深印在你们的心底；因之，我把那夜要说的话，今天先写给你们。

萍！假使这一次便是我和你最后的聚会，那么，我求你记得；[：]在这世界上当你认识了清时，也同时认识了我，我感谢你给我的一切帮助和恩惠，我没有什么作答报，我只有祷告上帝，请上帝照临你们，爱护你们。我信上帝，我请上帝做你们生命中爱情中指导统归于光明的星星！

我还是希望有一天，能重逢见萍，重逢见清，你们都重来北京，或者是我真到了翠湖。不过，我只是想，我恐怕这终于也是想。那么，就请记住：在你们生命史里，有一个不幸可怜的朋友，她是永远祷告你们。为了她，你们中间不能有一分误会，假使仍然有了误会时，愿你们想到为你们祝福的我！

请客说这许多难过的话，我自己认罪了。不过你们须知道我这次的酒，和请你们在陶然亭那天一样是苦的，不是甜的；然而你们咽下去时是能更加倍的帮助你们的甜蜜。愈说愈难懂了，不说吧。萍！清！那天饮了我这杯心血之酒，记好，我一举杯，你们要想到我这些话。⑥

不同于上述石评梅致李惠年、袁君珊的信，这封信更长，更为抒情、感伤，所谈话题更为深刻，可以视作书信体的散文作品，因此其意义更为重要。从这个角度来说，这封佚信，也可以称作石评梅的一篇佚文。

关于这封信的写作背景，陆晶清《江上寄波微》的原文说："因为翻箱子从一本书里发现了你写的一封信，那是去年暑假我南下参观，萍也将南返时，你为我们设别宴的请帖；字句间隐藏着你的酸泪和充满了你对我们的热望。"
（3）信的内容也可证，此信写于石评梅某次送别陆晶清之前。陆晶清文末注明
"丁卯元旦于鄱阳船上"，丁卯年约等于公历的1927年，结合陆晶清的叙述可
知，石评梅的这封信写于1926年夏天。

马绍玺、高倩的《陆晶清文学年谱简编》将《江上寄波微》的写作时间定
为1927年12月，应属错误。从原文中对"除夕"场景的描写可知，陆晶清起
笔的时间是农历除夕，并非公历的12月31日，文末的"元旦"则沿用旧义，
指的是大年初一，而非公历的1月1日；"丁卯"这种天干地支纪年方式，本
就只适用于农历年。陆晶清此文是丁卯年大年初一写毕，换算成公历，即是
1927年2月2日。可以佐证的是，《江上寄波微》发表于《蔷薇周刊》，正是在
稍晚的1927年2月22日。而且，1926年夏天，陆晶清确在北京，与文中叙述
之事皆合符契；1927年，陆晶清则自年初离京后，一直在南方，断无夏天与
石评梅告别的机会。年谱编者误解了"除夕""元旦"所指，因而在写作时间
上判断失误。⑦

既然陆晶清此文写于1927年2月1日或2日，文中又提及石评梅写信是
"去年暑假"，"是相隔着五六个月的事"，那么更具体地说，石评梅写信的时
间应是1926年七八月间。石评梅散文《寄到狱里去——给萍弟》，也曾提及这
次与"清""萍"的离别，说是时隔"四个月"。此文写于1926年11月10日，
倒推回去，离别是在7月10日左右。石评梅最晚7月底已离京回乡，度假"一
月"后，于8月下旬才返归。⑧综合种种材料可知，石评梅给陆晶清写信的时
间是1926年7月，当无疑义。

石评梅与陆晶清的挚谊世所周知，而二人之间的离别，最有名的一次发
生在1927年1月。当年1月22日，石评梅为陆晶清饯行。石评梅提前写下诗
歌《别宴》，陆晶清也以《谢谢你一杯浓醴——答评梅别宴》一诗酬赠。1月
25日，陆晶清南行，临走前，石评梅再次写送别诗《这悠悠相思我与谁弹》，
陆晶清则写下《临行》和之。这是石评梅与陆晶清最后一次见面，以后来者观
之，自感悲痛凄凉。其实乱世之中，她们何尝没有此种心理准备，离别之悲哀
惨淡，已尽显于纸上，石评梅诗中即有"残稿遗骸我待你归来再掩埋"之句。

这次分别，陆晶清是在石评梅的帮助下准备远赴武汉，投奔何香凝，参加国民党中央妇女部的工作。实际上，这正是《江上寄波微》一文的写作背景。陆晶清南下后，先与友人在上海稍作驻留，又去南昌探亲，途中怀远，孤独凄哀之思顿生，遂写下给石评梅的这封信。

其实，比1926年7月这次更早一些的离别，被研究者有意无意地忽略了。通过石评梅的这封信，我们不难发现，在这次离别之际，石评梅就已抱着无限伤感，仿佛是最后一次与陆晶清相见了。而且，这次跟后一次一样，都是石评梅提前写好了惜别的文字——显然，石评梅富于感性，悲伤过甚，在宴席上是无法保持冷静，去写出或说出那些衷曲的。萍是陆晶清的恋人，他们当时准备一起南下。根据《寄到狱里去——给萍弟》一文可知，两人先去上海小游，后陆晶清返京，萍则继续南下从事革命斗争，直至被捕。在这封信里，既有石评梅对二人友谊的珍重，也有对二人爱情的祝福，既有对萍从事革命工作的鼓舞，也有对清继续文学创作的勉励。从中可看出，清、萍二人确是石评梅的挚友，他们也曾陪石评梅去陶然亭高君宇墓前饮酒洒泪；石评梅殷切祝福和祷告他们爱情甜蜜，永远没有误会。这封信与《寄到狱里去——给萍弟》可以说是相互补充与映衬，深情厚谊俱现；这样我们也就不难明白，为何后来萍突然背叛陆晶清，恶语相向，会让石评梅极度伤心和悲哀了。

这封信像石评梅的不少散文一样，用语多对仗，是古典文学中的骈文传统对其创作影响的典型体现。实际上，与亲朋好友离别之时，撰文作诗、表达惜别之意本是中国古代文人的传统，石评梅的这些写作行为，无疑充分显示了这种古典式品格。这封书信语言流利，浪漫伤感，体现着石评梅的独特文风，也是她这一时期心境和情感的真实而可贵的记录。

值得注意的是，从与作家本人相关的人士的文章中进行探寻挖掘，也是一种重要的辑佚方式。在中国古典文献学的研究中，这样的实践并不鲜见。进行现代文学辑佚时，也应该重视这种研究路径和方法，尽可能地搜索。实际上，《高君宇文集》收录的高君宇致石评梅的书信，有少量即是从石评梅散文中辑出的。

以上三封石评梅佚信，对于理解石评梅其人其文很有助益。这些材料既可以拓展我们对石评梅生平经历的认知，也有助于增进对她的创作和思想的认识，更可以为石评梅的传记写作提供基础资料。这些书信主要涉及石评梅与李惠年、袁君珊、陆晶清三位友人之间的交往，也有助于我们理解当时知识女性的生活、交游和人际生态。

石评梅的这三封书信各有风格，恰好代表了石评梅书信的三种不同面向。第一封是学者式的，偏重论学，情感的成分较少；第二封是谈生活，简短平淡，似与常人书信无异，但所述之事的背后，体现着石评梅和友人的浪漫诗意；第三封则是临别赠言，文笔优美，情真意切，感伤之情已力透纸背，可当作一篇散文作品来读。从这三封信中可以看到，石评梅的浪漫感伤情调以及古典式的品格，不仅仅洋溢于她的文学作品中，也或浓或淡地体现在她的私人文字中。这三封书信，还显示了石评梅身上兼具的常人性、学者性和作家性，反映出一个不平凡的知识女性多维度的面貌。

这三封信的收信人中，李惠年是石评梅的学生，陆晶清是石评梅的终生挚友，袁君珊是石评梅人生后期才认识的好友。他们身份虽稍有差异，但都可以称得上是石评梅的好友。她们都曾多次陪伴石评梅去陶然亭迎风洒泪、凭吊高君宇。三位收信人年龄相仿，这也就使得石评梅执笔写信时，不需要在意太多的礼仪和敬辞，而能无所顾忌，直抒胸臆。试将这三封信与石评梅写给老师徐祖正的信⑧作一比较，便可见风格迥然不同。

就石评梅书信的整理工作而言，三卷本《石评梅作品集》出版较早，偶有疏漏自是难免，《石评梅全集》出版于2014年，具有后发优势，但专业度有所欠缺，未能在钩沉辑佚方面有所突破，也未能注意到一些已面世的新材料，如此前焦菊隐女儿焦世宏在《传记文学》杂志上披露的石评梅致焦菊隐的六封信。近年来，在研究者的努力下，又陆续有少量石评梅的佚作、佚信被发现，希望不远的将来，能有校勘精良、网罗丰富的《石评梅全集》出现，将包括这三封佚信在内的石评梅佚作、佚信收录，以期更完整地呈现石评梅作品的面貌，推动学界、读者对石评梅其人其文的认识和研究。

## 致谢【Acknowledgement】

本文受益于《现代传记研究》匿名评审人提出的修改意见，作者谨致谢忱！

I am grateful to the editor of *Journal of Modern Life Writing Studies* and anonymous reviewers for their suggestions and comments.

## 注释【Notes】

① 此二字因与信笺上的"淳菁"印章重叠，无法辨识清楚，存疑。

② 石评梅：《秋的礼赠》，《石评梅作品集（诗歌、小说）》，北京：书目文献出版社，1984年，第129页。发表此诗的原刊有多处错别字。

③ 陆晶清为《蔷薇周刊》上发表的石评梅遗稿所写前言，《世界日报·蔷薇周刊》，1929年1月8日。

④ 石评梅1926年12月10日致袁君珊信，见袁君珊：《我所认识的评梅》，《石评梅纪念刊》，北京：世界日报社，1928年，第47页。

⑤ 石评梅致袁君珊的信，仅有一篇写作时间早于这封信，但因为属于在《蔷薇周刊》公开发表过的"遗稿"系列，未标明收信人，《石评梅作品集》是作为散文来处理的。

⑥《江上寄波微》一文，后来被陆晶清收入《流浪集》，题目改为《江上——寄评梅》。新时期出版的《陆晶清诗文集》和《素笺》也收有此文，但笔者将其与原刊比对后，发现其中石评梅的这封信有数处标点错误，且有重要的漏字漏句，造成表意上的错误和张冠李戴。

⑦ 这也连带着导致编者对于写作背景的叙述同样是错误的。

⑧ 作出这一判断的根据是，石评梅《寄到狱里去——给萍弟》一文中说"一月之后我重返北京"，《再读〈兰生弟的日记〉》一文中提及"八月底从山城到北京"，《鲁迅日记》则记载当年8月26日，石评梅等人在北京火车站为鲁迅送行。

⑨ 石评梅致徐祖正信的内容，参见拙文《新发现的石评梅佚信》，《文汇读书周报》，2017年10月30日。

## 引用文献【Works Cited】

陈恂清：《汪德昭院士传略》。北京：海洋出版社，1995年。

[Chen Xunqing. *A Brief Biography of Academician Wang Dezhao*. Beijing: China Ocean Press, 1995.]

李庆祥：《评梅女士年谱长编》。北京：文津出版社，1990年。

[Li Qingxiang. *The Chronicle of Ms. Shi Pingmei's Life*. Beijing: Wenjin Publishing House, 1990.]

陆晶清：《江上寄波微》，《世界日报·蔷薇周刊》1927年2月22日：第1版。

[Lu Jingqing. "Write to Bo Wei on the River." *World Daily · Rose Weekly* 22 Feb. 1927: 1.]

石评梅：《石评梅作品集（诗歌、小说）》。北京：书目文献出版社，1984年。

[Shi Pingmei. *Works of Shi Pingmei(Poetry & Novels)*. Beijing: Catalogs and Documentations Publishing House, 1984.]

——：《缄情寄向黄泉》，《世界日报·蔷薇周刊》1926年11月23日第5版。

[—. "Send Love to the Underworld." *World Daily: Rose Weekly* 23 Nov. 1926: 5.]

——：《触目的痛创——遗稿之十》，《世界日报·蔷薇周刊》1929年4月9日第1版。

[—. "Shocking Pain: Posthumous Prose X ." *World Daily: Rose Weekly* 9 Apr. 1929: 1.]

——：《寄到鹦鹉洲》，《蔷薇周年纪念增刊》，蔷薇社编。北京：世界日报社，1927年，第99—100页。

[—. "Send to Parrot Island." *Anniversary Supplement to Rose Weekly*. Ed. Rose Society. Beijing: World Daily,

1927.99–100.]

袁君珊:《我所认识的评梅》,《石评梅纪念刊》, 蔷薇社编。北京：世界日报社，1928年，第45—48页。

[Yuan Junshan. "Pingmei in My Eyes." *Publication in Memory of Shi Pingmei*. Ed. Rose Society. Beijing: World Daily, 1928. 45–48.]

# 《颖滨遗老传》的文体新变

## 孙　娇

**内容提要**：苏辙的《颖滨遗老传》是中国自传文学中以"史学笔法"叙事的经典文本。苏辙在传文中大量引用早年奏折与文章，以实录方式营构其政治经历，使得《颖滨遗老传》具有极高的史学价值。从文体学角度分析，《颖滨遗老传》在文体体制、创作方式、形象塑造等方面对中国古代传统自传进行了突破与创新。在自我书写方面，传文通过对自我与他人不同的书写，塑造了苏辙"君子不党"的形象。《颖滨遗老传》对中国古代自传的创造性贡献，拓展了自传以政治经历、政治思想彰显自我的写作维度，加深了自传叙事的史学意义。

**关键词**：《颖滨遗老传》　自传　文体新变　君子不党

**作者简介**：孙娇，中山大学中文系博士研究生，主要研究方向为中国古代文学。邮箱：sunj55@mail2.sysu.edu.cn。

**Title:** New Stylistic Changes in *Su Zhe's Autobiography*

**Abstract:** Su Zhe wrote the autobiography with historical writing techniques, quoted in the autobiography a large number of reports and articles in his early years, and constructed his political experience by recording facts, so his autobiography had great historical value. From the perspective of stylistics, Su Zhe's autobiography has achieved breakthrough and innovations in the stylistic system, creative methods and image shaping of ancient Chinese traditional autobiography. The creative contribution of this work to ancient Chinese autobiography expands the writing dimensions of autobiography, which delineates the self by political experience and political thought, and deepens the historical significance of autobiographical narratives.

**Keywords:** *Su Zhe's Autobiography*, autobiography, stylistic changes, virtuous men never forming cliques

**Sun Jiao** is a PhD candidate in College of Chinese Language and Literature at Sun Yat-sen University, with her research focus on Ancient Chinese Literature. **E-mail:** sunj55@mail2.sysu.edu.cn.

《颍滨遗老传》是苏辙晚年写作的自传，传文叙事详实，展现了苏辙一生的仕宦经历，是了解苏辙生平和思想的重要文献。《东都事略·苏辙传》《宋史·苏辙传》对《颍滨遗老传》都有不同程度的取材，说明《颍滨遗老传》的内容得到了撰史者的认可，具有高度的史学价值。后人多将之作为史料来考证苏辙生平及作品系年，鲜少从文体角度对传文进行分析。作为纪实性自传，《颍滨遗老传》的文学性确实不如托兴类自传，但是从文体学角度出发，它不论是在文体体制、文献来源还是自我形象塑造方面，都突破了传统托兴类自传的写作模式，具有重要的文体学价值。

## 一、《颍滨遗老传》写作模式之新变

《颍滨遗老传》凡一万七千余字，和其他自传相比，可称得上巨篇。之所以篇幅如此巨大，是因为传文在按照时间顺序叙述苏辙的政治经历时大量引用其早年的奏折及文章。除去引文，《颍滨遗老传》有两千五百余字，相比两百余字的《五柳先生传》、六百余字的《六一居士传》，去掉引文后的《颍滨遗老传》篇幅也不小。这是因为《颍滨遗老传》对苏辙每一次官职迁转时的政治环境都进行了交代，以使读者清楚了解当时的历史。《颍滨遗老传》注重历史事实尤其是传主政治经历的创作方式，与中国古代传统自传大相径庭。

中国古代自传主要有两种写作传统：一类是书籍中的序言，包括史书中的自序和其他书籍中的序言。史书中的自序以司马迁《太史公自叙》为代表，作者在书序中阐明创作动机的同时，对自己的身世有所交代。唐代以前的史书继承《史记》的书写范式，会在叙传中叙写作者本人身世，如班固在《汉书·叙传》中记叙了自己的官职及志向。在《宋书》之后，史书中的自序逐渐演变成撰者家族的传记。究其原因，大概较之写作动机，把家族的兴衰历史纳入史书更为重要，能够达到为家族扬名的目的。书籍中的序言，如王充《论衡·自纪》、曹丕《典论·自叙》、葛洪《抱朴子·自叙》等也会涉及自己的身世、经历，这类自传侧重描写自己的学习经历，彰显自己的与众不同。另一类是以《五柳先生传》为代表，以抒写性情志趣为目的的单篇自传文。从严格意义上来讲，《五柳先生传》更应归为"自况传"而非"自传"，因为"五柳先生"并非实指陶渊明，还包含了扬雄这一人物原型与其他精神风致，作者描写的更多的是他理想中的生活（于溯 232）。但《五柳先生传》因其蕴含的恬淡自适的精神被后世视为自传写作典范，引起后世文人不断学习模仿，如王绩《五斗先生传》、白居易《醉吟先生传》、欧阳修《六一居士传》等。除以上两种自传，宋代以前还有《陆文学自传》《子刘子自传》等一类回忆生平、总结自我的自传。

《颍滨遗老传》既非为阐明创作主旨而作，也不以抒发性情志趣为目的。传文重在总结生平的内容看似与《陆文学自传》《子刘子自传》相类，但创作目的与创作方式有所不同。《陆文学自传》讲述作者的出生、成长与学习经历，意在探寻自我；《子刘子自传》在介绍刘禹锡的家世及其仕宦经历后，对其参与的"永贞革新"进行了评价，意在自我辨明。《颍滨遗老传》大量引用早年的奏折与文章，以官职迁转为经、以奏章为纬串联作者经历的朝政大事，相较《陆文学自传》，《颍滨遗老传》更关注自身与国家、与其他执政大臣的关系。而其注重传主政治经历的内容、意在自我辨明的目的，则与《子刘子自传》的创作内涵相同，但《颍滨遗老传》呈现出与《子刘子自传》完全不同的面貌。

从创作风格上看，《子刘子自传》充斥着内敛而又自我辩护的意味。传文对"永贞革新"的评价是正面且直接的："（王叔文）既得用，自春至秋，其所施为，人不以为当非。"（刘禹锡 1502）但对王叔文的描写则较为隐晦曲折。刘禹锡既没有直接对王叔文进行指责，也没有明确认同自己过去跟随王叔文的事实。他写王叔文因善棋而得赏识、自言为王猛之后、能言善辩等，细究起来，不会给人以好感。但他对于自己曾跟随王叔文这一事实也未表示后悔，在最后的铭文中说道:"人或加讪,心无疵兮。"(1503)即便遭到人们的诽谤,心中依然无愧。同样是总结一生,自我辨明,苏辙晚年被确立为元祐党人,又因朝廷确立的"国是"政策无法直接为自己申辩,只能通过早年奏折与文章再现当年的政治环境与自己的政治态度,以具体的事实留待后人评价。苏辙在自传中着重选取了自己直言进谏的事例及与当时大臣争议的政事,对曾经共事过的执政大臣王安石、司马光、吕大防、刘挚都作出了负面评价,着力塑造自己"君子不党"的形象,使整篇自传充盈着"刚直之气",与《子刘子自传》的内敛叙事形成鲜明的对比。

后人视以"托兴"为目的的《五柳先生传》一类为自传正体,从文体方面对《颍滨遗老传》进行了批评。王若虚云:"古人或自作传,大抵姑以托兴云尔。如《五柳》《醉吟》《六一》之类可也。子由著《颍滨遗老传》,历述平生出处言行之详,且诋訾众人之短以自见,始终万数千言,可谓好名而不知体矣。"(419)王若虚论文讲究"体制为先",认为为文"定体则无,大体须有"(427)。在他看来,古人创作自传的目的是"托兴",以抒发性情志趣为旨归,而苏辙在自传中不仅详细记录自己的言行举止而且诋訾他人,未遵循自古以来自传的写作传统,是谓"不知体"。然而,换个角度来说,吸收史传写法的《颍滨遗老传》打破了"托兴"传统,以纪实手法历述生平,是对传统自传的一种开拓,"诋訾他人"则是如实记录自我与他人的关系。

"托兴类"自传重在抒发作者对某种生活的向往、对某种状态的愿望,通常从行事、人格等方面简笔勾勒传主的形象。纪实性自传侧重叙述传主的真实经历,可以看到不同时期传主的行事。这两类自传虽然展现了传主的部分行事与人格,但呈现的始终是一成不变的传主形象。《五柳先生传》中五柳先生始终是恬淡自适的形象,其人格是稳定的,没有变化的。《颍滨遗老传》中,苏辙甫一出场便是一个忧国忧民、敢于直谏的士大夫形象,这种形象贯穿全文,未有改变。但苏辙通过大量的引文与对话,从政治环境与思想两个维度彰显了他的行为,这是托兴类自传所没有的。尽管如此,与注重记录传主人格变化的西方自传相比,《颍滨遗老传》仍没有展现出传主形象的形成过程。这正是胡适所说的中西方传记之差异:"吾国之传记,惟以传其人之人格。而西方之传记，则不独传此人格已也，又传此人格进化之历史。"（397）究其原因，这与中西方自传创作目的的不同具有紧密关系，西方作者创作自传是为了观照自己的一生，反思自我；中国古代自传最重要的目的是"传之后世"，而非探究自我。苏辙写作《颍滨遗老传》的目的之一，正如他在《九日独酌》中所写"留与他年好事孙"（1189），期待自己的事迹能够留传后世。

## 二、《颍滨遗老传》文献来源与创作方式之新变

从叙事学上来讲，"自传之所以能够留在叙事艺术的王国之中，一方面是由于它不可能成为科学性叙事；另一方面也是因为它无法利用主人公的死亡这一完满的叙事化解方式。那些追求艺术品位的历史和传记作品，常常摒弃纯粹的时间性叙事而倾心于更具审美快感的模式"（Scholes 229）。托兴类自传大都是非时间性叙事，如《五柳先生传》选择忽略时间，而突出传主的某些行为，如"饮酒必醉"；或者将自传限定在一个特定的时间点，如《六一居士传》开头言："六一居士初谪滁山，自号醉翁。既老而衰且病，将退休于颍水之上，则又更号六一居士。"（欧阳修 1130）将传文定位在传主将退休之际，而后以主客问答的形式彰显六一居士的退休之志。这种非时间性叙事，使得这类自传更有趣味性，更具艺术性。《颍滨遗老传》与这类自传的不同之处之一，即在于以时间性叙事来营构全文，这是苏辙向史传学习的结果，也是其力图清晰明了地呈现历史事实的创作追求。为了增加自传叙事的"科学性"，他还在自传中引用《栾城集》中的早年奏折和《龙川略志》中的文章来展现当时的历史环境。

《颍滨遗老传》所引《栾城集》的文章，主要是苏辙作于元祐年间的奏折。熙宁年间苏辙因反对新法沉沦下僚，元祐年间高太后起用反对变法的旧党，苏辙才逐渐参与到中央政权，乃至位列执政。《栾城集》所存奏折，绝大部分即作于元祐八年中。这些奏折的内容亦是《颍滨遗老传》主要涉及的内容：对新党，主张严惩大臣，不问小臣；对新法，主张区别对待，慎重行事，反对司马光立即废除免役法和科举新法；对西夏，主张归还祖宗朝所占西夏土地，加强

边防；此外，还主张关心民间疾苦，反对与民争利。这些是苏辙在朝时主要参与的政治大事，将之记入自传，不仅因为他这一时期位于权力中枢、进言较多，还说明晚年的他在总结一生时，认为这些事件能够代表其政治观点。

《龙川略志》是苏辙于元符二年（1099年）61岁被贬循州（龙川）时所写的笔记，主要记录平生所为，亦具有一定的自传性质。《颍滨遗老传》所引《龙川略志》部分，正是笔记的主要内容，包括讨论新法、用人、西夏地界、粮草、祭祀等朝堂政事。《四库全书总目》关于《龙川略志》的提要说道："《略志》惟首尾两卷纪杂事十四条，余二十五条皆论朝政，盖是非彼我之见，至谪居时犹不忘也。"（纪昀 1）正是出于对当年党争的念念不忘，时年61岁的苏辙特意在笔记中记下这些"是非彼我之见"，七年后又将这些争执记入自传，以彰显自我。

《颍滨遗老传》选取引文既重视以第一手材料（即早年奏折）彰显苏辙的政治态度，也着重选择叙事性强、契合"传"这一文体形式的文章。传文中涉及官职迁转、朝廷各部门职能及用人等早年奏折能言明之事，皆引用《栾城集》中当年所作奏折；①其他有关回河、西夏地界等牵涉年月较长、争论较多之事，因当年相关奏折虽多却没有能完整概括事件的，则引《龙川略志》中对前后因果介绍较详的文章。另外有些事件，早年奏折和《龙川略志》都有记载，但奏折偏重议论、叙事性不强的，亦引《龙川略志》中的文章。如关于议吏额一事，《栾城集》卷四十四有《论吏额不便二事札子》，《龙川略志》第五卷有《议定吏额》，而自传引用的是《龙川略志·议定吏额》。兹将《论吏额不便二事札子》与传文引用的《龙川略志·议定吏额》进行对比，以期探析苏辙选择引文的标准。

两篇文章的主要内容皆是叙说裁减吏额。关于减额政策及诉任永寿，两文文字基本相同，但对于事件的具体叙述则大不相同。首先，传文所引《龙川略志·议定吏额》以"予为中书舍人，与范子功、刘贡父同详定六曹条例，子功领吏部"开头，介绍了作者当时的官职、议吏额的参与人员。接着以白中孚与苏辙的对话引出吏额之弊端，交代了议吏额的背景。然后通过与李之仪的对话提出自己的主张，再继之以此政策的施行遭到了吕大防与任永寿的干扰阻挠，并以"久之，微仲知众不伏，徐使都司再加详定，大率如予前议乃定"（苏辙，《颍滨遗老传》1295）作结。将事情的前因后果与经过叙述得完完整整、清清楚楚，清晰地呈现了各方的观点与立场，并含有对吕大防与任永寿的批评，使我们能更了解当时的政治环境。而《论吏额不便二事札子》以"论"为主，主要论述苏辙对于"议吏额"一事的看法，事件前因之前的札子已有论及，该篇札子大体略过，因此对于事件整体面貌的叙述不如《议定吏额》生动明白。如果直接将这篇札子放入自传，则读者对事件的因果不甚明了。另外，札子未涉及其他参与议吏额大臣的意见，不能全面反映议吏额的真实情况。传文所引《龙川略志·议定吏额》以对话形式生动再现当时情景，不仅使当时复杂的政治态势显明昭著，而且更符合"传"这一文体样式对叙事的要求。

《颍滨遗老传》引用《龙川略志》中的文章不仅是因为对话能够清楚交代事件背景、再现苏辙与时人的政治立场，而且对话能够突显苏辙的在场感，增强事件的真实感。元祐元年苏辙与当时的中书相吕公著讨论回河事，苏辙见到他就问道："公自视智勇孰与先帝？势力隆重能鼓舞天下孰与先帝？"吕公著的反应是"惊曰：'君何言欤？'"在苏辙力陈回河之计不可行与回河之责重后，吕公著"唯唯曰：'当与诸公筹之。'"（1290）对吕公著细微表情与动作的描绘，使得这段对话极具真实感。元祐八年苏辙任门下侍郎，又因河决事与当时执政、水官争论不已。苏辙向太皇太后高氏（谥号宣仁）奏禀河决的情形，在说到水官的推脱之语"去年河水自东，今年安知河水不自北"后，"宣仁后笑曰：'水官尚作此言，况他人乎！'"苏辙随后建议派遣使者观察水流情况并对水官治罪，宣仁后"复笑曰：'若令结罪，必谓执政胁持之，且水官犹不保河之东、北，况使者暂往乎？姑别议之可也。'"（1308）按照宋朝制度，太后与大臣商议朝政时须垂帘，则苏辙无法亲见高太后的表情，只可以听见其声音。这段对话中宣仁后的两次"笑曰"极具画面感，使得苏辙现场隔帘聆听宣仁后谕示的场景如在目前，增加了传文的历史真实性，也显示了高太后不愿生事、努力调和大臣之间关系的态度，使人物形象更加生动具体。

作为一种自我叙事，自传天然的具有主观性，托兴类自传通常以一种更具审美艺术的方式叙事，而不注重自传的"科学性"，因为作者想要传达的是他的思想情志，自传中的生活方式只是其表现情志的一种手段。而《颍滨遗老传》旨在通过作者的政治经历来再现自我的无私、"不党"，因此，"科学性"成为苏辙努力的方向。在此基础上，苏辙向史传学习，引用早年所作奏折，客观呈现自己的政治经历。对话与细节的描写则增强了作者的"在场感"，使传文更具"真实性"。《颍滨遗老传》从而形成与托兴类自传迥异的风格与创作方式。

## 三、苏辙"君子不党"形象的塑造

自传作为一种表达传主思想品性的传体文，与其他传记文体最大的不同在于，作者即传主，作者塑造的传主形象是对自我形象的认同，代表了作者对于自己或者理想中自己的认识，代表了作者期望读者认识的自我形象。托兴类自传由《五柳先生传》开始，往往着意塑造传主的隐士形象。《五柳先生传》在体制和笔法上借鉴了《高士传》《列仙传》，以"先生不知何许人也"（陶渊明 502）自隐来历；在内容上则承袭《扬雄传》，以"闲静少言，不慕荣利"（502）等阐释传主品性，着意彰显传主的隐士品格。《五斗先生传》中五斗先生的"好酒""绝思虑，寡言语"（王绩 180）则明显是对五柳先生的袭拟，突出了五斗先生的"高士"形象。不同于"托兴类"自传在塑造传主形象时会借鉴、模仿自己崇拜的前人，《颍滨遗老传》直接通过作者参与的朝政，来展现传主经历的人、事，从而塑造苏辙"君子不党"的形象。

赵白生在《传记文学理论》中认为自传作家的主要任务是呈现两种关系："一、我与别人的关系；二、我与时代的关系。在呈现这两种关系的过程中，他不断地揭示自我。要展示我与别人的关系，需要的是传记事实；要说明我与时代的关系，自然少不了历史事实。自传实际上是以自传事实为中心的三足鼎立。"（35）《颍滨遗老传》引用早年奏折来说明当年的政治环境、展现历史事实，呈现了自我与时代之关系；引用《龙川略志》中苏辙被贬后追忆往事而写的部分篇章，展现了自我与他人的关系。无论是自我与时代之关系还是自我与他人的关系，传文都是通过作者参与的政事来突出苏辙与他人的争论、苏辙对执政大臣的反对，由此来塑造苏辙"君子不党"的形象。

绍圣时期，朝廷规定以王安石"新学"为"国是"，凡与"新学"相异的思想，皆为"邪说"。这一政策自崇宁元年（1102年）再度被强调，并被变本加厉地执行。在这样的环境下，苏辙欲要为自己申辩，不啻是对"国是"的反抗，因此其没有直接在自传中发表感慨或议论，而是以过去的文章和奏折代自己发声，以具体的客观事实来表达自己的政治思想，彰显自己的政治态度。

《颍滨遗老传》在叙述作者参与的政事时，重在突出苏辙的直言进谏。无论是新党执政的熙宁变法时期，还是旧党当权的元祐年间，苏辙都勇于提出自己的反对意见。熙宁变法期间，苏辙被任命为制置三司条例司检详文字，协助王安石拟定变法的具体条例，但苏辙对新法表示极力反对。《颍滨遗老传》着重举了其对青苗法以及"遣八使搜访遗利"的反对意见，实际上在当年的《制置三司条例司论事状》中，苏辙对新法中的农田水利法、雇役法、青苗法、均输法等都进行了驳斥，但在传文中他只引用了批判青苗法的部分。一方面，反对青苗法和遣八使两事是熙宁年间苏辙被贬的导火索，由于苏辙向王安石直陈青苗法的弊端以及反对遣使到各地督促变法，王安石才"大怒，将见加以罪"（苏辙，《颍滨遗老传》1283），幸得陈升之阻止，苏辙才被贬为河南推官。相较新法中的其他条例，青苗法对苏辙的仕途影响较大。苏辙认为其危害也比较大。在元祐年间，苏辙还多次上书直陈青苗法之弊端。另一方面，随着时间的推移和新法的实施，苏辙对部分新法条例的看法有所改变。元祐年间，苏辙认识到雇役法较差役法更为方便易行，曾上疏反对司马光复行差役法。这说明，苏辙对于新法并不是全盘否定，而是视具体情况区别对待。司马光执政时期，欲废除王安石以《三经新义》作为考试标准的规定，易以九经作为科举考试的内容，而苏辙建议徐徐图之，不可轻易改变科举程式。可见，苏辙对于司马光全面废除新法的举动并不赞同，而是持慎重态度。

《颍滨遗老传》对于元祐年间其他事件的叙述，侧重苏辙与执政大臣的争论。如论分别邪正、论西夏地界、议回河等事，可清晰地看到苏辙对执政大臣的不满。如元祐五年，吕大防与刘挚欲为"调停"之说，传文连引《再论分别邪正札子》《三论分别邪正札子》表明其当时反对之激烈，"然大臣怙权耻过，终莫肯改"（1303），结果却收效甚微。又如议李清臣为吏部尚书、蒲宗孟为兵部尚书事，传文以对话的形式再现了苏辙与吕大防等人的争议，明确了苏辙的观点，展现了苏辙据理力争、直言不讳的君子形象。

除了通过与他人的争论来表明自己的立场，苏辙还在传文中评价时人来彰显自己的态度，展现自我与他人的关系。熙宁年间，苏辙与王安石共同在制置三司条例司参与制定新法，传文曰："介甫急于财利，而不知本。"（1282）苏辙对王安石的评价其实是当时人的共识，时人皆认为王安石是贪图财利之徒。元祐元年司马光执政时，传文评价道："司马君实既以清德雅望专任朝政，然其为人不达吏事。"（1286）这个评语也较为客观。司马光为相之前，韩琦便评价他"才偏规模小"（强至 22）。朱熹对司马光推崇备至，但也曾说过："温公忠直，而于事不甚通晓。"（3108）即便是司马光的弟子刘安世，在别人称赞司马光"三代以下，宰相学术，司马文正一人而已"时，也客观地说道："学术固也，如宰相之才，可以图回四海者，未敢以为第一。"（邵博 156）可见，苏辙对司马光的评价较为中肯。在自传中，苏辙还评价吕大防"直而暗"、刘挚"曲意事之……阴窃其柄"（苏辙，《颍滨遗老传》，1304）。苏辙对同朝共事大臣的评价都较为公允，但以负面为主，遍览全文，未发现苏辙称许某人的语句。这并不表明苏辙从未称许他人，而是他在自传中特意选取了对众人的批评来证明自己的"不党"。

不论当时还是后世，因为反对新法以及元祐党人碑的颁行，苏辙被不少人视为旧党。但苏轼苏辙兄弟同旧党中的洛党、朔党意见屡屡不和是实情，苏轼同新党的蔡确、章惇曾有私交亦是事实。苏辙为苏轼所作《亡兄子瞻端明墓志铭》，即对苏轼与蔡确、章惇的交往有所着墨，并对司马光进行了批评。从《亡兄子瞻端明墓志铭》到《颍滨遗老传》，苏辙一直努力突出自己"不党"的形象，但这招致了不少人的批评。

晁说之即对《亡兄子瞻端明墓志铭》进行了批评，晁公武在《毗陵东坡祠堂记》中对此进行了记录：

公（苏轼）之葬也，少公黄门铭其圹，亦非实录。其甚者，以赏罚不明罪元祐，以改法免役坏元丰；指温公才智不足，而谓公之斥逐出其遗意；称蔡确谤讟可赦，而谓公之进用自其迁擢；章子厚之贼害忠良，而谓公与之友善；林希之诋诬善类，而云公尝汲引。呜呼，若然，则公之《上清储祥》《忠清粹德》二碑，及诸奏议、著述，皆诞谩欤？……后世不知其然，惟斯言是信，则为盛德之累大矣。（费衮 118）。

晁说之主要指责苏辙在《东坡墓志》中对元祐进行了批评、凸显了司马光与苏轼的矛盾、记载了苏轼与新党中的蔡确、章惇、林希有私交。他认为苏辙将这些写入墓志，有损苏轼"旧党"的形象。而汪应辰亦言及"程门高第"杨时曾论《亡兄子瞻端明墓志铭》曰："他只是要道我不是元祐人，可谓误用其心。"（178）可见，苏辙在《亡兄子瞻端明墓志铭》中已努力摆明事实，表明其兄弟二人之"不党"。而汪应辰对《颍滨遗老传》的评价则是："邪正分明，略无回隐，有不可诬者。"（178）其实晁说之批评《亡兄子瞻端明墓志铭》的几点，如"以赏罚不明罪元祐""以改法免役坏元丰""指温公才智不足"，《颍滨遗老传》都有涉及，唯不涉及其与新党之人有私交这一点。

朱熹便从《颍滨遗老传》的选材出发，批评苏辙选材偏重对己有利的一面，对有损他旧党形象的行为则不记载。其言："子由深，有物。作《颍滨遗老传》，自言件件做得是。如拔用杨畏、来之邵等事，皆不载了。"（3118）盖朱熹关注的是苏辙对于自己参与党争之事介绍的是否全面，认为自传只记载了对苏辙有利的一面，而遮蔽了他做出的一些不利于旧党的决策。朱熹之所以提及苏辙提拔杨畏、来之邵之事，是因为杨、来二人政治立场不坚定，是随势摇摆之小人，在哲宗亲政后支持起复新党，当时有"杨三变""两来"之称。苏辙在自传中对自己提拔某人、自己与谁意见相同之类事件的遮蔽，正可见出自传事实与历史事实的不同，自传事实是作者剪裁之后的事实，苏辙有意避讳自己与他人有党派之嫌，努力凸显自己与他人的不同，正是意欲塑造"君子不党"的形象。由此，亦可见出中国自传与西方自传的不同。西方作者受宗教影响，会在自传中进行自我反思、自我忏悔，西方传记文学作品的核心便是忏悔录。而中国古代文人创作自传的目的通常是为了自我辨明或自我彰显，他们在自传中努力放大自己某一方面的特质，并有意遮蔽不利于自己形象塑造的方面。

宋代以后，苏辙在自传中塑造的形象得到了史臣的认可。《宋史·苏辙传》大量引用《颍滨遗老传》，最后评价苏辙在元祐年间的经历曰："元祐秉政，力斥章、蔡，不主调停；及议回河、雇役，与文彦博、司马光异同，西方之谋又与吕大防、刘挚不合，君子不党，于辙见之。"（脱脱 10837）"君子不党"正是苏辙通过自传想要传达给后世的形象。

苏辙在自我与时代、自我与他人的关系中不断凸显自己的直言进谏、"君子不党"，令整篇自传充斥着"刚直之气"。苏辙着意记录自己与他人的不同意见，一方面是为了塑造自我"君子不党"的形象，另一方面是秉承宋朝"异论相搅"的祖宗之法。《颍滨遗老传》实则寄寓着苏辙对自己为政思想的总结，即在奉行"事为之制，曲为之防""且贵安静""异论相搅"等祖宗家法之下，严守"君子小人不可共处朝廷"的原则。将政治思想引入自传，显示了苏辙"以古今成败得失为议论之要"（苏辙，《历代论引》，1212）的为文风格，突出了宋代士大夫的史学意识，增强了自传的"致用"功能。

# 结　语

自陶渊明《五柳先生传》以来，中国古代形成了以体制短小、重在抒发性情志趣的托兴类自传为正体的传统。苏辙《颍滨遗老传》突破托兴类自传的藩篱，向史传学习，按照官职迁转的顺序，以流畅的文笔组织其早年的奏折与文章，形成与托兴类自传风格迥异的"政治类自传"创作方式，也为后人提供了有关其生平的翔实材料，使得《颍滨遗老传》具有高度的史学价值。在创作方式上，《颍滨遗老传》注重传文的历史真实性，通过对话与细节描写来增强作者的"在场感"，使传文更具"科学性"。在自我形象塑造方面，苏辙突破"托兴类"自传简笔勾勒传主形象的方式，选择自己对执政大臣的反对及自己与他人的争论，来彰显自己的与众不同；并在传文中对与之共事过的执政大臣进行负面的评价，来突显自己的"不党"。《颍滨遗老传》为中国古代自传拓展了

"政治类自传"的创作题材，这一创造性贡献，增加了自传以政治经历、政治思想彰显自我的写作维度，加深了自传叙事的史学意义。

## 致谢【Acknowledgement】

本文为国家社科基金项目"古代传记文体的发展与文史观念之演变"（编号：20BZW078）的阶段性成果。本文为广东省"十三五"社科规划项目"中国古代传状文体及文献研究"（GD19CZW10）的成果。

This paper is a preliminary result of National Social Science Fund "The development and the evolution of ancient biographical style"（NO.20BZW078）. This paper is the achievement of the social science planning project "Research on Chinese ancient biographical style and literature" (GD19CZW10) in the 13th Five-Year Plan of Guangdong Province.

## 注释【Note】

① 如叙举直言极谏科则引当年所作《御试制策》，转对则引《转对状》，除尚书右丞则引《辞尚书右丞札子第二状》，绍圣元年被贬则引《论御试策题札子》，用人则引《乞罢左右仆射蔡确、韩缜状》《请户部复三司诸案札子》《再论分别邪正札子》《三论分别邪正札子》。

## 引用文献【Works Cited】

费衮：《梁溪漫志》。西安：三秦出版社，2004年。

[Fei Yan: *Informal Essays of Liangxi*. Xi'an: Sanqin Publishing House, 2004.]

胡适：《胡适留学日记》（上）。合肥：安徽教育出版社，1999年。

[Hu Shi. *Diary of Hu Shi in Studying Abroad (Vol. I)*. Hefei: Anhui Education Press, 1999.]

纪昀：《景印文渊阁四库全书》（第1037册）。台北：台湾商务印书馆，1986年。

[Ji Yun. *Photocopy of Complete Library in the Four Branches of Literature*. Vol.1037. Taipei: Taiwan Commercial Press, 1986.]

刘禹锡：《刘禹锡集笺证》，瞿蜕园笺证。上海：上海古籍出版社，1989年。

[Liu Yuxi. *Selected Works of Liu Yuxi*. Annotated by Qu Tuiyuan. Shanghai: Shanghai Ancient Books Publishing House, 1989.]

欧阳修：《欧阳修诗文集校笺》，洪本健校笺。上海：上海古籍出版社，2009年。

[Ouyang Xiu. *Selected Works of Ouyang Xiu*. Annotated by Hong Benjian. Shanghai: Shanghai Ancient Books Publishing House, 2009.]

罗伯特·斯科尔斯、詹姆斯·费伦、罗伯特·凯洛格：《叙事的本质》，于雷译。南京：南京大学出版社，2015年。

[Scholes, Robert, James Phelan and Robert Kellogg. *The Nature of Narrative*. Trans. Yu Lei. Nanjing: Nanjing University Press, 2015.]

邵博：《邵氏闻见后录》。北京：中华书局，1983年。

[Shao Bo. *Shao's Notes*. Beijing: Zhonghua Book Company, 1983.]

苏辙：《龙川略志·龙川别志》，俞宗宪点校。北京：中华书局，1997年。

[Su Zhe. *Brief Annals of Longchuan: Supplementary Annals of Longchuan*. Proofread by Yu Zongxian. Beijing: Zhonghua Book Company, 1997.]

——《颍滨遗老传》,《栾城集》(下册),曾枣庄、马德富校点。上海：上海古籍出版社,2009年,第1280—1313页。

[—. "Su Zhe's Autobiography." *Selected Works of Su Zhe*. Vol. 3. Annotated by Zeng Zaozhuang and Ma Defu. Shanghai: Shanghai Ancient Books Publishing House, 2009: 1280–1313.]

——.《九日独酌》,《栾城集》(中册),第1189页。

—. "Drinking alone on the ninthday." *Selected Works of Su Zhe*. Vol. 2. 1189.

——.《历代论引》,《栾城集》(下册),第1212页。

—. "Introduction to History." *Selected Works of Su Zhe*. Vol. 3. 1212.

陶渊明：《陶渊明集笺注》,袁行霈笺注。北京：中华书局,2003年。

[Tao Yuanming. *Selected Works of Tao Yuanming*. Annotated by Yuan Xingpei. Beijing: Zhonghua Book Company, 2003.]

脱脱等：《宋史》。北京：中华书局,1977年。

[Tuo Tuo et al. *History of Song Dynasty*. Beijing: Zhonghua Book Company, 1977.]

王若虚：《滹南遗老集校注》,胡传志,李定乾校注。沈阳：辽海出版社,2005年。

[Wang Ruoxu. *Selected Works of Wang Ruoxu*. Annotated by Hu Chuanzhi and Li Dingqian. Shenyang: Liaohai Publishing House, 2005.]

汪应辰：《文定集》。上海：学林出版社,2009年。

[Wang Yingchen. *Wending's Collection*. Shanghai: Xuelin Publishing House, 2009.]

王绩：《王无功文集五卷本会校》。上海：上海古籍出版社,1987年。

[Wang Ji. *Five-Volume Collection of Wang Wugong's Anthology*. Shanghai: Shanghai Ancient Books Publishing House, 1987.]

于溯：《互文的历史：重读〈五柳先生传〉》,《古典文献研究》2012年第15辑,第222—235页。

[Yu Su. "The History of Intertextuality: Rereading the Biography of Mr. Wuliu". *Research on Classical Literature* 15(2012): 222–235.]

赵白生：《传记文学理论》。北京：北京大学出版社,2003年。

[Zhao Baisheng. *Biographical Literature Theory*. Beijing: Peking University Press, 2003.]

强至：《韩忠献公遗事》,见《全宋笔记》(第一编·八)。郑州：大象出版社,2003年。

[Zhi Qiang. "Anecdotes of Han Qi." *Notes of the Whole Song Dynasty (Vol. VIII, Part I)*. Zhengzhou: Elephant Press, 2003.]

朱熹：《朱子语类》(第8册),黎靖德编,王星贤点校。北京：中华书局,2020年。

[Zhu Xi. *Analects of Zhu Xi(Vol.8)*. Ed. Li Jingde. Annotated by Wang Xingxian. Beijing: Zhonghua Book Company, 2020.]

# 古代人物传记的制度化书写
## ——以汉魏六朝"选官制度"与
## "先贤传"的编纂为考察中心

李 贺

**内容提要**：汉魏六朝尤其是魏晋前后，出现了一批以"先贤"命名的杂传。这些"先贤传"的集中编纂，与当时社会的政治文化背景息息相关。作为国家统治重要一环的选官制度，与"先贤传"的编纂亦存在紧密联系。以察举征辟制和九品中正制为主的选官制度，为"先贤"和"先贤传"的涌现提供了条件和基础，而"先贤传"的编纂在一定程度上又能影响国家选官的导向。"先贤传"的编纂名为褒扬前人，目的则是激励今人，其所揄扬的才德典范，正是统治者选官所需要的。在某种程度上，"选贤"和"选官"是一致的，本质上都是为国家统治服务。

**关键词**：选官制度 先贤传 察举制 九品中正制 国家统治

**作者简介**：李贺，山东理工大学文学与新闻传播学院讲师，文学博士，硕士生导师。主要从事中国古典文学文献、传记文献研究，近期发表了《齐鲁古先贤传五种考述》（《中国传统文化研究》2021年第4辑）。邮箱：13228123752@163.com。

**Title:** Institutionalized Writing of Ancient Biography: Focusing on the Compilation of "Official Selection System" and "Lives of Sages" from Han Dynasty to the Six Dynasties

**Abstract:** Around the Wei and Jin Dynasties, a number of miscellaneous biographies named "the sages" have appeared. These "lives of the sages" are closely related to the political and cultural background of the society at that time. There is a close connection between the system of selecting officials and the compilation of "lives of the sages". The "Recommendation system" and the "Nine-Grade Official System" create the conditions and lay the foundation for the emergence of "lives of the sages", while "lives of the sages" can also influence the state selection of officials. "Lives of the sages" praise the predecessors and inspire the contemporary readers. The exemplary models it praises are what the rulers need. To a certain extent, "selection of sages" is consistent with "selection of officials" and both serve the statecraft.

**Keywords:** the system of selecting officials, the lives of the sages, recommendation system, Nine-Grade Official System, statecraft

**Li He**, PhD, is Lecturer in the School of Literature and Journalism, Shandong University of Technology, China. His research concerns classical literature documents and biography documents. He is the author of "The Textual Research of Five Biographies of Ancient Sages in Qilu Region" (*Research on Chinese Traditional Culture*, 4, 2021). **E-mail:** 13228123752@163.com.

《隋书·经籍志》史部杂传类著录杂传200多部，1 000多卷，并未再细分小类。其著录的乃是当时见存的杂传，实际存在的当远多于此。刘知几将这类书籍称为"杂述"，并分为十类："一曰偏纪，二曰小录，三曰逸事，四曰琐言，五曰郡书，六曰家史，七曰别传，八曰杂记，九曰地理书，十曰都邑簿。"（253）且不说此种分类是否得当，仅从此分类可以看出隋唐以前的杂传确实丰富多样。从书名和内容来看，这些杂传又可分为"先贤传""耆旧传""孝子传""神仙传""隐逸传""高僧传""志怪灵异"等类型。每一类传记的集中出现，都与当时社会的历史文化背景息息相关，"先贤传"作为杂传中人物传记的一种，亦不例外。

《隋志》著录了《海内先贤传》《兖州先贤传》《徐州先贤传》《鲁国先贤传》《会稽先贤传》等"先贤传"近20种，除此之外，见于其他史志目录著录以及诸史注、类书和其他书籍征引的"先贤传"至少还有20余种。这些"先贤传"多已亡佚，甚者如范瑗的《交州先贤传》、吴均的《吴郡钱塘先贤传》等有目无文，有赖诸书著录和征引，我们方知它们的存在。经考证，这40多种"先贤传"半数以上成书于汉魏六朝期间，尤以汉末魏晋居多。对于"先贤传"出现的原因，前人已有所论及。如《史通·杂述》云："汝、颍奇士，江、汉英灵，人物所生，载光郡国。故乡人学者，编而纪之，若圈称《陈留耆旧》、周斐《汝南先贤》、陈寿《益部耆旧》、虞预《会稽典录》。此谓之郡书者也……郡书者，矜其乡贤，美其邦族，施于本国，颇得流行，置于他方，罕闻爱异。"（刘知几 254-256）作为郡书之一种的"先贤传"，刘知几认为它们的编纂是为了"矜其乡贤，美其邦族"，确实有一定道理，而且持类似观点的古今中外学者不在少数。今之学者李祥年就认为："东汉末年出现了地方人物传，即指某郡国长官或名流为表扬本郡历史人物而作的地区性人物传记。……作者通过追溯地方上'耆旧''先贤'名士风范，借以抒发自己的地方自豪感，以显郡望。"（147）"矜乡贤、显郡望"确实是地方先贤传记编纂的重要因素，就像鲁迅辑录《会稽先贤传》《会稽先贤像赞》一样，都有着浓烈的乡邦情怀。但是有些"先贤传"，如《海内先贤传》《海内先贤行状》《诸国先贤传》等，它们选录的先贤并不局限于某一州一郡，故而就不能很好地用"矜乡贤、显郡望"来解释它们的编纂。"先贤传"较为集中地出现在汉魏六朝，其原因应该是多方面的，如日本学者永田拓治就从"上计制度"的角度论述过"先贤传"的编纂。从"先贤传"现存佚文及编纂者的身份考察，"先贤传"的编纂与选官制度亦有某种关联，本文即着眼于此。

## 一、察举征辟制与"先贤传"的编纂

汉魏六朝的"先贤传"虽多亡佚，但总览现存佚文还是可以看出其选录先贤的身份以"官吏""处士""孝子"居多。其中"官吏"不能是普通的官吏，要有一定的德行，或清廉，或忠正，或仁政爱民，大概可以用"良吏"概括。此三类人物大都被察举或征辟过，官吏自不用说，多由此步入仕途；处士不应诏，孝子的情况当介于二者之间。且举几例如下：

　　《青州先贤传》："（陶丘）洪，字子林，平原人也。清达博辩，文冠当

代。举孝廉，不行，辟太尉府，年三十卒。"（范晔 2112）

《汝南先贤传》："时大雪积地丈余，洛阳令自出案行，见人家皆除雪出，有乞食者，至袁安门，无有行路，谓安已死。令人除雪入户，见安僵卧。问何以不出，安曰："大雪人皆饿，不宜干人。"令以为贤，举为孝廉。"（吕友仁 50）

《广州先贤传》："唐颂，字德雅，番禺人。奉养以孝闻，连遭父母丧，摧毁几至灭性。……有司察举孝廉，仕为布山令。"（骆伟、骆廷 39）

《南海先贤传》："董政，字伯和，南海人，有令姿。太守举孝廉，政负笈单步，道入陵山，遣家属诣府上，举板也。"（虞世南 325）

《海内先贤行状》："（孙）登忠亮高爽，沈深有大略，少有扶世济民之志。博览载籍，雅有文艺，旧典文章，莫不贯综。年二十五，举孝廉，除东阳长。"（陈寿 230）

上文中的先贤皆曾被举为孝廉，或应诏为官，或避而不就。孝廉是察举制中最重要的一种科目，"孝"和"廉"起初是分开的，据《汉书·武帝纪》载："元光元年（前 134 年）冬十一月，初令郡国举孝廉各一人。"颜师古注："孝谓善事父母者，廉谓清洁有廉隅者。"（班固 160）所以被荐举的孝廉，如同上述"先贤传"记载的，不一定是兼具"孝"和"廉"两种品德的；甚至在孝和廉方面都不突出，然其他方面有一定才德者，也会被举为孝廉。比如上文被举为孝廉的几人，陶丘洪因为"清达博辩，文冠当代"，袁安因为"卧雪"，董政因为"有令姿"。可见，后世孝廉科选士的标准不仅仅是孝或廉了。

最初，孝廉科对被察举者的品行要求很高，所以一开始举荐的人很少，以至于汉武帝在元朔元年（前 128 年）又下诏："令二千石举孝廉，所以行元化，移风易俗也。不举孝，不奉诏，当以不敬论。不察廉，不胜任也，当免。"（班固 167）从武帝开始，地方郡国每年至少都要察举孝廉二人，至东汉实际人数变得更多，在各州郡县和诸侯国，但凡有一定德行的人，都有可能被察举为孝廉。据《汝南先贤传》记载，其郡守一次举荐了六名孝廉："太守李伥选周子居、黄叔度、艾伯坚、郅伯向、封武兴、盛孔叔为六孝廉，以应岁举。"（吕友仁 45）周子居即周乘，黄叔度即黄宪，二人为有一定声名的良吏和贤士，其他四人则生平事迹无闻。"以应岁举"说明太守李侁是为了应对每年荐举孝廉的制度举荐了此六人，不知是否有凑数的成分在？毕竟在西汉时，一郡连两名孝廉都很难举荐。

当然，我们不能否认艾伯坚、郅伯向、封武兴、盛孔叔四人当有一定的德行，否则郡守是无法向上级政府交代的。各地区长官察举孝廉，应该包括"察"和"举"两个步骤。"察"当是了解、核查本地区有才能或者有善行义举的人物，以备候选，当然这些人物也可能由他人或下级行政单位推荐。"举"就是确定孝廉的候选人后，向上级政府举荐。经过察举孝廉的这个过程，一些在地方上相对"默默无闻"的人物就走进了大众视野，进而也就走进了"先贤传"编纂者的视野。被察举的人本身肯定具有一定的德行才能，有些人物虽不是大德大才或者名扬四海，但考虑到"先贤传"的编纂者多有"矜乡贤、显郡望"的目的，人物形象可能会被拔高，加之这些人物"孝廉"的身份，足以让他们进入'"地方先贤"的行列中来。"先贤人物"的增多，理所当然会促进"先贤传"的集中编纂。当然，这种促进是客观和间接的。

察举孝廉不能仅仅是把人交上去，肯定会有一个书面的"举荐信"。王符在《潜夫论·实贡篇》中称："择能者而书之，公卿刺史掾从事，茂才、孝廉且二百员。历察其状，德侔颜渊、卜、冉，最其行能，多不及中。诚使皆如状文，则是为岁得大贤二百也。"（152）这里的"状文"应该就是"举荐信"了。荐举的状文是"择能者而书之"，所以记载的应都是美言懿行，而"先贤传"记叙人物更是如此。故而察举的文献记录，就会成为编写人物传记的材料来源。据《后汉纪·恒帝纪》记载：

> 太尉袁汤致仕。汤字仲河。初为陈留太守，褒善叙旧，以劝风俗。尝曰："不值仲尼，夷、齐西山饿夫，柳下东国黜臣。致声名不泯者，篇籍使然也。"乃使户曹吏追录旧闻，以为《耆旧传》。（袁宏 574）

袁汤为了先贤的声明不泯，主持编纂了《耆旧传》。较之"先贤"来说，

"耆旧"可以是健在之人，然"耆旧传"和"先贤传"性质类似，都是记述人物的美德懿行，所以在某些层面上，它们编纂的缘由是相同的；只不过称作"先贤传"，传主的身份地位会显得更高，编纂者也能更好地达到自己的目的。上文中的《耆旧传》是袁汤命"户曹追录旧闻"而成，户曹是郡中主管民户、祠祀和农桑的官署，由此可见其对当地的风土人物应该比较了解。追录的旧闻中可能会有当地人口耳相传的前人事迹，但户曹作为官署机构，其追录旧闻的直接途径当是翻阅在案的文献资料。这些文献资料可能会有很多种类，但是作为编纂"先贤传""耆旧传"的材料，以前察举孝廉过程中留下的考核档案当是重要来源。掌握记录前人生平事迹的文献，"先贤传"的编纂就容易许多。事实上，"先贤传"的编纂者就是以官吏为主，如《鲁国先贤传》的编纂者白褒为晋大司农，《吴国先贤传》的编纂者陆凯为吴国的左丞相，《广州先贤传》的编纂者陆胤为交州刺史、安南将军（辖广州），《汝南先贤传》的编纂者周斐为汝南中正官，《钱塘先贤传赞》的编纂者袁韶为临安府尹（辖钱塘），《润州先贤录》和《广信先贤事实》的编纂者姚堂曾先后担任过镇江（古称润州）和广信两地的知府。这些编纂者无疑都能轻而易举获得政府机构（如户曹之类）记录备案的文献资料。

在察举选官制度中，除察举孝廉外，还有贤良方正、茂才，以及以明经进身、以明法进身、以学童进身等方式；察举之外还有辟除、征召以及魏晋确立的九品中正制等选官方式。这些选官方式在先贤传主上都有体现。如《海内先贤行状》中的田丰"初辟太尉府，举茂才"（陈寿 201）；《楚国先贤传》中的石伟"举茂才、贤良方正，皆不就"（舒焚 107）；《鲁国先贤传》中的孔翊也曾被推举过贤良方正；《海内先贤传》有"童子汝南谢广、河南赵建，年十二通经，诏以为二童应化，而皆拜郎中"（李昉 1780）。无论是贤良方正、茂才，还是以明经、明法、学童进身等方式，都和察举孝廉一样，与"先贤传"的编纂有着潜移默化的关联。东汉统治者提倡崇尚名节的风气，选官亦重名节；然而在这种风气的影响下，被察举、征辟的人多以不应征为荣，反映在"先贤传"中，就有许多被察举、征辟而不就的"先贤"。

## 二、九品中正制与"先贤传"的编纂

曹丕代汉称帝后，曹魏政权确立了九品中正法这一新的选官制度，由陈群主持制定。九品中正法又叫九品官人法，《资治通鉴·魏纪》记载文帝黄初元年（220年）"尚书陈群，以天朝选用不尽人才，乃立九品官人之法；州、郡皆置中正以定其选，择州郡之贤有识鉴者为之，区别人物，第其高下"（司马光 2178）。由此可见，九品中正制就是为朝廷选官之用，考察、品第人物的任务由州郡的中正官负责，而中正官由本地人担任。东吴移植了曹魏的九品中正制，只不过起初州一级的大中正，东吴叫作大公平；两晋乃至南北朝也一直在沿用此选官制度。魏晋时"先贤传"的集中编纂和当时盛行的九品中正制也有一定关联。

自曹魏设立九品中正制后，地方的选官基本就由州郡的中正负责。中正由本地善识鉴者担任，他们的主要任务就是铨定品第，铨定品第的依据就是人物的品德、才能、家世等方面。中正要给品第的对象撰写人物行状，以备吏部铨选之用。据《晋书·孙楚传》记载："初，楚与同郡王济友善，济为本州大中正，访问铨邑人品状，至楚，济曰：'此人非卿所能目，吾自为之。'乃状楚曰：'天才英博，亮拔不群。'"（房玄龄 1453）王济身为大中正，其掾属要对孙楚进行品评，王济认为他的资历或能力不足以品评孙楚，乃亲自作行状进行揄扬。既然已作行状，不可能就像上文所说的八个字那么简单，至少会大致记录孙楚的家世、生平以及美言懿行。

郡望和家世是选举官吏的重要依据，如《通典·选举二》记载："晋依魏氏九品之制，内官吏部尚书、司徒、左长史，外官州有大中正，郡国有小中正，皆掌选举。若吏部选用，必下中正，征其人居及父祖官名。"（杜佑 328）又如《太平御览》引《晋阳秋》云："陈群为吏部尚书，制九格登用，皆由于中正，考之簿世，然后授任。"（李昉 1020）中正品第人物要撰写行状，记述人物的家世、生平籍贯，并对人物的品德、才能进行评价。由此看来，一人之"行状"即可等于一人之"传记"，有德行者的行状已与"先贤传"中的人物传记无异。例如周斐的《汝南先贤传》又被称作《汝南先贤行状》，陈英宗的《陈留先贤像赞》又被称作《陈留先贤行状》，还有一部成书于魏晋之时的"先贤传"，即直接命名为《海内先贤行状》，撰者李氏，生平始末不详。

九品中正制选官重家世的特点在"先贤传"中有所体现，如《三国志·魏书·钟繇传》裴松之注引《海内先贤行状》先记载了钟皓的德行事迹，接着记载了钟皓二子钟迪、钟敷都以党锢不仕，最后突出"繇则皓之孙"（陈寿 391-392）。钟繇为曹魏著名政治家、书法家，二子钟毓、钟会亦为高官，其家世渊源可见一斑。中正取士还十分看重候选人的行为品德，比如忠、信、孝、悌等，如《晋书·武帝纪》记载："（晋武帝）令诸郡中正以六条举淹滞：一曰忠恪匪躬，二曰孝敬尽礼，三曰友于兄弟，四曰洁身劳谦，五曰信义可复，六曰学以为己。"（房玄龄 50）这些标准和"先贤传"选录"先贤"的标准大致是一样的，如"忠恪匪躬、洁身劳谦"可对应"先贤传"中忠正、清廉、实干的良吏，"孝敬尽礼、友于兄弟"可对应孝子、列女，"信义可复"可对应处士、节士，"学以为己"可对应学者、文人。总之，统治者选官所要求的才德都是"先贤传"编纂者们选录人物的依据。

考证现在能够知道的"先贤传"，其地域范围遍布很多州郡。如州一级的"先贤传"有《兖州先贤传》《徐州先贤传》《交州先贤传》《广州先贤传》《荆州先贤传》《青州先贤传》等；郡国一级的"先贤传"更多，如《汝南先贤传》《济北先贤传》《会稽先贤传》《零陵先贤传》《桂阳先贤画赞》《武昌先贤传》《吴郡钱塘先贤传》《武陵先贤传》《毗陵先贤传》《鲁国先贤传》《楚国先贤传》等等，兹不一一列举。如果考虑到已经湮没无闻的"先贤传"，很有可能每个州郡都有自己的"先贤传"。这和每个州郡都有品第人物、撰写行状的中正不无关系都，至少每个州郡的中正所撰写的行状，都是编纂"先贤传"最直接和方便的材料来源。而且，有些"先贤传"的编纂者就是本地的中正。如《汝南先贤传》的编纂者周斐，为汝南安成人，就曾当过汝南郡的中正。《益部耆旧传》的作者陈寿也曾担任过巴西郡的中正，不得不说中正的职位为他们编写"先贤传""耆旧传"提供了极大的便利。

当然还有像《海内先贤传》《海内先贤行状》《诸国先贤传》《吴国先贤

传》这样"全国"范围的"先贤传",它们的编纂者要么是帝王,要么是国内位高权重者,如《海内先贤传》为魏明帝主持编纂,《吴国先贤传》的编纂者为吴国丞相陆凯,记载的"先贤"也都是声名德行极高的人物。这些"先贤传"都是成书时间较早的几种,比绝大多数记载州郡先贤的传记要早,故而"先贤"事迹的主要来源之一当是各州郡上报的"行状",就像中央政府从中"选贤"任官一样,也会从中"选贤"立传。当然,无论是"选官"还是"选贤",本质上都是为国家统治服务。

## 三、"选官制度"与"先贤传"的双向影响

国家的选官和用人有一定标准,这种标准客观上会影响"先贤传"的编纂;而"先贤传"的编纂在一定程度上又会影响国家选官的倾向性。"先贤"是一个国家的思想文化符号,历朝历代都对其相当重视,而作为"先贤"的后人,不仅会受到统治者的重视和优待,在选官上也会受到统治者的青睐。如《后汉书·延笃传》记载:"延笃字叔坚,南阳犨人也……举孝廉,为平阳侯相。到官,表龚遂之墓,立铭祭祠,擢用其后于畎亩之间。"(范晔 2103)龚遂,字少卿,为西汉良吏,生平事迹参见《汉书·循吏列传》。延笃到官后不仅祭祀了龚遂,并且拔用了其为平民的后人。《三国志·吴书·顾邵传》记载:"邵字孝则,博览书传,好乐人伦……年二十七,起家为豫章太守。下车祀先贤徐孺子之墓,优待其后。"(陈寿 1229)徐孺子即徐稚,东汉名士,屡次被朝廷征召而不就,生平事迹参见范晔《后汉书》本传,《海内先贤传》和《海内先贤行状》均选其入"先贤"行列。《三国志·魏书·王凌传》又记载:"王凌字彦云,太原祁人也……始至豫州,旌先贤之后,求未显之士,各有条教,意义甚美。"(陈寿 757-758)王堃《旌德观记》又云:"皇帝嗣立之明年,改元宝庆,既进贤举良以厉在位,又襃表先朝儒学之望,且访其后而官使之。"(袁韶 34)就连唯才是举的曹操都对先贤后人施以殊礼,据《后汉书·卢植传》记载:

建安中，曹操北讨柳城，过涿郡，告守令曰："故北中郎将卢植，名著海内，学为儒宗，士之楷模，国之桢干也。昔武王入殷，封商容之间；郑丧子产，仲尼陨涕。孤到此州，嘉其余风。《春秋》之义，贤者之后，宜有殊礼。丞遣丞掾除其坟墓，存其子孙，并致薄醪，以彰厥德。"（范晔2119）

《三国志·魏书·卢毓传》裴松之注引《续汉书》载："《春秋》之义，贤者之后，有异于人。"（陈寿651）在中国的传统文化中，一般认为贤人的后代是和普通人不一样的。综上可见，作为先贤的后人一般都会受到国家的重视和礼遇，甚至步入仕途或升迁高位，与选官重家世亦相得益彰。在这种文化氛围和选官倾向中，欲入仕或想谋得更高官位者，如何不想自己的先人就是"贤人"？在汉魏六朝数十种"先贤传"记载的"先贤"中，真正如仲尼、颜渊之类的至德大贤毕竟是少数，要不是这些"先贤传"的记录，很多"先贤"甚至可以说是籍籍无名之辈。那么多"先贤""先贤传"的集中出现，在一定程度上可以说是当时的人"造"出来的。如《汝南先贤传》的编纂者周斐，其选录的"先贤"中自己的族姓先人就有四位（周燕、周盘、周燮、周乘），这还是从残帙中得出的四位，还不知原书实际选录了多少。

魏晋南北朝选官重视门第郡望，士人也是对自己的门第郡望予以维护、揄扬。《世说新语·言语篇》就曾记载王济、孙楚争辩各自地望人物的故事一则："王武子、孙子荆各言其土地人物之美。王云：'其地坦而平，其水淡而清，其人廉且贞。'孙云：'其山崔巍以嵯峨，其水泙渫而扬波，其人磊砢而英多。'"（刘义庆93）《言语篇》还记载王坦之曾令伏滔和习凿齿二人论青、楚人物，刘孝标据《伏滔集》注曰：

滔以春秋时鲍叔、管仲、隰朋、召忽、轮扁、宵戚、麦丘人、逢丑父、晏婴、涓子；战国时公羊高、孟轲、邹衍、田单、荀卿、邹奭、莒大夫、田子方、檀子、鲁连、淳于髡、盼子、田光、颜歜、黔子、于陵仲子、王叔、即墨大夫；前汉时伏征君、终军、东郭先生、叔孙通、万石君、东方朔、安期先生；后汉时大司徒、伏三老、江革、逢萌、禽庆、承幼子、徐防、薛方、郑康成、周孟玉、刘祖荣、临孝存、侍其元矩、孙宝硕、刘仲谋、刘公山、王仪伯、郎宗、祢正平、刘成国；魏时管幼安、邴根矩、华子鱼、徐伟长、任昭先、伏高阳。此皆青士有才德者也。凿齿以神农生于黔中，《邵南》咏其美化，《春秋》称其多才，《汉广之风》不同《鸡鸣》之篇，子文、叔敖羞与管仲比德。接舆之歌《凤兮》，渔父之咏《沧浪》，汉阴丈人之折子贡，市南宜僚、屠羊说之不为利回，鲁仲连不及老莱夫妻，田光之于屈原，邓禹、卓茂无敌于天下，管幼安不胜庞公，庞士元不推华子鱼，何、邓二尚书独步于魏朝，乐令无对于晋世。昔伏羲葬南郡，少昊葬长沙，舜葬零陵。比其人，则准的如此；论其土，则群圣之所葬；考其风，则诗人之所歌；寻其事，则未有赤眉黄巾之贼。此何如青州邪？滔与相往反，凿齿无以对也。（145）

如果为伏滔、习凿齿各自所述人物立传，那就是"青州先贤传"和"楚国先贤传"了。王济、孙楚、伏滔、习凿齿夸饰自己的郡望，矜扬地域先贤，其实也是在提高自己的身份和地位。孔融曾撰《汝颍优劣论》，与陈群争辩汝南士人与颍川士人孰优孰劣。汝、颍为同属豫州的相邻二郡，在汉末魏晋出现的名士都比较多，而孔融坚持认为汝南士胜于颍川士，肯定有一定的历史背景。胡宝国先生指出："曹胜袁败的事实决定了汝南士在政治上不可避免的衰落命运。曹操要荀彧推荐汝颍奇士，但实际上荀彧只推荐颍川士而从未推荐汝南士。曹魏政权中少数汝南士，如和洽、孟建、周斐等在政治上均不具有重要地位。"（136）可见当时汝南士的仕进之路已不顺畅，孔融宣扬汝南士胜颍川士，当是为"弱势群体"争鸣之举。身为汝南人士的周斐，当也是有感汝南士人不被重用的处境，撰写《汝南先贤传》揄扬本地先贤，为汝南士的仕进之路作舆论宣传。周斐高标郡望门第之举是有效果的，在重门第的两晋，其子周浚，孙周颢、周嵩、周谟都官至高位，其中多人封侯。其他如零陵、陈留、桂阳等地，士人的影响力可能还不如汝南，故《零陵先贤传》《陈留先贤传》《桂阳先贤画赞》等"先贤传"的编纂，和周斐编纂《汝南先贤传》的目的当有相同之处。

# 结　语

"先贤传"作为史部杂传之一种，在魏晋前后的集中出现，固然和当时史学的发展不无关系，编史的兴盛、类传的发展沿革都是"先贤传"出现的客观因素。但这类传记不仅有地域界定，且赋以"先贤"之名，直接显示了与其他传记的不同，政治文化意义不言自明。"先贤传"在魏晋前后大量出现，毋庸置疑是顺应了国家统治需要的。作为国家统治重要一环的选官制度，或直接或间接的都与"先贤传"的编纂有一定关系。无论是察举征辟制还是九品中正制，都为"先贤传"的编纂提供了动力基础和材料支撑；而"先贤传"的编纂，直接目的多是"矜乡贤、显郡望"，间接地又可为本地士子入仕升官提供舆论推力。中国文化中有褒扬前人的传统，褒扬前人乃为激励今人。如魏明帝主持编纂的《海内先贤传》，其选录"先贤"的品德才能和行为规范，何尝不是要求天下人学习和遵守的？其实，在某种意义上可以说"选贤"即是"选官"，它们的标准在本质上是一致的。无论是从全国各地选士为官，还是选贤立传，归根到底都是为了维护国家政治和思想统治。

## 致谢【Acknowledgment】

本文为山东省社会科学规划研究项目"古代先贤传中的政德思想研究"（20CZDJ08）阶段性研究成果，得到山东省哲学社会科学规划办公室的经费支持，作者谨致谢忱！

My acknowledgement and gratitude go to the research project "Research on the political and moral thought in the biography of ancient sages" sponsored by the Philosophy and Social Sciences Planning Office, Shandong Province.

## 引用文献【Works Cited】

班固：《汉书》。北京：中华书局，1964年。

[Ban Gu. *History of Han Dynasty*. Beijing: Zhonghua Book Company, 1964.]

司马光：《资治通鉴》。北京：中华书局，1956年。

[Sima Guang. *History as a Mirror*. Beijing: Zhonghua Book Company, 1956.]

陈寿：《三国志》。北京：中华书局，2013年。

[Chen Shou. *History of Three Kingdoms*. Beijing: Zhonghua Book Company, 2013.]

杜佑：《通典》。北京：中华书局，1988年。

[Du You. *Tong Dian*. Beijing: Zhonghua Book Company, 1988.]

房玄龄：《晋书》。北京：中华书局，1974年。

[Fang Xuanling. *History of Jin Dynasty*. Beijing: Zhonghua Book Company, 1974.]

范晔：《后汉书》。北京：中华书局，1965年。

[Fan Ye. *History of Later Han Dynasty*. Beijing: Zhonghua Book Company, 1965.]

胡宝国：《汉晋之际的汝颍奇士》，《历史研究》1991年第5期，第136页。

[Hu Baoguo. "Rare Scholars in Ruying Area of the Han and Jin Dynasties." *Historical Research* 5(1991): 136.]

李昉（等）编：《太平御览》。北京：中华书局，1960年。

[Li Fang，et al. ed. *Taiping Yulan*. Beijing: Zhonghua Book Company, 1960.]

骆伟、骆廷：《岭南古代方志辑佚》。广州：广东人民出版社，2002年。

[Luo Wei and Luo Ting. *Collection of Ancient local Chronicles of Lingnan*. Guangzhou: Guangdong People's Publishing House, 2002.]

李祥年：《汉魏六朝传记文学史稿》。上海：复旦大学出版社，1995年。

[Li Xiangnian. *Biographical Literature of Han, Wei and Six Dynasties*. Shanghai: Fudan University Press, 1995.]

刘义庆：《世说新语》，余嘉锡笺疏。北京：中华书局，2015年。

[Liu Yiqing. *A New Account of the Tales of the World*. Notes by Yu Jiaxi. Beijing: Zhonghua Book Company, 2015.]

刘知几：《史通》，浦起龙通释。上海：上海古籍出版社，2009年。

[Liu Zhiji. *Shi Tong*. Exp. Pu Qilong. Shanghai: Shanghai Classics Publishing House, 2009.]

吕友仁：《〈汝南先贤传〉辑本注译》。郑州：中州古籍出版社，2015年。

[Lv Youren. *Annotation and Translation of the Edition of the "Biography of the Sages in Runan"*. Zhengzhou: Zhongzhou Ancient Books Press, 2015.]

舒焚：《楚国先贤传校注》。武汉：湖北人民出版社，1986年。

[Shu Fen. *Notes on the Biography of the Sages of the State of Chu*. Hubei: Hubei People's Press, 1986.]

王符：《潜夫论》。北京：中华书局，1985年。

[Wang Fu. *Qian Fulun*. Beijing: Zhonghua Book Company, 1985.]

王墍：《旌德观记》，《钱塘先贤传赞》，袁韶。北京：当代中国出版社，2014年。

[Wang Ji. "The Record of Jingde Temple." *Praise of Qiantang Sages*. By Yuan Shao. Beijing: Contemporary China Publishing House, 2014.]

虞世南：《北堂书钞》，孔广陶校注。天津：天津古籍出版社，1988年。

[Yu Shinan. *Beitang Calligraphy Note*. Pro-Cor. Kong Guangtao. Tianjin: Tianjin Classics Publishing House, 1988.]

袁宏：《后汉纪》，周天游校注。天津：天津古籍出版社，1987年。

[Yuan Hong. *Records of the Later Han Dynasty*. Pro-Cor. Zhou Tianyou. Tianjin: Tianjin Classics Publishing House, 1987.]

# 明中期碑志传记写作"惯例"辨
## ——以康海罢官事件为中心

夏朋飞

**内容提要**：明代张治道、王九思在为康海撰写碑状时，提出"往时京官值亲殁，持厚币求内阁志铭以为荣显"以及"诸翰林之葬其亲者，铭表碑传无弗谒诸馆阁诸公者"两说。上述说法被李开先、何良俊及当代学者视为明代传记写作的一种惯例。事实上明代京官包括翰林官员，在丧葬父母时，并非一定要请诸内阁，这一所谓的"惯例"并不成立。康海被罢黜的主要原因并不在于他违背了当时传记请托的惯例，进而加剧了与李东阳的矛盾，康海疏狂的性格以及他不注意行迹的处事方式才是导致其被罢黜的主要原因。康海作为明代第一次复古运动的领导者，他的经历与结局具有丰富的象征意味。

**关键词**：康海 传记 文体惯例；

**作者简介**：夏朋飞，文学博士，中山大学历史学系在站博士后，主要研究方向为明清文学。邮箱：444107608@qq.com。

**Title:** An Exploration into the "Convention" of Writing Inscription Biography in the Mid-Ming Dynasty: A Focus on the Reasons for Kang Hai's Dismissal

**Abstract:** In the Ming Dynasty, Zhang Zhidao and Wang Jiusi proposed that "when the parents of officials in Beijing died, these officials would give gifts to cabinet officials to ask for an epitaph" and "when an imperial academician buried his relatives, he invariably sought an inscription by cabinet officials". Li Kaixian, He Liangjun and other contemporary scholars regarded this as a "convention" in the writing of biographies. In fact, in the Ming Dynasty, the imperial officials, including the imperial academician officials, were not required to invite the cabinet when their parents were buried, so the so-called "practice" did not exist. Furthermore, the main reason for Kang Hai's dismissal was not his violation of the "convention" of the biographical request at that time, thus aggravating the conflict with Li Dongyang. Instead, Kang Hai's careless character and manners mainly accounted for his dismissal. As the leader of the first movement of restoring ancient literary in the Ming Dynasty, Kang Hai's tragic experience has rich symbolic meaning.

**Keywords:** Kang Hai, biography, stylistic conventions

**Xia Pengfei**, PhD, is a postdoctoral research fellow in the Department of History at Sun Yat-Sen University. His research focuses on the literature of the Ming and Qing dynasties. **E-mail:** 444107608@qq.com。

　　明代张治道在为康海所作行状时提出"往时京官值亲殁，持厚币求内阁志铭以为荣显"（686）一说，王九思将其修改为"诸翰林之葬其亲者，铭表碑传无弗谒诸馆阁诸公者"（卷中）。此后，李开先在王九思所说的基础上提出"旧时翰林之葬其亲者，志状碑传，必出馆阁大臣手"（918）。何良俊在《四友斋丛说》中也记述道："大率翰林官丁忧，其墓文皆请之内阁诸公，此旧例也。"（126）似乎明代中期形成了一种传记写作的惯例，而康海得罪李东阳很重要的一个缘由即在于此。①上述论断的语境和渊源是怎样的？与之相关的康海被罢黜事件，关键因素有哪些？如何理解其来龙去脉？本文拟就这些问题作一探讨。

# 一、明代传记写作"惯例"说的由来

　　明代为人写作志传之风甚盛，大凡稍有名位财力者，在其死后，子孙多请托名笔书写行状、传、墓志等文字，正如吕坤所言"至于状、碑、传、表，丧家首所汲汲"（534）。正德三年（1508年）八月，康海母亲逝世，先此之弘治五年（1492年）康海父已去世，在返乡合葬双亲前，时为翰林院修撰的康海为其父写了行状，然后遍求诸友为其父写作传记，进而合编为《康长公世行叙述》。康海这一举动，在张治道、王九思看来违背了当时传记请托的惯例，加剧了康海与李东阳及馆阁诸公的矛盾。此后，李开先、何良俊等又引而申之，及至当代不少学者都接受了这一说法。兹先摘录张治道之行状：

> 往时京官值亲殁，持厚币求内阁志铭以为荣显，而先生独不求内阁文。自为状，而以鄠杜王敬夫为志铭，北郡李献吉为墓表，皋兰段德光为传。一时文出，见者无不惊叹，以为汉文复作，可以洗明文之陋矣。西涯见之，益大含之，因呼为子字殷。盖以数公为文称子故也。若尔，非大含也耶！归关中居丧以礼，哀毁怨慕。无何瑾败，而忌者、仇者、含者喝言官以乡里指为瑾党，论先生罢其官。（686）

张治道提出当时京官在为父母办理丧事时，以能求得内阁墓志为荣，而康海却偏不向内阁请托，自为行状，遍求好友为文。传记写出后，深为李东阳所厌恶，并最终导致其罢官。

接下来看王九思、李开先所言。王九思言道：

> 诸翰林之葬其亲者，铭表碑传无弗谒诸馆阁诸公者，公独不然。或劝之，乃大怒曰："孝其亲者，在文章之必传耳，官爵何为？"于是自述状，以二三友生为之。刻集既成，题曰《康长公世行叙述》，遍送馆阁诸公。诸公见之无弗怪且怒者。公归逾二年，庚午，孽寺瑾伏辜，言者弹劾朝士，亦滥及公。是时李西涯为相，素忌公，遂落公为民。（卷中）

李开先承袭王九思所说，又有所增删，其言道：

> 旧时翰林之葬其亲者，志状碑传，必出馆阁大臣手。君乃自为之状，而以二三知友各为之文，名其刻为《康长公世行叙述》。或有劝止之者，则应曰："文在可传，不必官爵之高贵者。"吕九川见而深讶之，以为此去官供状也，尚以其刻送人，何也？既而诸友多不免，君竟以飞语罢黜为民。（918）

王九思、李开先之论较张治道有两处明显的差别。首先是传记的发起人，从京官变成了翰林，范围大幅度缩小。其次传记请托的对象也有变动，由"内阁"变为"馆阁诸公""馆阁大臣"。"馆阁"这一称呼，明代可指翰林院，又可指代内阁。②故而"馆阁诸公""馆阁大臣"这类称谓便亦具有复合性。王九思、李开先所言"馆阁诸公""馆阁大臣"究竟指何，下文将详述之。

最后看何良俊所言：

> 康对山以状元登第，在馆中声望籍甚，台省诸公得其謦咳以为荣。不久以忧去。大率翰林官丁忧，其墓文皆请之内阁诸公，此旧例也。对山闻丧即行，求李空同作墓碑，王渼陂、段德光作墓志与传。时李西涯方秉海内文柄，大不平之。值逆瑾事起，对山遂落籍。（126）

何良俊所说应是杂糅各家而成。一方面他注意到康海翰林身份的特殊性，承袭了王九思、李开先所言；另一方面他点明李东阳"大不平"，将康海落职与此相联，应是受了张治道的影响。不同的是，他将请托碑传的对象明确为内阁诸公，并明言此为"旧例"。从张治道到何良俊，众人的表述颇为复杂，谁的说法更符合当时事实？当时传记请托的事体人情究竟如何？应该如何理解个中表述的差异？以下试作一辨析。

## 二、明代传记写作"惯例"说辨析

上述言论中，张治道所言较为符合明代京官请托传记的一般心理。王九思、李开先所谓"馆阁""馆阁大臣"当为"内阁""内阁大臣"的同义替换。至于何良俊所说虽大体符合明代翰林官员为父母请托传记的一般倾向，但尚不足以成为"惯例"，因此不可执之太过。

### （一）"京官值亲殁，持厚币求内阁志铭"辨析

张治道所言京官以向内阁求得墓志为荣，具有一定的事实基础，但其流

行范围和程度十分有限。明代京官可以向内阁请托墓志。这种现象在明代可以举出不少例子。如成化十五年（1479年），程敏政父卒，时为左春坊左谕德的他，向文渊阁大学士刘珝请求墓志；③弘治八年（1495年），程敏政（时为太常卿兼侍讲学士）母亲卒，内阁首辅徐溥为作墓志；④弘治十五年（1502年），王敞父卒，时为通政司参议的他请求文渊阁大学士李东阳写作墓志；⑤正德四年（1509年）何孟春母卒，时为兵部侍郎的他向首辅李东阳请求墓志。⑥然而内阁作为明代政府的最高层，权位高、势焰重，又官场之中等级森严，一般京官若无特别关系怎敢奢望内阁赐文。况且，明代京官群体庞大，若都以父母墓志请求于内阁，内阁势必也难以支应。以李东阳为例，他于弘治十一年入阁至正德七年致仕，在内阁凡十五年，其间除却为皇亲勋贵、同年及翰林院官员（翰林因身份特殊，下文将详述之）写作墓志外，为其他京官所作者典型的也仅八篇而已，兹附表以代叙述。

表1　李东阳入阁后为京官所作墓志

| 时间 | 请托人 | 身份 | 李东阳所作墓志铭 |
| --- | --- | --- | --- |
| 弘治十一年 | 熊绣 | 都察院右副都御使 | 明故赠通议大夫都察院右副都御史熊公合葬墓志铭 |
| 约弘治十三年 | 杨褫 | 刑科给事中 | 封孺人杨母陈氏墓志铭 |
| 弘治十三年 | 赵竑 | 户科给事中 | 明故通政使司右参议致仕进阶朝列大夫赵先生墓志铭 |
| 弘治十五年 | 张潜 | 户部主事 | 明故通议大夫刑部左侍郎张君墓志铭 |
| 正德元年 | 刘棨 | 中书舍人 | 明故封中宪大夫太常少卿前陕西按察司副使刘公墓志铭 |
| 正德三年 | 彭缙 | 礼部员外郎 | 封孺人彭母李氏墓志铭 |
| 正德五年 | 萧昂 | 御医 | 萧芝庵墓志铭 |
| 正德年间 | 李贯 | 兵科左给事中 | 明故封征仕郎礼科给事中李君墓志铭 |

反面的例子，成化年间户部郎中陈清、兵部主事徐源、户部主事许楫、翰林编修陈音、翰林侍讲谢铎等父母去世，皆以墓志请求于李东阳，⑦都未向内

阁请托。总体上以徐溥、李东阳为代表的阁臣，其所作墓志多为与己同朝共事的高级官僚，为普通京官父母所作者甚少。因此，从正反两方面来看，京官为丧葬父母向内阁请求墓志并不普遍，远不足以成为明代传记写作的惯例。

### （二）"翰林之葬其亲者，铭表碑传无弗谒诸馆阁诸公"说辨析

这里首先要辨明的是，王九思、李开先所言"馆阁"当指内阁，并非指翰林。若将"馆阁"理解为翰林，则王九思、李开先之说便与史实出入颇大。一个最直接的矛盾是王九思、段炅二人都是翰林官员，[⑧]若"馆阁诸公"指翰林诸人的话，那么康海此举便无任何不妥。从康海"孝其亲者，在文章之必传耳，官爵何为"的剧烈反应看，这里的"官爵"应指品秩很高的内阁大佬，而非翰林众人。因为翰林官皆品秩不高，翰林学士亦不过正五品而已。再结合康海此举的反馈看，"遍送馆阁诸公，诸公见之，无弗怪且怒者"，如果"馆阁诸公"指翰林院诸人，那意味着康海给翰林院中的大多人都推送了集子，结果使翰林院群体一致"怪且怒"，"怪"或许还可以理解，至于所有同僚都要"怒"就显得不可思议了。

再者，明代亦无翰林之丧葬父母必请托翰林大臣的风习。明代以翰林有"储相"之称，前途较一般官员光明许多。当时有内阁必出于翰林之制，又南、北礼部尚书、吏部右侍郎亦往往由翰林官员升任。[⑨]由于长期任职翰林院，翰林官员间交际频繁，关系较为密切，故而当翰林葬其父母时，向翰林大臣请作也合乎情理。明代就有这样的例子。如成化八年，时为翰林编修的刘震请同年且为修撰的吴宽为其母作《旷孺人墓志铭》；成化十年，吴宽为同年编修李杰之母作《林孺人墓志铭》；[⑩]又，成化二十三年，罗玘、傅珪、蒋冕三人中进士，选庶吉士后授编修，不久三人父卒，皆请求当时为翰林院侍讲学士的李东阳作墓志。[⑪]然而翰林之为父母立传撰碑，并非一定要求诸翰林大臣，此有大量史实为证，兹以成化至正德年间的一组状元为例：

1. 吴宽，成化八年状元，成化十一年其父卒，时为翰林修撰的吴宽自作《先考封儒林郎翰林院修撰府君墓志》。[⑫]

2. 王华，成化十七年状元，弘治年间年其父王伦卒，王华请已致仕的同乡魏瀚为其父作《竹轩先生传》。⑬

3. 费宏，成化二十三年状元，弘治十二年费宏母亲卒，时为左春坊左赞善的他请文渊阁大学士李东阳为其母作《封安人费母余氏墓志铭》；⑭正德初年，费宏迁太常寺少卿兼翰林院侍读，是时其父卒，首辅李东阳为其作《明故赠中宪大夫太常寺少卿兼翰林院侍读费君墓碑铭》。⑮

4. 伦文叙，弘治十二年状元，弘治十八年其父卒，正德元年，伦文叙为其父作《明封翰林院修撰伦公墓志》；正德三年伦文叙为其母作《赠封安人何氏墓志》；⑯正德五年返京后，伦文叙请内阁首辅李东阳为其父作《翰林伦封君墓表》。⑰

5. 顾鼎臣，弘治十八年状元，授修撰，是年其父卒，谨身殿大学士李东阳为他作《明故赠文林郎翰林院修撰顾公墓志铭》；⑱正德三年，顾鼎臣升侍讲，是年其生母卒，时为武英殿大学士的王鏊为其作《杨太安人墓志铭》。⑲

6. 吕柟，正德三年状元，正德十一年其父卒，时为修撰家居的他请已贬为庶民的康海作《封儒林郎翰林修撰吕公墓碑》。⑳

7. 罗洪先，嘉靖八年状元，嘉靖十二年其父母逝世，时为翰林修撰的罗洪先为其父母写作了《先大夫传》《先宜人传》。㉑

又以同年进士为例。正德二年庶吉士散馆后，陆深、严嵩、崔铣、湛若水、徐缙等授编修。上述五人在父母卒时，亦均未向翰林官员请托传记。

1. 陆深，正德三年其母卒，陆深为其母写作了行状以及墓志。㉒

2. 严嵩，正德四年其母卒，严嵩请南京刑部员外郎徐穆作墓志。㉓

3. 湛若水，正德十年其母卒，湛若水请时为礼部尚书的蒋冕作《明封太孺人陈氏墓志铭》。㉔

4. 崔铣，正德十五年其母卒，崔铣为其母请铭于马理。㉕

5. 徐缙，嘉靖二年为翰林侍读，是年其父卒，徐缙请其岳父已致仕家

居的王鏊作《封翰林院编修徐君室太孺人沈氏墓志铭》。㉖

上述诸人中吴宽、伦文叙、罗洪先、陆深等都是亲自操笔为父母撰写墓志或传。费宏、伦文叙、顾鼎臣等皆请求于内阁。严嵩、湛若水、徐缙请求于同乡长辈。王华、吕柟、崔铣则是向好友请作。上述翰林特别是诸状元在明代翰林中声名显著，其行为具有相当的代表性，然而他们都未向翰林诸公请托，由此可见明代并无翰林丧葬父母的碑志传记必请求于翰林院的规则，王九思、李开先所言"馆阁""馆阁大臣"皆意指内阁。

### （三）"翰林官丁忧，其墓文皆请之内阁诸公"说辨析

从上文所列事例可以发现，当时翰林为丧葬父母向内阁请托传记具有一定的规模。上述程敏政、费宏、伦文叙、顾鼎臣、罗玘、傅珪、杨廷和等翰林皆向当时的内阁大佬请托。又如王鏊，成化十四年其母卒，时为翰林编修的他请文渊阁大学士刘吉作墓志。㉗再从作者的角度看，一些内阁大佬确曾为翰林之父母做传记，以李东阳为例，他在入阁后曾先后为刘龙、吴一鹏、靳贵、刘春、顾清、毛澄等人写作墓志。㉘这从一个侧面反映了明代翰林与内阁非同寻常的关系。翰林与内阁虽品级、地位悬殊，但由于内阁必出于翰林，翰林有储相之望，故二者之间关系特殊，因而翰林在丧葬父母时，可以凭借彼此的情谊向内阁大佬请托传记。然而，这种请托仍离不开彼此间良好的交际关系，并非是一种通行的惯例或事体规则。

首先，当时仍有许多翰林在丧葬父母时，并不请求于内阁诸公，如吴宽、陆深、罗洪先以及顾清㉙等皆曾自作传记，王华、吕柟、李杰、刘震、崔铣、严嵩、湛若水等请求于朋友或同乡，吴一鹏、钱福、石珤亦向非阁臣的吴宽请求传记。㉚如果当时翰林院确有这一"潜在规则"，上述等人不至于视而不见，共同"违规"。翰林向内阁大臣请托，仍需建立在彼此良好交际情谊的基础上，尤其是师生之情与乡里之谊在其中所起的作用尤巨。上述事例中，毛澄、顾清、何孟春、吴一鹏等皆是李东阳所取进士，其中顾清、吴一鹏选庶吉士，亦为李东阳所教，顾鼎臣早年亦曾拜入李东阳门下。而吴一鹏、钱福与王鏊、吴

宽皆为苏州人，彼此之间良好的人际关系仍是传记请托的关键所在。而康海、王九思并非李东阳所取进士，对茶陵派亦不认同，二人后来又为李东阳所忌，故而追述这一段往事时，表述便很情绪化。李开先、何良俊都非翰林出身，他们对翰林院是否有这一"惯例"，并不自信，"旧时"（言下之意，李开先所处时代已非如此）"大率"等词已透露出这种气息。李开先为康海立传及何良俊写作笔记时，对康海请托传记事件的理解失于简单化，直接承袭张治道、王九思所说，进一步渲染了翰林丧葬父母请托传记的特殊性，并夸大了康海罢免事件中的文学因素。

## 三、康海获罪的关键原因

康海为陕西武功人，弘治十五年状元，该科吴宽、刘机为会试考官。正德三年康海丧母时，内阁成员为李东阳、焦芳、王鏊、杨廷和，四人与康海既无师生关系亦无乡里情谊。加之康海在翰林院的时间不长，与李东阳等阁臣的关系颇为疏远。因此，当康海母亲逝世后，康海请王九思、李梦阳、段炅等陕西籍好友写作传记，在十分重视乡里关系的明代恰是合乎情理的。康海作为状元，不主动向内阁请托传记，可能会使李东阳等心中不快，但单凭此事，尚不足以使彼此矛盾激化，并最终导致康海罢官。康海之罢黜虽与李东阳的排挤有关，但更主要的还在于康海个人的处事方式。

康海与李东阳的不和首先源于康海有意识地于文坛自立门户，不向以李东阳为核心的茶陵派及馆阁团体靠拢，其言语行为所表现出的特立张扬为李东阳等所不喜。以李东阳为首的茶陵派虽对之前的台阁文风有所更正，但其文学组织本身仍延续了台阁体的传统，即以台阁重臣、馆阁诸人为组织核心。这与明初以来由台阁重臣领导文坛的传统一脉相承。遵循这一传统格局，作为新进翰林的康海"理应"主动融入这一团体，捍卫馆阁在文坛的话语权，向前辈诸公表示"应有"的尊重。而康海进入翰林院后，却积极张扬复古，"论古今文艺不少假借，一时在翰林者，罔不敛手服之"（685），又"凡论著必宗经而子史，以宋人言为俚，以唐为新巧，以秦汉为伯仲而有所驳也。故同进者畏服而忌焉"（马理《溪田集补遗》）。于是便有人故意设计，"以国老文就正于公，公即革其质、易其文而授之，所存者十不一二。忌者乃又以呈国老，故诸国老咸病公"（马理《溪田集补遗》）。当时"诸国老"对康海已有所不满。加之康海性格直率、言语无忌，语言行事很容易招忌。如正德三年，王鏊、梁储为会试考官，康海同考。康海拟擢吕柟为会元，而主考者置之第六，"榜后，先生忿言于朝曰：'吕仲木，天下士也。场中文卷无可与并者，今乃以南北之私，忘天下之公，蔽贤之罪，谁则当之'"，王鏊听后"甚怨先生"（张治道 686）。又如王九思言："公在翰林时，论事无所逊避，事有不可辄怒骂，又面斥人过，见修饰伪行者又深嫉之，然人亦以此嫉公。"（卷中）马理亦言康海见人"有不善，虽公卿亦面嗤而诋之"（《溪田集补遗》）。康海此类言行，显然有些年轻气盛，容易招忌，这也为刘瑾败后"忌者、仇者、含者喝言官以乡里指为瑾党"（686）埋下了伏笔。

正德三年康海母亲逝世后，康海当是出于交际体例，以传记刻集"遍送馆阁诸公"。由于之前的不快，加之文学风尚的差异，内阁等人并不喜欢这些作品，李东阳说"子字殷"，主要是对传记文字刻意复古的讥讽，至于内阁诸人为此"无弗怪且怒"，李东阳"益大含之"乃至因此罢免康海则不免太过夸张。事实上，单凭文学风格的差异，尚不至于使康、李二人有如此深刻的矛盾，或者说康海、李梦阳等宣言的文学复古还不足以引起台阁群体的慌乱，而且李东阳对复古派亦未有意识地打击压制。一个显著的事实是刘瑾败后，复古派的其他成员并未受到打击排挤，特别是李梦阳、何景明都得到李东阳的帮助与提携，甚至康海的好友如吕柟、何瑭等也先后得到起用。张治道、王九思强调康海与李东阳文学宗旨的差异，将之视为康海罢黜的主要原因，同时又承认"大抵先生以才名致谤，口语招谗"（686-687），指出了康海言语招忌的一面，起到了为康海辩白冤诬的作用，同时又转移了事件的核心焦点。

康海被罢黜的根本原因是其被列为阉党，其事虽系冤枉，但康海处世的不注意行迹也是他身遭舛讹的关键所在。康海曾多次拒绝刘瑾的拉拢，然而由于各种原因，康海确也与刘瑾有过不少过往，而这些过往的性质在当时是很难厘清界定的。言官攻击康海为阉党虽非事实，却也并非肆意诋诬、有意罗织。《明实录》载康海遇盗一节，是康海被列为"瑾党"的主要由来。康海并无意附瑾，但康海处理此事的粗率，确实给人留下了把柄。《明实录》记述此事曰：

> 杲为佥都御史抚治真定，时强贼张茂于内丘县，劫丁忧修撰康海财物。海，刘瑾乡人也，素与厚，贻书于瑾，嘱其捕贼。瑾令所司停顺德知府郭绖及捕盗官俸，督责之，又以杲勘保稽（迟），遂降官。海言于绖曰："所失非吾财，皆瑾寄橐也。"绖乃敛诸州县民财至数千两偿海。海复书于瑾，其事乃已。后瑾败，海竟坐罢。（杨廷和等 1416）

此事张治道在康海行状中亦曾叙述，当真实不虚。康海丁忧返乡，何以会替刘瑾携带财物？事情不得而知。而康海遗书于瑾，应该是后来被视为"瑾党"的重要物证。另外，康海为财物丢失，知会刘瑾，却未曾料到此事进而严重化，并最终造成如此难堪的负面影响。张治道提及此事，以为"盖追捕所亡，有司素重其名，且为翰林而追捕之也，先生何与焉"（687），这一辩白显然有些苍白。而王九思所作神道碑则径直不言此事，亦不叙及拯救李梦阳事，单将康海之罢黜与李东阳等内阁相联系，并不能令人信服。康海为营救李梦阳，造访刘瑾私邸，痛饮一夜。事虽出于权变，然而这一事件还是很快便传播开来。加之，康海为营救张敷华又拜访刘瑾，这些事便给人留下康海"刘瑾乡人也，素与厚"的印象。此外，康海好友同为陕西籍的段炅、张彩投附阉党，这些也都使其与阉党纠缠，难以自清。古代士大夫标榜气节，拘泥行迹，康海之行迹和同时的李梦阳、王阳明、崔铣、何孟春、顾清以及好友吕柟、何瑭等人与阉党泾渭分明、勇于斗争的作风相比，确实更易招人非议。

综上，明代京官丧葬父母以向内阁求取墓志文为荣，符合明人的一般心理。翰林在丧葬父母时，不少确向内阁请托传记，但这是建立在彼此良好交际的基础上，其行为不具有普遍意义，尚不足以成为一种约定俗成的写作惯例。康海之被罢黜，虽与李东阳的排挤有关，但更主要的还是在于康海的性格与行事，他不注意行迹，得罪时人较多，被视为阉党是其被罢免的根本原因。康海、王九思的罢黜最主要原因在政治上，他们在政治上的表现还不够成熟，最终被卷进政争的漩涡。另外，他们本身职位甚低，在朝中缺少有力的援助者，当面对政治强权的排挤时缺少足够的韧性。

## 致谢【Acknowledgment】

本文为国家社科基金一般项目《古代传记文体的发展与文史观念之演变》（20BZW078）阶段性成果，作者谨致谢忱。

This article is supported by the National Social Sciences Fund (20BZW078).

## 注释【Notes】

① 如王公望《李梦阳与康海》一文曰："按照当时社会之惯例，卿大夫京官值亲人殁时，要持厚币请内阁大臣撰写墓表、墓志铭，特以为殊荣。而当时身为翰林院编修的康海却一反当时之惯例。"（《甘肃社会科学》1997年第4期）

② 详见王其榘著《明代内阁制度史》（中华书局，1989年），第181—310页。

③ 刘珝为程敏政父作《大明资德大夫正治上卿南京致仕兵部尚书兼大理寺卿赠太子少保谥襄毅程公墓志铭》，见刘珝著《古直先生文集》卷十四，明嘉靖刻本。

④ 徐溥为之作《程襄毅公林夫人墓志铭》，见徐溥著《徐文靖公谦斋文录》卷三，明徐垚刻徐启钊徐绍淹重修本。

⑤ ⑥ ⑦ ⑪ ⑭ ⑮ ⑰ ⑱ ㉘李东阳为王敞父、何孟春母、陈清之父等所作墓志详见李东阳著、周寅宾点校《李东阳集》"墓表""碑铭""志铭"等体。

⑧ 王九思，弘治九年进士，选庶吉士，正德三年时为翰林检讨；段炅，弘治十八年进士，选庶吉士，正德三年时为翰林编修。

⑨ 详见张廷玉等撰《明史》卷七十《选举志二》（中华书局，1974年），第1702页。

⑩ ⑫ ㉚吴宽为刘震之母、李杰之母、钱福之父、吴一鹏之父所作墓志，详见吴宽《匏翁家藏集》，明正德三年吴奭刻本，卷六十至卷七十二。

⑬ 见《王阳明全集》第4册（浙江古籍出版社，2011年），第1400—1401页。

⑯ 1992年佛山市南海区发掘伦文叙及其父母墓葬，其中有伦文叙为其父母所撰之墓志。详见《状元伦文叙家族墓志及伦文叙生平简述》，《广东省文物博物馆事业前瞻》（广东人民出版社，2001年），第362—365页。

⑲ ㉖见王鏊著、吴建华点校《王鏊集》（上海古籍出版社，2013年），第403—404页、第437页。

⑳ 见康海《康对山先生集》卷三十五，明万历十年潘允哲刻本。

㉑ 见罗洪先《石莲洞罗先生文集》卷二十，明万历四十五年陈于廷刻本。

㉒ 陆深作有《先孺人墓志》，见陆深著《俨山文集》卷七十六，明嘉靖陆楫刻本。

㉓ 严嵩《钤山堂集》卷三十三《慈德阡表》言其母"诸懿行见于侍读徐南峰先生所述志"，可知徐穆曾为严嵩之母作志。徐穆，江西吉水人，弘治六年进士，授编修。刘瑾乱政时，被贬为南京兵部员外郎，刘瑾被诛后，转升侍读学士，未拜而卒。故而，徐穆为严嵩写作墓志时，实为外官，其所作墓志尚未能见。

㉔ 蒋冕《重刻蒋文定公湘皋集》卷二十六，清嘉庆二十一年一园俞氏刻本。

㉕ 据崔铣《洹词》（明嘉靖赵府味经堂刻本）卷三《显妣淑人李氏述》言"不肖状母行，求铭于溪田马子伯循"，可知崔铣以母志请求于马理。马理所作墓志不见于其文集中，尚未能见。

㉗ 见《太原家谱》卷二十一《光化公原配叶太夫人墓志铭》，《中华族谱集成》第一七册《王氏谱卷》

（巴蜀书社，1995 年），第 186 页。

㉙ 弘治十五年顾清母亲去世，顾清并未请托他人，而是自作《先妣封孺人陆氏墓志》，见顾清《东江家藏集》卷三十，明嘉靖顾应阳刻本。

## 引用文献【Works Cited】

何良俊：《四友斋丛说》。北京：中华书局，1959 年。

[He Liangjun. *Book of Siyouzhai*. Beijing: Zhonghua Book Company, 1959.]

李东阳撰：《李东阳集》，周寅宾、钱振民校点。长沙：岳麓书社，1984.

[Li Dongyang. *Collection of Li Dongyang*. Eds. Zhou Yinbin and Qian Zhenmin.Changsha:Yuelu Publishing House, 1984.]

吕坤撰：《吕坤全集》，王国轩、王秀梅整理。北京：中华书局，2008 年。

[Lv Kun. *Complete Works of Lv Kun*. Eds.Wang Guoxuan and Wang Xiumei. Beijing: Zhonghua Book Company, 2008.]

李开先：《李开先全集》，卜键笺校。上海：上海古籍出版社，2014 年。

[Li Kaixian. *Complete Works of Li Kaixian*. Ed. Bu Jian. Shanghai: Shanghai Chinese Classics Publishing House, 2014.]

刘吉等：《明宪宗实录》，影印台北研究院历史语言研究所，1962 年。

[Liu Ji.et al. *Records of Xian Zong Emperor of the Ming Dynasty*. Facsimile Reprint of the Institute of History and Language of Taipei. 1962.]

李贤等：《明英宗实录》，影印台北研究院校印本。上海：上海书店出版社，2015 年。

[Li Xian.et al. Records of Ying Zong Emperor of the Ming Dynasty. Facsimile Reprint of the Institute of History and Language of Taipei. Shanghai: Shanghai Bookstore Publishing House, 2015.]

马理：《溪田集补遗》，明万历刻清乾隆嘉庆增修本。

[Ma Li. *Supplement of Xi Tian Anthology*. Block-printed edition in Wanli period of the Ming Dynasty.]

费宏等：《明武宗实录》，影印台北研究院历史语言研究所本，1962 年。

[Fei Hong et al. Records of Wu Zong Emperor of the Ming Dynasty. Facsimile Reprint of the Institute of History and Language of Taipei, 1962.]

王九思：《渼陂续集》，明嘉靖二十四年翁万达刻本。

[Wang Jiusi. *A Sequel to Mei Bei*. Block-printed edition in 1545.]

王守仁：《王阳明全集》，吴光、钱明、董平等编校。杭州：浙江古籍出版社，2011 年。

[Wang Shouren. *Complete Works of Wang Yangming*. Eds. Wu Guang, Qian Ming and Dong Ping Hangzhou: Zhejiang Classics Publishing House, 2011.]

杨荣：《文敏集》，影印《文渊阁四库全书》第 1240 册。台北：商务印书馆，1986 年。

[Yang Rong. "Anthology of Wenmin." *Facsimile Reprint of the Wenyuan Library Edition of The Complete Collections of the Four Treasuries*. Vol. 1240. Taipei: The Commercial Press, 1986.]

张廷玉等：《明史》。北京：中华书局，1974 年。

[Zhang Tingyu et al. *History of the Ming Dynasty*. Beijing: Zhonghua Book Company, 1974.]

张治道：《太微后集》，《原国立北平图书馆甲库善本丛书》第 751 册。北京：国家图书馆出版社，2013 年。

[Zhang Zhidao. "*A Sequel to Tai We*i." *Rare Book Series in Library A of the Former National Beiping Library*. Vol. 751. Beijing: National Library Press, 2013.]

# 元末明初何真形象的建构及其政治文化史意涵
## ——以当朝国史《明实录》传记为中心

刘小龙

**内容提要**：当朝国史《明实录》建构的何真形象，乃是元末乱世保境安民的乡豪、元明易代之际识时务知天命的顺臣、为新朝奔波劳苦的功臣。可见，明代官方对何真的盖棺定论是正面的、肯定的。结合其他文献综合分析，可知《明实录》建构的何真形象基本符合史实。但是，史官们有意遮蔽、弱化了何真的另外两种形象，即好儒的文人、故元王朝的忠臣。这一人物形象建构过程贯穿着当朝政治压力、正统修史理念感召二者之间的博弈，体现了史学主观性与客观性之间共进与互动的关系。这例个案的考察，也表明研究相关历史人物，需要重视《明实录》传记及相关史料。

**关键词**：元末明初　何真　《明实录》　传记　形象建构

**作者简介**：刘小龙，广东财经大学马克思主义学院讲师，主要从事明史研究。近期发表《名与实：〈明实录〉武举开科的歧异记载及其书写逻辑》（《江西社会科学》2022年第1期）等。邮箱：xiaolongliu89@126.com。

**Title:** A Study of the Historical Image of He Zhen and Its Political-Cultural Implications: A Focus on the Lives in *Ming Dynasty Memoir*

**Abstract:** The historical image of He Zhen in the *Veritable Records of Ming Dynasty* is a local hero who protected the local people, an obedient official who knew the times and the destiny, and an official who worked hard. Therefore, the conclusion on He Zhen made by the Ming government is positive and commendable. Compared with other documents, it is apparent that the historical image of He Zhen in *Ming Dynasty Memoir* largely conforms to historical facts. However, the official historians deliberately obscured and suppressed the other two images of He Zhen: the literati of

Confucianism and the loyal officials of the Yuan Dynasty. The game-playing between the official political pressure and the traditional concept of writing history runs throughout this process of shaping the historical image of He Zhen. At the same time, it also shows a relationship between the the subjectivity and the objectivity in historiography. This example also demonstrates that we should pay attention to the lives in *Ming Dynasty Memoir* and the records concerned.

**Keywords:** late Yuan and early Ming period, He Zhen, *Ming Dynasty Memoir*, lives, image shaping

**Liu Xiaolong** is Lecturer at Department of Marxism, Guangdong University of Finance and Economics. His research efforts focus on the history of the Ming Dynasty. He is the author of "The Differences and the Writing Logic of the Records about the Military Examination in the *Ming Dynasty Memoir*" (*Jiangxi Social Sciences*, 1, 2022). **E-mail:** xiaolongliu89@126.com.

何真（1321—1388年），字邦佐，号罗山，东莞人，对于彼时广东政局和明初政治产生过重要影响。认识、研究元明之际相关历史，无法回避何氏，因此学界重视对其人的研究。[①]虽然有研究不同程度地参考、引用当朝国史《明实录》（谢贵安，《明实录研究》16）的有关记载，但是主要视角是家史、地方史、正史，缺乏当朝国史角度。

《明实录》对于何真及其相关历史研究具有独特价值：一是它成书时间早于何氏家史、明清方志、清修《明史》，更具原始性；[②]二是它建构的何真形象体现着明朝廷官方意志，某种程度上影响甚至制约着后世（特别是万历中后期以降）史籍的叙述基调，同时人物形象建构过程蕴含着丰富的政治文化史意涵。目之所寓，迄今尚无论著专门研究当朝国史视阈中的何真形象。有鉴于此，本文拟结合诏令、时人文集、《明实录》、何氏家史、碑传、方志、正史等不同类型的文献，尝试回答如下问题：《明实录》建构出怎样的何真形象？是否符合史实？建构过程中蕴含着怎样的政治文化史意涵？

## 一、当朝国史《明实录》建构的何真形象

《明太祖实录》是记载何真事迹的主要文本，相关史料可以分为两类：一

是传记，较为集中地记载了何氏的生平；二是遵照编年体例分散记载何氏某一事迹。据初步统计，其篇幅超过2 000字。相比之下，多数方志、清修《明史》（约628字）的篇幅难以望其项背。凭借这些史料，史官们建构出当朝国史中的何真形象。

其一，元末乱世保境安民的乡豪形象。

陈友谅部将熊天瑞曾兵指岭南，《明太祖实录》记载何真率军成功抵御此次外敌入侵。元至正二十三年熊天瑞命人在南雄打造战舰，同时攻陷韶州，积极备战。次年，战舰完成，熊氏率兵进攻广州。何真领军与之战于胥江，初期战况不利，突然天下大雨，雷电击毁熊军战舰桅杆"舟不能进"，何军趁势反攻，熊军败退（213-214）。胥江之战，何真成功粉碎了外敌入侵的企图，保全了广东民众，其保境安民的乡豪形象跃然纸上。

除了消除外患之外，《明太祖实录》记载更多的是何氏如何剪除内乱、以安生民，如两则何真传记：

> 元末兵乱，岭南盗贼蜂起，真遂退而家居。已而，群盗剽掠其乡，乃结豪民，集义兵，保障乡里。及乱兵据惠州，真率众复之……时南海寇邵宗愚陷广州，真率众击走之。（542）

> 元至正间，岭南盗起，焚掠州郡。真集义兵，保乡里。及群盗攻惠州，真率众破走之，城赖以完……既而剿灭群盗……守惠州。南海盗邵宗愚陷广州，真与子弟率兵分四路击之。宗愚败走，遂复广州……时中原大乱，南北阻绝，真益练兵据险，保障一隅。（2833）

这些记载建构出何真平定乡里、惠州、广州等岭南"盗贼"内乱，保一方生民平安的光辉形象。

此外，《明太祖实录》也多次记载了朱元璋称赞何真保境安民的事情。如洪武元年三月，何真遣使奉表迎降，实录追述先前明太祖诏书褒扬何氏："保境安民以待有德……尔连数郡之众……"（537）又如洪武二十年七月，朱元璋封何氏为东莞伯，实录抄写铁券诰敕云："尔何真率岭南诸州壮士保境全民，邻敌不敢窥其际，岭南之民莫不于尔仰赖。"（2761）再如洪武二十一年四月何荣承袭其父爵位，实录转载诰敕曰："尔何荣父东莞伯何真，昔能辑众，保有岭南。"（2863）前述史料中"保境安民""保境全民""保有岭南"云云，无不彰显出何真在元末乱世保境安民的正面形象。

其二，元明易代之际识时务知天命的顺臣形象。

何真率众归附明朝廷，朱元璋给予极高评价，盛赞其为识时务知天命的豪杰。《明太祖实录》对此进行了记载，如洪武元年三月明太祖的诏书就将何氏"不劳旅师，先命来降"类比为历史上窦融、李勣等识时务知天命的豪杰。（537）

洪武元年闰七月，何真率其官属入朝。《明太祖实录》较为详细地记载了朱元璋与何氏之间的对话：

> 上谕之曰："天下纷争，所谓豪杰有二，易乱为治者，上也！保民达变识所归者，次也！负固偷安，流毒生民，身死不悔，斯不足论矣！顷者，师临闽越，卿即输诚来归，不烦一旅之力，使兵不血刃，民庶安堵，可谓识时达变者矣！"
>
> 真叩头，谢曰："昔武王伐暴救民，诸侯不期而会者八百。今主上除乱以安天下，天命人归，四海景从。臣本蛮邦之人，始者逢乱，不过结聚乡民为保生之计，实无他志。今幸遇大明，丽天无幽，不烛臣愚，岂敢上违天命。"（594）

两人言语之间或有相互吹捧之感，然而他们共同渲染出的明朝廷乃天命所归、何真识时务知天命的氛围是不言自明的。

洪武二十年七月，册封何真为东莞伯，明太祖更是将何氏抬升到归附者中最识时务、最心悦诚服的地位："洪武初，朕命将四征所在，虽有降者非义旗临境则未附……尔真独心悦诚服，罄岭南诸州，具表入朝，非识时务者乎？"（2760-2761）其中"尔真独心悦诚服"云云，一个"独"字更加突显出何氏识时务知天命的顺臣形象。

《明太祖实录》在洪武二十一年三月言："王师南征，真即款附，遂入觐贡献……初赐诏谕，援例当进缴，真叩头乞赐藏于家，为后世子孙荣。"（2833）同年四月云："俟朕平定之秋，不劳师旅，即纳其土地而全其民人，可谓深识时务者矣。"（2863）这些史料，特别是何真乞请违例将诏谕藏于家的细节，再次强化了其识时务知天命的顺臣形象。

其三，为新朝奔波劳苦的功臣形象。

明朝廷对于归附的群雄多授予官职爵位，但是真正任官临民、迁转多地者，恐怕只有何真一人。正如汤开建指出的："归降朱元璋的前朝人物，方国珍、李思齐仅授虚名，而何真不仅授以实职，而且很快就转为布政使。"（103-121）

《明太祖实录》对于何真归附后任官和理事的经历有着较为详细的记载。洪武元年闰七月，明太祖授予何氏江西行省参政，并说明原因和期待："念江西地近广东，是用特授尔江西行省参政，以表来归之诚……卿今名已著，尚懋修厥德，以辅我国家。"（594-595）洪武三年三月，何氏由江西行省参政迁为山东行省参政（980）。洪武五年六月，何真奉命回乡收集旧部兵卒，送青州卫（1371—1372）。洪武十五年正月，明朝廷起复致仕的何真为山西布政使（2227）。洪武十六年七月和洪武十七年闰十月，何真两次受命回广东，招集旧部兵校，送京师（2418、2558）。洪武十八年正月，朱元璋任命何真为浙江右布政使（2581）。洪武十九年明朝廷调任何真为湖广左布政使（2719）。

此外，《明太祖实录》还记载了何氏对于平定云南的贡献。洪武十四年，明太祖派遣何真及其子何贵同往云南，为明朝大军征讨云南割据势力"规画粮饷，开拓道路，置立驿传"（2833-2834）。

通过上述记载，可知何真任官和理事足迹所至江西、山东、广东、山西、云南、浙江等多地，饱尝辛劳。他为朱元璋平定天下（如前引云南事迹）、安抚新归附地民众（如历任多地亲民官）、消除地方割据隐患（如三次奉命回乡收集旧部兵卒）作出了贡献，可谓功臣。

## 二、何真形象的真实性与多重性

在"目睹"了《明实录》建构的何真形象之后，不禁会产生这样的疑问：

文本呈现的人物形象是否符合史实？这需要综合分析多种类型的史料。

首先，考察时间早于《明实录》的文献。廖永忠的《谕元左丞何真书》（约洪武元年二月），何真的《上廖平章书》（约洪武元年二三月间），朱元璋的《赐元左丞何真奉表归附诏》（约洪武元年三月）、《御赐封东莞伯何真铁券制》（约洪武二十年七月）、《谕祭东莞伯何真文》（洪武二十一年七月）、《御赐何荣袭封东莞伯诰文》（洪武二十一年四月），宋濂的《惠州何氏先祠碑》（约洪武九年）等史料，③它们或是实录编修的史料来源，或是当时人记当世事，均为第一手材料，具有很高的可信度。这些史料，同样呈现出何真的乡豪、顺臣、功臣形象。

其次，分析时间晚于《明实录》的史料。典型者如何崇祖的《庐江郡何氏家记》（约宣德九年）、黄金的《开国功臣录》（约弘治三年）、黄佐的《广州人物传》（正德年间）、焦竑的《国朝献征录》（约万历中叶）、郭棐的《广东通志》（万历三十年）、张二果的《东莞县志》（崇祯十二年）、清修《明史》（约乾隆四年）、陈伯陶的《东莞县志》等文献。这些史料，也呈现出何真的乡豪、顺臣、功臣形象。需要补充说明两点：其一，这些文献晚于《明实录》，但是它们中不少史籍是独立于《明实录》之外的另类叙述系统，因为《明实录》编修完成之后，秘藏宫禁，其大规模流传到民间始于万历十六年（谢贵安，《明实录研究》37），所以在此之前形成的民间文献无法直接参阅实录的相关记载，因此，它们可以验证《明实录》记载的真实性；其二，除了前文列举的典型文献之外，明清时期还有诸多史籍记载何真事迹，或是残缺不全，或是内容简略，或是因袭转述前文所列典型文献的内容，④虽然笔者均有翻阅，但限于篇幅恕不逐一罗列。

上述文献，从类型性质上看囊括诏令、时人文集、家史、碑传、方志、正史，编修主体既有民间个人，也有明代地方当局，还有清代官方，它们共同验证出《明实录》建构的何真形象基本符合史实。

然而，当我们将视线转向时人文集、家史、碑传、方志、正史等文献时，可以发现它们还呈现出何真的其他形象。

其一，好儒的文人形象。

如果说《明实录》建构出何真的乡豪形象是彰显了其"武"，那么何氏"文"的面相就显得苍白无力。其实，何真也是一位好儒的文人。

洪武九年，明初著名文臣宋濂就曾夸赞何氏"笃于礼义"（578），"礼"和"义"是儒家文化的重要内容，何氏的好儒形象跃然纸上。

何氏家史更是多次论及何真好儒，如好儒起因是其母亲的教诲，"吾父（指何真——引者注）未冠时，好驰马试剑，祖母谕曰：'治平之世，不事诗书，图竖门风，顾弓马是尚……'父闻命，即肄业"（何崇祖 3-4）。又如与诸名儒交往，"父与郡儒黄观澜、孙蕡、林齐汉交游最笃"（何崇祖 4）。又如洪武二年何真出资修缮洪州名儒冯昂霄旧宅、刊刻《四书辑释》等书、派人前往福建浙江书坊购买经传子史文集、闲暇时与名儒黄文博等讲论（49）。再如家史载有何真的多篇诗词、祠训等作品（51、55-59）。另如家史还记载有："吾父文武医卜之书，无一不通。"（88）虽不免夸张，但均反映出何真确实好儒。

明代弘治年间，时人黄金评价何真"少英伟，好书剑……尤好儒术，平居读书缀文无虚日"（484、488）。此后，黄佐的《广州人物传》、焦竑的《国朝献征录》、郭棐（万历）的《广东通志》、张二果等（崇祯）的《东莞县志》等史书均认可这种评价。清修《明史》及方志，如郝玉麟（雍正）的《广东通志》、阮元（道光）的《广东通志》等也秉持这种看法。被今人刘志伟誉为"卷帙浩大、征引地方文献最为详尽"的陈伯陶等的《东莞县志》也有类似记载。诚然，这些史籍之间或存在因袭转述的关系。但是，不少史书关于何真好儒的记载，乃是作者经过辨析而采信的，特别是清修前朝正史具有相当的严肃性，不会轻率地抄录。因此，可以说这是人们形成的共识。

其二，故元王朝的忠臣形象。

何真是深受儒家文化影响而成长起来的，自然也形成了忠君报国的人生追求。他曾赋诗云"鼎沸图存仅十年，平生忠义在安边"（何崇祖 49）便是有力的说明。

虽然《明太祖实录》提及何真仕元为官，如洪武元年二月，征南将军廖永忠至书何真，称呼其为"元江西分省左丞"（528）；又如其归附明朝廷时的叙述"元江西分省左丞何真"（536-537）；再如两则何真传记也有类似记载，"尝为淡水场管勾……以功授惠州路通判，升同知，进宣慰使司都元帅府元帅……元立江西分省于广东，以真为参政，又升左丞"（542）和"尝为淡水盐场管勾……以功授惠州路判官，寻升同知……升广东道宣慰司都元帅……其后置江西分省于广东，乃授真中奉大夫参知政事。寻升资善大夫分省左丞"（2832-2833）。但是相关记载不仅有缺略，而且也没有展现出何真对于元朝廷的态度以及二者之间的互动关系。

其实，何真是一位元朝的忠臣。元朝南台御史八撒剌不花授予何真河源县务，后转为淡水场管勾（何崇祖 5）。然而，社会动乱、官场腐败迫使何氏放弃入仕为官这条被人们视为惯例的忠君报国之路。可见，何真功业的最初起点是忠于元朝廷。

何真起兵、再次授官也展现出其元朝忠臣的形象。与刘福通等揭竿而起、反抗元朝廷不同，何真起兵的道路，从儒家伦理角度审视具有相当的合法性：当王成、陈仲玉"构乱"乡里时，他先是"请于行省"，却因主政者受贿事败，而后才被迫"举义兵除之"。其后，何真平定黄常反叛势力，占据惠州、循州，成为独霸一方的政治势力。他并没有像其他群雄一样称王或自封官爵，而是接受元朝广东当局的再次授官"行省论功，授惠州府通判，寻迁惠阳路同知、广东都元帅"（黄佐 508）。

当然，最能体现何真元朝忠臣形象的，当属其三次向元朝廷奉表、进贡方物。至正二十五年中原群雄并起，通往元大都的陆路已阻隔，何氏艰难地表达了其作为臣子的态度，"命造舶，遣省都事鲁献道进表贡方物于朝"。这使奄奄一息的元朝廷非常动容，元顺帝激动地称赞到"四方世臣尚政扈，岂期岭海自能克复藩镇奉表来闻"，随即对何氏进行赏赐、授官、推恩（何崇祖 27-28）。至正二十七年何真再次"差都事徐渊之以克复省治，贡方物于朝"，元朝廷再次赏赐、加官（43）。洪武元年春何真第三次"差都事刘尧佐、检校梁复初航海贡于朝（元朝廷——引者注）"（44）。当时元朝廷已濒临失去天下、退回漠北的边缘，何氏尚有一片忠心，着实难能可贵，"国乱识忠臣"的意味非常强烈。可见，何真与元朝廷之间始终进行着良好的互动。

拒绝割据岭南，同样突显出何真的元朝忠臣形象。在何氏的政治力量进一步增强、割据称王条件成熟时（汤开建 103-121），部属陈符瑞建议其效法西汉赵佗的故事，割据岭南之地，自立为王。何氏非但没有听从，反而"戮之，示无二心"（郭棐 570），依然"受元正朔"（尹守衡 253）。

极具悖论性的是何真归附明朝廷的曲折过程，也展现出其元朝忠臣形象。《明太祖实录》曾赞许何氏"王师南征，真即款附"（2833）和"不劳师旅，即纳其土地而全其民人"（2863），似乎征南将军廖永忠一发出招降文书，何真便立即响应。其实，事情的经过并非如此一帆风顺，而是一波三折。何氏家史记叙：洪武元年春天，何真第三次派使者由海路奉表、贡方物于元朝。使者归程途中遇到明朝廷征南将军汤和、廖永忠，廖氏发出招降文书让使者带回广州。何真回书廖氏，虽然表示愿意归附，但是行文也流露出"失臣节以救生灵"的无奈，并没有立即奉表归附。当明朝军队从福建、江西两路进逼广东且入潮州境时，何真再也无法举棋不定，最终艰难地决定立即奉表归附，被迫成为叛元降明的"贰臣"（何崇祖 44-46）。如果说何氏家史多少有些为尊者讳的嫌疑，那么《明太祖实录》透露出的信息则更具说服力："真遣使由海道赴表于元，遇〔汤〕和兵，遂改其表文请降，且请人回报真。"（537）具体来说，当时何真并没有想归附明朝，所以先派使者去大都请示元朝廷。可是使者在途中遇到明军，擅自将进贡元朝的表文改为归顺明朝的降书。《明太祖实录》记载了使者擅自篡改表文的情节，与何氏家史的叙述相去甚远。其原因待考，但是更加突显了何真的无可奈何：本来是向元朝廷的进表，却被使者改为归顺明朝的降书。加之，元朝廷的败亡已无可挽回"知天命有归，元祚已尽"，于是何真"率父老缟素大临于常衙厅"，表达了对元朝廷败亡的哀悼（尹守衡 254）。这一令人唏嘘的场景，使得何真的元朝忠臣形象更加鲜活。

何真形象是复杂的、多重的，他集保境安民的乡豪、好儒的文人、明朝廷的顺臣与功臣、元朝廷的忠臣等诸多形象于一身。《明实录》建构的何真形象只是其中某些部分，虽然基本符合史实，却是片面的真实。

## 三、何真形象建构的政治文化史意涵

史官们遮蔽和弱化何真好儒、忠元的秉性，使得《明实录》呈现出一个乡豪、顺臣、功臣的人物形象。那么，需要进一步追问的是史官们为什么会如此建构？这一过程蕴涵着怎样的政治文化史意涵？

何真乡豪、顺臣、功臣的形象源于明太祖生前颁发的诏令文书，史官们对此进行认可、承袭、强化，既属于正常的修史现象，又是皇权意志的体现。诏令文书是实录重要的史料来源，且它们所载内容具有相当的真实性，所以史官们认可、承袭、强化诏令文书中的何真形象无可厚非，然而，这毕竟是本朝人编修当朝国史，代表着官方对政治敏感人物（何真是事实上的开国群雄之一）的盖棺定论，史官们不能不慎重对待。诏令文书中的何真形象，实质上是出自皇权的钦定，史官们自然不能也不敢从根本上背离这种体现皇权意志的历史基调。当然，这种总体上或全局性的认可、承袭、强化，并不能完全排除局部性或细节上的背离，如前文所述《明实录》关于何真使者擅自篡改表文情节的记载，就没有与顺臣形象达到高度一致。这也体现出在历史书写中，客观性与主体性的矛盾与张力。

实录体史书的性质和本朝政治利益，促使史官们遮蔽、弱化何真好儒的文人形象、元朝的忠臣形象。实录体史书的性质是建构大传主皇帝的光辉伟大形象，正如谢贵安所说那样："（实录体史书）最大传主是皇帝，皇帝事迹以编年的形式贯穿全书，其众多的附传则适时插入皇帝编年中，形成了较纪传体更为紧密的君臣一体的史书形式，更加突出了皇帝的主导地位和大臣的附属地位，是唐代以来中央集权制强化的明显结果。"（《中国已佚实录研究》438）因此，何真形象的建构是为了烘托明太祖的光辉伟大。类似的，在建构开国功臣刘基形象时，同样采用多种书写方式弱化、贬损刘氏，进而衬托朱元璋的英明和伟大（谢贵安，《试析〈明实录〉》101-110）。认识到这一点，便不难理解史官们遮蔽、弱化何真好儒秉性的内情。问题还在于好儒的文人当知忠义，忠义之士不会做叛元降明的贰臣，这恰恰与皇权钦定的何真本朝顺臣形象相矛盾。作为严肃性、政治性要求极高的当朝国史，它自然不能像何氏家史那样称何真既是元朝廷的忠臣又是明朝廷的顺臣（何崇祖 96），所以它必然会选择何真最符合本朝政治利益的顺臣形象、隐没何真好儒知忠义的文人形象。同样是基于这些原因，何真的元朝忠臣形象不可能出现在当朝国史中。

上文的探讨表明当朝国史建构的人物形象受到皇权意志、本朝政治利益的影响。这又一次验证着已故德国明史学者傅吾康的那句著名论断："实录的纂修主要是一件政治工作，而不是一种超然的学术活动。"（794）然而，不应忘记的是绝大多数史官没有也不可能完全抛弃"不虚美、不隐恶"的"实录"精神（班固 2738），"秉笔直书"是他们修史追求的永恒目标。在当朝政治压力、正统修史理念感召二者不断博弈的政治文化语境下，明代当朝国史建构出的何真形象，必然会体现着史学主观性与客观性之间共进与互动的关系（谢贵安，《试述〈明太祖实录〉》97-105）。具体言之，《明实录》中何真的乡豪、顺臣、功臣形象，都有历史事实的基础，只是在建构顺臣形象时夸大了其归附的主动性、积极性，同时遮蔽了其好儒的文人、元朝的忠臣这两种形象。

## 结　语

在新文化史理论和方法影响下，细读文本，分析当朝国史《明实录》对何真形象的建构，可以发现他是元末乱世保境安民的乡豪、元明易代之际识时务知天命的顺臣、位新朝奔波劳苦的功臣。这代表着明朝廷官方对其人的盖棺定论。比勘《明实录》本体史料和其他文本史料，可知《明实录》建构的何真形象基本符合史实，但是何真好儒的文人、元朝的忠臣这两种形象被《明实录》有意遮蔽、弱化。以文本与语境为切入点，解析《明实录》中何真形象建构的政治文化史意涵，可以认识到尽管《明实录》不可避免地会受到政治特别是皇权的影响，但是它建构的人物形象依然具有相当的真实性，需要辩证地看待史学主观性与客观性之间共进与互动的关系。

在既往研究中，人们对《明实录》传记重视不够，导致当朝国史视角缺位。本文的考察，突出当朝国史的研究视角，在某种程度上可以丰富对何真的认识和理解、为解读《明实录》传记提供参考维度。王瑞来倡言："在重视发掘新史料的同时，更应当重视基本文献的解读。"（82—90）因此，在研究相关人物时，需要重视《明实录》传记及相关史料。

## 致谢【Acknowledgement】

本文为广东省哲学社会科学"十三五"规划岭南文化项目"明代国史视阈中的广东人：《明实录》粤籍人物传记研究"（编号：GD20LN03）阶段性成果，得到广东省哲学社会科学规划办公室的经费支持，作者谨致谢忱！

My acknowledgement and gratitude go to the research project "Guangdong People in the Perspective of the contemporary History of Ming Dynasty: A Study on the Biographies of Guangdong People in the Ming Shi Lu" sponsored by the Office for Philosophy and Social Sciences, Guangdong Province.

## 注释【Notes】

① 代表性成果，汤开建《元明之际广东政局演变与东莞何氏家族》（《中国史研究》2001年第1期）、刘志伟《从乡豪历史到士人记忆——由黄佐〈自叙先世行状〉看明代地方势力的转变》（《历史研究》2006年第6期）、周松芳《方国珍与何真不同历史际遇的原因及启示》（《台州学院学报》2013年第4期）、郝强《何真传：诸版本明史的书法痕迹述论》（《兰台世界》2020年第2期）等。

② 记载何真事迹的《明太祖实录》三修完成于永乐十六年五月。何氏家史《庐江郡何氏家记》形成于宣德九年。现存最早的东莞县志（天顺）《东莞县志》、地方人物志黄佐《广州人物传》、最早的广东通志（明）戴璟、张岳（嘉靖）《广东通志初稿》，均成书于明代中后期。清修前朝正史《明史》最终完成于乾隆四年。可见，《明太祖实录》成书时间最早。

③ 宋文收录在（明）宋濂《宋学士全集》（《丛书集成初编》第2118册，北京：中华书局，1983年，第578—579页）。廖、何、朱等文收录于（明）张二果等（崇祯）《东莞县志》（东莞：东莞市人民政府印中山图书馆藏明崇祯抄本，1994年点校本，第635—698页）。

④ 如（明）卢祥（天顺）《东莞县志》残缺不全。（明）戴璟、张岳（嘉靖）《广东通志初稿》等记载非常简略。（明）黄佐（嘉靖）《广东通志》、（明）郭棐《粤大记》、（明）何乔远《名山藏》、（明）尹守衡《明史窃》、（明）过庭训《本朝分省人物考》、（清）郝玉麟（雍正）《广东通志》、（清）阮元（道光）《广东通志》等则因袭转述前文所列典型文献的内容。

## 引用文献【Works Cited】

班固：《汉书》。北京：中华书局，1962年。

[Ban Gu. *History of the Han Dynasty*. Beijing: Zhonghua Book Company, 1962.]

郭棐：（万历）《广东通志》，《四库全书存目丛书》史部第197册。济南：齐鲁书社，1997年。

[Guo Fei. "The Annals of Guangdong." *The Existing Books Series of the Complete Collection of Four Treasures*. Vol.197. Jinan: Qilu Publishing House, 1997.]

何崇祖：《庐江郡何氏家记》，《玄览堂丛书续集》第4册。台北：台湾图书馆，1947年.

[He Chongzu. "The History of the He Family in Lu Jiang County." *Sequel to Xuan Lantang Book Series,* Vol.4. Taipei: Taiwan Library, 1947.]

黄金：《开国功臣录》，《明代传记丛刊》第24册。台北：明文书局，1991年。

[Huang Jin. "The Records of Founding Ministers." *The Biography Series in the Ming Dynasty*. Vol. 24. Taipei: Mingwen Book Company, 1991.]

黄佐：《广州人物传》，《四库全书存目丛书》史部第90册。济南：齐鲁书社，1997年。

[Huang Zuo. "Lives of Guangzhou." *The Existing Books Series of the Complete Collection of Four Treasures*. Vol.90. Jinan: Qilu Publishing House, 1997.]

牟复礼等编：《剑桥中国明代史1368—1644（上卷）》，张书生等译。北京：中国社会科学出版社，1992年。

[Mote, Frederick W. et al. *Cambridge History of China: The Ming Dynasty, Part 1*. Beijing: China Social Sciences Press, 1992.]

《明太祖实录》。台北：台北研究院历史语言研究所，1962年。

[*The Veritable Records of the Founder of the Ming Dynasty*. Taipei: the "Institute of History and Language of Taipei", 1962.]

宋濂：《宋学士全集》，《丛书集成初编》第2118册。北京：中华书局，1983年。

[Song Lian. "The Complete Works of Song Lian." *The First Edition of the Integrated Book Series*.Vol.2118. Beijing: Zhonghua Book Company, 1983.]

汤开建：《元明之际广东政局演变与东莞何氏家族》，《中国史研究》2001年第1期，第103—121页。

[Tang Kaijian. "A Study of the Evolution of Political Situation in Guangdong and the He Family in Dongguan in late Yuan and early Ming period." *Journal of Chinese Historical Studies* 1(2001): 103–121.]

王瑞来：《子充必大——一个承平时代的士大夫传记的政治解读》，《史学集刊》2021年第4期，第82—90页。

[Wang Ruilai. The Political Interpretation of Zhou Bida's Biography in the History of the Song Dynasty. *Journal of Collected Papers of History Studies* 4(2021): 82–90.]

谢贵安：《明实录研究》。上海：上海古籍出版社，2013年。

[Xie Gui'an. A *Study of Ming Dynasty Memoir*. Shanghai: Shanghai Classics Publishing House, 2013.]

——：《试析〈明实录〉对刘基形象的记载与塑造》，《学术研究》2013年第5期，第101—110页。

[—. "A Trial Analysis on the Account and Portrayal of Liu Ji in *Ming Dynasty Memoir*." . *Journal of Academic Research* 5(2013): 101–110.]

——：《试述〈明太祖实录〉对朱元璋形象的塑造》，《学术研究》2010年第5期，第97—105页。

[—. "How *the Veritable Records of the Founder of the Ming Dynasty* Portrays Zhu Yuanzhang" . *Journal of Academic Research* 5(2010): 97–105.]

——：《中国已佚实录研究》。上海：上海古籍出版社，2013年。

[—. *The Study of China's Lost Memoir*. Shanghai: Shanghai Classics Publishing House, 2013.]

尹守衡：《明史窃》，《明代传记丛刊》第82册。台北：明文书局，1991年。

[Yin Shouheng. "Ming Shi Qie." *The Biography Series in the Ming Dynasty*. Vol. 82.Taiwan: Mingwen Book Company, 1991.]

# 严复与何纫兰交往考析

耿良凤　王绍祥

**内容提要**：严复唯一的外甥女何纫兰一向备受严复的喜爱。研究发现，严复不仅理解、支持和信赖何纫兰，其生活方式和女学思想也受到何纫兰的触发。何纫兰深受严复的影响，自立自强，在婚姻、学业、事业和交游上都可发现严复资产阶级改良思想的痕迹，是中国近代社会转型过程中新女性的典型代表。通过考析严复与何纫兰的交往，可以透视严复的女学思想和家庭生活的密切关系。

**关键词**：严复　何纫兰　女子教育　婚姻自由

**作者简介**：耿良凤，博士，集美大学外国语学院讲师。主要从事近代史研究、翻译学研究。邮箱：1176110437@qq.com。

王绍祥，博士，福建师范大学外国语学院副教授。主要从事翻译学研究。

**Title:** On the Communication between Yen Fuh and He Renlan

**Abstract:** He Renlan, Yen Fuh's only female niece, was deeply cherished by Yen. It is discovered that in the process of communication between Yen and He, He was deeply influenced by Yen and became independent. The traces of Yen's bourgeois improvement thought could be found in He's marriage, study, career and communication and Yen was also quite dependent on He, for his lifestyle and thought of women's education were also inspired by He. Through the interaction between Yen and He, we can see the close relationship between Yen's thought of women's education and his domestic life.

**Keywords:** Yen Fuh, He Renlan, women's education, freedom of marriage

**Geng Liangfeng,** PhD, is Lecturer of Translation at Jimei University, China. Her research interests are primarily modern history and translation studies. **E-mail:**

1176110437@qq.com.

**Wang Shaoxiang,** PhD, is Associate Professor of Translation at Fujian Normal University, China. His research mainly focuses on the translation studies.

严复是近代中国知名翻译家、思想家和教育家，第一个系统译介西方社会科学著作的人。何纫兰是严复唯一的外甥女，受中西学的影响颇深。她的聪慧和才学使自己备受严复的关爱和器重，却一生默默无闻。严复曾赠送纫兰一副对联"不辞与世终难合，但恨无人粗见知"（严复 8：81）。从中我们可以看出严复对纫兰不为世人所了解和认可的遗憾。研究严复与何纫兰的交往，有益于我们了解中国近代化社会转型对女性的影响，也有助于我们了解严复对家人和女学的态度，深化我们对严复思想的了解。针对这一主题，既有研究主要有黄克武的《严复的异性情缘与思想境界》、徐新韵的《严复与吕碧城交往考析》和王珂珂的《从严复与外甥女何纫兰的交往看严复的晚年思想》。然而，前人对严复与何纫兰交往的研究描述不足，且未探讨女性在中国社会近代转型过程中所起的作用。本文拟从家庭、学业、生活和事业四个方面探讨严复与何纫兰的交往，全面地描绘旧时代的新女性何纫兰，并一窥这一交往对严复政治理念和教育思想的影响。

## 一、旧式家庭：广拓胸襟

何纫兰是严复大妹之女，其父为严复在福州船政学堂的同窗何心川。何心川志向远大且品德高尚，但是他对幼年丧母的纫兰不甚关怀，故纫兰由严家抚养成人。纫兰天资聪颖，仪容出众，严复对她十分关爱。1900年，纫兰嫁与叶祖珪的侄儿叶可梁（字肖鹤）为妻。叶祖珪也是严复在船政学堂读书时的挚友。显然，纫兰的婚姻由长辈主持，是典型的旧式婚姻。清朝女性往往十二三岁就嫁作他人妇，但是在这次包办婚姻中，纫兰和叶可梁均为21岁，并非早婚，比旧法有所改良。当时，中国社会在转型之中，有许多西方风俗悄然兴起，譬如婚姻自由。未婚男女可互相了解彼此的相貌和性格，以判定两人是否相配。然而良家女子仍然是信守旧法，不轻易与陌生男子交往，否则外间必有非议，也会给女子的家族带来困扰。纫兰接受亲人的安排，可见她在婚姻上习于旧法。

纫兰的婆家是塾师世家，皆为守旧之人。他们自诩为书香门第，家中也颇有资产，因此家规甚多，谈话中更是拘牵文义。而纫兰在西学氛围很浓的环境中成长，思想较为开放，平日里又缺乏纳谏之度，"善怪易怒，有点脾气"（严复 8：500），因此和婆婆的关系并不和谐。纫兰的丈夫受教会学府的影响颇深，曾就读于福州鹤龄英华书院、上海圣芳济书院和圣约翰大学。后来，他高中进士，还应严复之邀出任北京大学农学院院长，可谓年少有成，和纫兰也有思想交流的基础。在家庭生活方面，他有时会尊重纫兰的意见，但是常常拘于礼法，夫妻之间也不免争吵，甚至一再惊动严复（8：592）。中国旧式婚姻主要是为了祭祀祖先、照顾双亲和养育后代，而男女爱情则不在考虑的范围之内。严复深为了解纫兰的苦处，因此劝慰纫兰，指出人生在世，不论遇到什么事情，都难免不顺心，关键在于人是否能换位思考，"放开眼孔，打开度量"（8：463），泰然处之。可见严复为人随和，胸怀宽广。他不仅理解、关爱自己的外甥女，还将自己为人处事的原则娓娓道来，注重对外甥女道德品质方面的培养。无疑，这可以使纫兰广拓胸襟，一生受益无穷。不过，我们从这一点也可以发现严复在女性"为人妻"的角色定位上还是持性格温顺敦厚的传统观点。

值得注意的是，有学者认为，严复反对婚姻自由，并指出严复在与熊育锡通信时说："鄙意欧美婚娶之俗，毫无可慕。"严复在翻译时还增添按语，表示赞同包办婚姻，而且还主持了自己儿女的婚姻（黄克武 88）。不可否认，严复在此处与熊育锡通信时确实突出了婚姻自由的弊端，但是半个月后，严复又对熊育锡客观地指出，中国传统婚姻将子女当成"禽犊"，而西方新式婚姻导致幸福的配偶越来越少。"始知一切法，举皆有弊。而福利多寡，仍以民德民智高下为归。"（严复 8：355）事实上，只有中国社会发展进步，不再处于宗法社会阶段，才有可能祛除现今社会的弊端。可见，严复将婚配的自由与否与民德、民智的高低程度结合在一起，反映出他的资产阶级改良主义思想，即主张用教育来循序渐进地进行社会改革。另外，严复曾撰写《论沪上创兴女学堂事》，指出女子自行择偶是社会发展的必然趋势（7：367）。但是，严复同时提出"然若以我国今日之俗，即行之，则流弊亦不可胜言"（7：367）。此外，严复还赞成吕碧城的观点，认为由父母为无知识学问的女子主婚，女子更有可能得到幸福（8：461）。可见，严复认识到对于读书甚少又缺少阅历的女子而言，父母之命、媒妁之言还是颇有用处的。严复在这里很明确地指出儒家伦理道德的适用对象为读书少且阅历少的女子。笔者认为，严复并不反对婚姻自由，而是主张用教育来改良女子的社会地位，在民德、民智得以充分发展的前提之下，再施行婚姻自由。届时，在严复看来，婚姻自由和包办婚姻甚至可以并存。

## 二、学业发展：中西并重

作为纫兰的老师，严复非常关心纫兰的西学造诣。他经常拜访纫兰就读的上海中西女塾，还与纫兰的校长连吉生女士（Helen L. Richardson，1864-1917）往来甚密。上海中西女塾是由美国监理会创办的一所基督教新教教会女子学校，其教育目的是教育基督化，生活美国化，主要招收富家女子入学就读（丁光训 842）。学校甚为注重英文和西洋音乐，主要采用英文原版教科书，同时聘请美国人为教师。严复对外甥女就读教会学校感到十分欣慰。他对连吉生女士说，女子只有接受了教育，德行才能有所长进，并有自知之明，才有可能改变中国旧社会"过于苛戾"的世风（严复 8：239）。清末社会对于女子的桎压甚重，而严复认为有才识和德行的女子可能改变社会风气，这样的言论在当时无疑是颇为令人震惊的。[①]就课程设置来说，纫兰要学习国文、英文、唱歌、钢琴、小提琴、琴史、逻辑、美术、伦理、地理、历史、数学、天文、物理、化学、生物、家政、体育等科目。通过在校学习，纫兰熟稔西方的礼仪文化和基督教的基本教义，思想素质和道德水平无疑有了很大提高。纫兰婚后，丈夫曾到国外游学四年，留下纫兰一人独守空闺，伏案苦读。从这一点可以看出，纫兰与大多数女性不同。清朝末年，上层社会的男子完全接受了教育，普遍希望自己的伴侣有一定的文化水平。就上海中西女塾而言，嫁入豪门的女学生为数众多（王咏梅 374）。大多数女学生念书是为了顺利出入上流社会，提高自己的身价从而达到缔结良缘的目的。而严复则鼓励纫兰要努力学习，希望她能自立自强，为女界吐气，为自己争光（严复 8：454-455）。可见，教育对于严复和何纫兰来说并不是提高女性身价的手段，也不是达成室家和顺、夫妇相喻相知的策略，而是突出女性的主体性，摆脱女性对男性依附的重要途径。严复的鼓励对于纫兰提升自我意识无疑有重要的影响。

严复担任复旦公学和京师大学堂的校长，对学生在文艺和中文方面的要求甚为严格。他在赠送给纫兰的联语里曾提到"文章宗伯字，风流贵六朝"（8：80），体现了他对纫兰学识的殷切期许。严复书法造诣颇深，平日写信好用草书。在他看来，纫兰的字迹娟秀，但是写信给严复时常常用铅笔或钢笔，是疏懒的表现。因此，他在书信中嘱咐纫兰，如果身体略为康健，则可以在课后学习毛笔字（8：452）。可见，严复深知光阴时日的重要性，不赞成后学闲散度日。为此，他还特地去琉璃厂商务印书馆找到了字帖供纫兰学习书法。他指出，"凡学书，须知五成功夫存于笔墨"（8：454）。他教导纫兰选用紫毫或狼毫写小楷，用羊毫写大字，掌握执笔和用笔的技巧，勤学苦练，自然能写出一手好字。书法是中国传统文化和传统教育的重要组成部分。严复希望外甥女勤练书法，有意识地强调传统文化教育。同时，严复在中文方面辅导纫兰。他规劝纫兰平时要多读古书，如苏轼的诗词、唐诗选集、《史记》和《古文辞类撰纂》（8：463），这样在写作的时候才能灵活地运用典故，文章亦能充满文采。严复还建议纫兰多读唐宋八家文，因为与秦汉之文相比，其中的义理脉络较容易理清，骈体文则不必多读（8：463）。显然，纫兰读的古书不多，尚未学成，因此一时比较难领会艰深的骈体文，只能阅读比较浅显的古文。这和中西女塾过于侧重西式教育而忽略国学教育有关。严复在京城担任名词馆总撰，百忙之余，他还为纫兰撰写小屏，作咏雪诗四首。严复的诗作文采飞扬，又避免了艳、纤、丽，无疑为纫兰树立了榜样。这些生活中的小细节无一例外地表明，纫兰与严复的情谊笃深，而且严复对纫兰的期望甚高，希望她成为亦中亦西的才女。不难发现，就女子教育问题而言，严复注重中西融合。这不仅和中国社会向西方学习的大背景有关，也和严复的个人经历息息相关。严复自幼熟读四书五经，极为热爱中国传统文化。在福州船政学堂学习期间，严复又深受西方文化的影响，对西学有了进一步的领悟，而这些都影响了他对纫兰的培养。

## 三、日常生活：舅慈甥孝

严复对纫兰的关爱也可从生活起居中看出。在辛亥革命前至1915年的账册，严复写到：

> 1月15日付纫兰10元；4月1日付纫兰洋10元；1月15日付纫兰4两；3月16日付纫兰京足10两；4月3日付纫兰衣料12两；7月23日付纫兰30元；5月18日付纫兰68.25元；5月23日付纫兰买物130元；7月30日付纫兰200元；9月24日付纫兰绒纱17元；8月12日付纫兰买书12元；11月26日付纫兰44元；12月26日付纫兰10元；2月17日付纫兰10元；6月5日付纫兰50元；10月13日付纫兰100元；10月20日付纫兰10元；11月21日付纫兰10元；12月21日付纫兰10元。（8：721-755）

当时，严复的家庭负担颇重，要供养一妻一妾和八个幼年子女。在他给夫人朱明丽的信件中，有37处明确提及家庭开销，还要求夫人要勤俭持家。他给儿女一个月的生活费约为6~18元，而付给纫兰的零用钱则为10~200元不等。他对纫兰的感情之深厚可想而知。从账册上可见，严复还帮助纫兰买衣裳、生活用品、书和绒纱，可谓关怀备至。

此外，纫兰身体虚弱，患有肝风、疫痢、胃病。她小产过后体气不足，有一段时间甚至无法起床行走，还住院并接受刮宫手术。纫兰看病的医院主要为美国基督教会创办的上海西门妇孺医院和天津日租界的井上医院。上海西门妇孺医院不仅有先进的妇产科技术，也是基督教会宣教的重要场所。医学传教士在病人候诊之时借机宣传基督教教义（王莉娟、苏智良 138）。值得注意的是，严复一向对基督教颇有好感，和教会机构如基督教青年会、英国圣经公会、寰球中国学生会等有密切联系，和教会人士如傅兰雅（John Fryer，1839—1928）、麦美德（S. Luella Miner，1861—1935）等人有往来（耿良凤、岳峰92-98）。当时，大多数中国人对于医学一无所知，而对西医的无菌术、麻醉术等先进手段更是连做梦都不敢想。而且，教会医院的名声欠佳，病入膏肓的人们求助于西医往往是因为已经无中药可医。直至1906年，严复还指出，"中国近者虽谈西学，顾于此事进步最无可言"（严复，8：232）。这固然和中外文化冲突有关，但也和民智的发展低下有关。严复常常浏览医书，和西医往来甚密，并且非常关心纫兰康复的状况。他再三询问夫人，甚至向西医打听细查，想要了解手术是否会妨碍纫兰日后生育。因此，纫兰对教会医院和西医的信任很有可能受到严复的影响。纫兰在上海读书，放学后经常到严复家小住。严复十分担心其身体不佳，因而嘱咐明丽要为纫兰多准备牛肉汤和鸡汤来将养身体（8：470）。可见严复熟稔养生之道，十分注重纫兰的饮食起居。严复一向把身体健康看作第一要义，强调要"鼓民力"，反对因为用功而伤身。严复说："勿谓害小而为之，害不积不足以伤生；勿谓益小而不为，益不集无由以致健。"（8：467）他深知只有平时于生活的细节多加注意，在风和日丽的时候锻炼身体，而不是仅仅依靠药物，才有可能慢慢地从根本上改善体质。为此，严复邀请纫兰一同参加万生园的春游宴会，观赏来自亚欧的草木和非洲、美洲的动物标本（8：37）。不难发现，严复的养生之道颇为稳健保守。此外，纫兰还和何心川、朱明丽一起经营黄包车生意（8：487）。严复对此也颇为关心，在信中屡屡提及。从中亦可见纫兰并非传统女性，而是积极参与物质生产，有一定的经济能力。

平日里，纫兰对舅舅也是关怀备至。严复年老，身体健康每况愈下。纫兰在严复身边论诗说赋，共赏奇文，为严复排解烦恼。即便在外地，纫兰也不断地写信给严复，挂怀无比。严复在日记里曾提及，好几天没有收到纫兰的信，"至以为苦"（8：577）。不难发现，纫兰是严复的精神支柱。严复叮嘱妻子和纫兰一起"到张园陈列所中买温州点铜汤碗全副"寄送至北京（8：485），要求纫兰尽家庭义务，俨然把纫兰当作自己的长女看待。而纫兰在生病之时也记得给舅舅做衣裳。冬天来了，纫兰邮寄一双绒毛袜给严复。纫兰的丈夫归国后，严复经常到纫兰家通宵打麻将。不难发现，纫兰的仁孝可感，令人动容。然而，纫兰也常为严复增添烦恼。她常常与三表弟斗嘴生气，严复和妻子抱怨纫兰是"神经易动难安"（8：500），即便是严复劝她戒鸦片，也"恐不过一句话"（8：502）。可见严复有时也对纫兰心生不满。需要注意的是，清末官宦子弟多用鸦片来治疗疾病，减轻病痛，有些人家甚至鼓励自己的子弟吸食鸦片。而纫兰体弱多病，烟瘾很强，无意戒烟。严复虽不慎染上烟瘾，但是明确反对国人吸食鸦片，认为吸食鸦片不利于"鼓民力"，而且自爱求进的人必不吸食鸦片。在这一点上，舅甥两人意见不一。但总体而言，两人互相关心，彼此包容，关系和谐。

## 四、教育事业：发掘人才

19世纪末，百分之七八十的中国人目不识丁，而能识字的女子更是"百中无一"。女子无才导致我国人才匮乏、民俗低下、国家贫弱。严复通过翻译《天演论》向国人介绍了进化论，并基于进化论的原理首次将女子教育与救亡图存联系起来，对后世产生了很大的影响。何香凝、胡彬夏、吕碧城等杰出女性都在自己推崇女权的文章中引用严复"物竞天择，适者生存"的理念。后来，康有为、梁启超、陈炽、郑观应等人大声疾呼建立女学，倡导男女教育平等。康有为和梁启超更是直接参与了中国近代第一座女学堂的建设（方祖猷115）。虽然这些主张遭到了叶德辉等保守派的驳斥，严复依然于1898年发表《论沪上创新女学堂事》，坚持兴女学。严复提出，学问使人与禽兽有所不同，不论男女都应该有学问。大部分中国妇女大字不识，一生不过是"敷粉缠足，坐食待毙"（严复 7：366）而已，只会成为丈夫的累赘。显然，严复强烈反对"女子无才便是德"的传统观念。

福柯指出，"出于对被监视、被评估或是被惩罚的畏惧，我们避免做某些事情，而我们的个性也由此被限定"（转引自卡尔曼 4）。顽固派和保守派大肆宣扬"夫为妻纲"和"男尊女卑"，对维新派肆意攻击，导致女学会被迫解散，

《女学报》停刊，上海中国女学堂遭到重创。即便如此，纫兰也毫无畏惧，并于1906年与严复商量要建立"完全女学"（严复 8：453）。事实上，自1897年以来，中国传统书院开始改革，并有"全盘西化"的趋势。在此背景之下，书院都以西方教会学校为效仿对象，往往对传统国学教育有所忽视。纫兰的这一请求，可能与上海中西女塾忽视传统儒学教育有关，而纫兰平日里又多受严复的教导，深知中国传统文化的重要性。不难发现，纫兰有知识、有思想、有创见，明白要抓住改良进步之机，又要依靠严复的资源和人脉来实现自己的教育抱负。严复虽年老，却表示要"一息尚存，不容稍懈"（8：453），对纫兰的见解十分肯定。严复为了建立女学而游说同乡郑孝胥、高凤谦兄弟及两江总督端方等人，并希望纫兰能推荐朋友来女学管理行政事务（8：455）。当时中国社会处于转型之际，教师是一种新兴的职业。严复此举说明他希望现代女性能走出家门，取得经济独立，而不是禁锢终身。严复建议纫兰与同学商讨筹办女学的具体事宜，并指出完全女学应该"重汉文、科学、卫生、美术，西文则兼习"（8：455）。严复倡导分科教学、西学教育和国学教育，从中可见严复中西交融的办学理念。

清末女性人才难得，而纫兰在发掘女性人才方面也起到了重要作用。1907年，当严复在南京主考赴美学生的时候，他发现应试的学生之中，女生的程度特别差，"接到题纸，与之对观，不能下笔；英文勉强写出半板，而文法亦多之离"（8：459）。自1900年以来，清政府大力推行教育改革，以江苏、安徽、江西三省为最，但是收效甚微。在这样的情况下，纫兰向舅舅推荐自己的同学曹芳芸参加留美公派留学考试。曹芳芸是浙江嘉兴人，又在上海读书，本来无法参加江苏、安徽、江西三省的选拔考试，但是由于严复非常认可曹芳芸的学识，向两江总督大力推荐曹芳芸，曹芳芸才得以参加补考，最后顺利留美。值得注意的是，曹芳芸在中国首批公派赴美留学生中成绩突出，学成之后又返回中西女塾工作，为中国教育事业的发展作出了巨大贡献。我们不能忽视纫兰的推荐之功。值得注意的是，严复虽然颇为注重发掘女性人才，同时却也提出不赞成女子接受过多的教育，亦反对女子在事业上与男子竞争（7：435）。可见，严复在女子教育上的思想和他温和渐进的改革主张是一致的。

由于严复对女学和女权的关注，在好友英敛之的介绍下，他结识了著名女词人吕碧城。碧城品德高洁、高雅率真又有远见卓识，年纪和纫兰相仿。她深知闺门教育的不足之处，以一己之力力图改变女子教育的现状，并撰写了《女子教育会章程》，争取女性的话语权。1906年，严复受英敛之所托为碧城的著作作序。他在序言中谈到，中国古代学校制度和《学记》所论述的内容，都只涉及男子。而所谓对事业尽心尽责，和朋友友好往来，或者设立学习目标都与女子无关。中国古人所提倡的，即女子不得冒昧进言，而应诚心对待丈夫，注重自己的品德、容貌、女红和言辞，因此女子没有必要上学（7：304）。严复在此处回顾了封建家庭对女子的野蛮束缚。严复认为："夫人只生也，为男为女其群皆必有所事。有所事则必有所学，学而后其事以治，其生以休。"（7：304）可见，女子应该接受教育，这样才能履行自己对社会的职责，和丈夫"相倚为用"，从而做到自立、自存、自由。碧城和纫兰都于1906年提出要建立女学，改变女子的社会地位，这在清朝末年的女界是甚为难得的。严复将吕碧城介绍给纫兰相识，还将碧城的著作《女子教育会章程》交与纫兰阅读，无形之中也扩大了纫兰的眼界。纫兰非常赞同碧城的女学观点，但是由于纫兰体弱多病、精神疲惫，故严复曾代替她回复碧城的书信。严复在信中提出，女学是中国"开民智，进人格"的根本所在，也是中国"真教育"的必经之途（8：255）。不难发现，严复在信中突出了女子教育的重要性。虽然这封信件为严复代笔，但是这封信仍可视为舅甥二人真实意思的表达。在严复看来，碧城读古书甚多又有阅历见地，通晓古今又知时事之变，是难得的人才。他有意将碧城作为纫兰的榜样，显然会对纫兰产生一定影响。有学者指出，严复只是将女子解放的希望寄托在封建皇族身上，而并没有鼓励女子通过斗争获得与男子平等的地位（覃雪源 80）。从严复与纫兰的交往过程看来，这显然不符合事实。

从严复与何纫兰的交往可见，严复在教育领域鼓励女子成为职业女性，提携女性人才，关注女性人才之间的交流，这一切都有助于中国女子教育事业的发展。但是，严复对女子的看法有新旧交织的成分。他认为，只有民德、民智发展到一定的阶段，女子有知识、有阅历的时候，才能施行婚姻自由。此外，严复还认为女子应该德才兼备，学贯中西，才能与男子相倚为用，履行自己的社会职责，自立自强，改良过于苛戾的社会风气。但是，严复不喜女子接受过多的教育，也不赞成女子与男子在事业上一争高下。这些均体现了他虽然主张变通旧有制度，但是反对激烈变革的改良派思想。而何纫兰在严复的指导下，亦成长为一个中国近代社会转型过程中的新女性。她虽然接受旧式婚姻，却不甘于扮演贤妻良母的角色，而是在家庭生活中不断争取自己的权利。在学业发展上，她深受教会学校的影响，精通英文和乐器，但也能谈诗论赋，勤练书法。她计划建立重汉文的"完全女学"，积极推荐女性人才，并和思想先进的女界人士多有来往，志向远大，力图通过女子教育改变社会。总之，严复与何纫兰的交往主要是知识上的交流，从中可见严复政治理念和日常生活互为触动的关系。

## 致谢【Acknowledgement】

本文为国家社科基金中华学术外译项目"中国道路：不一样的现代化道路"（编号：16WKS001）、福建省教育厅教育科研项目"在中西的交汇点：严复翻译思想与实践再诠释"（编号：JAS21102）以及外研社项目"晚清闽籍翻译家研究"（编号：2021031503）的阶段性研究成果，得到全国哲学社会科学规划办公室、福建省教育厅及外研社的经费支持，作者谨致谢忱！

This research was supported by the National Social Science Fund of China under Grant [16WKS001] and by the Education Department of Fujian Province under Grant [JAS21102]. And it was also supported by the Foreign Language Teaching and Research Press under Grant [2021031503].

## 注释【Note】

① 值得注意的是，根据2021年嘉德秋拍所展示的严复研究最新资料（编号115），严复于1907年1月再次与上海中西女塾的某女士（很可能为连吉生女士）用英文通信，恭祝她新婚快乐。严复至少两次与连吉生女士通信，平日里还时常拜访她。这足以说明严复重视女子教育，并且与教会人士关系密切，友好相处。

## 引用文献【Works Cited】

丁光训、金鲁贤主编：《基督教大辞典》。上海：上海辞书出版社，2010年。

[Ding Guangxun and Jin Luxian, eds. *The Dictionary of Christianity*. Shanghai: Shanghai Lexicographical Publishing House, 2010.]

方祖猷：《晚清女权史》。杭州：浙江大学出版社，2017年。

[Fang Zuyou. *A History of Women's Rights in the Late Qing Dynasty*. Hangzhou: Zhejiang University Press, 2017.]

耿良凤、岳峰：《从严复八大译著与交游观论其对基督教的亲和态度》，《汉语基督教学术论评》2021年第6期，第87—124页。

[Geng Liangfeng and Yue Feng. "On Yen Fuh's Compatible Attitude towards Christianity Seen from His Translation and Social Intercourse." *Sino-Christian Studies* 6(2021): 87‒124.]

黄克武：《严复的异性情缘与思想境界》，《福建论坛·人文社会科学版》2001年第1期，第84—91页。

[Huang Kewu. "On Yen Fuh's Affections towards the Ladies around Him and His Thought." *Fujian Forum (Humanities and Social Sciences)* 1(2001): 84‒91.]

梅根·卡尔曼、拉凯莱·迪尼：《解析米歇尔·福柯〈规训与惩罚〉》，余畅译。上海：上海外语教育出版社，2020年。

[Kallman, Meghan and Rachele Dini. *An Analysis of Michel Foucault's Discipline and Punish*. Trans. Yu Chang. Shanghai: Shanghai Foreign Language Education Press, 2020.]

覃雪源：《严复、孙中山和李大钊的妇女解放思想之比较》，《学术论坛》1998年第6期，第79—82页。

[Qin Xueyuan. "A Comparison of Women's Liberation Thought of Yen Fuh, Sun Yat-sen and Li Dazhao." *Academic Forum* 6(1998): 79‒82.]

王珂珂：《从严复与外甥女何纫兰的交往看严复的晚年思想》，《铜陵职业技术学院学报》2019年第1期，第20—31页。

[Wang Keke. "On Yen Fuh's Thought in His Twilight Years Seen from Yen's Relationship with His Niece He Renlan." *Journal of Tongling Vocational and Technical College* 1(2019): 20‒31.]

王莉娟、苏智良：《上海西门妇孺医院研究（1884—1952）》，《近代史学刊》2012年第5期，第135—150页。

[Wang Lijuan and Su Zhiliang. "On Margaret Williamson Red House Hospital (1884‒1952)." *Journal of Modern Chinese History* 5(2012): 135‒150.]

王咏梅：《教会名校在清末民国时期扮演的角色——以中西女塾为例》，《基督教学术》2020年第2期，第359—381页。

[Wang Yongmei. "The Role of Famous Church Schools in the Late Qing Dynasty and the Republic of China: A Case Study of McTyeire High School." *Christian Scholarship* 2(2020): 359‒381.]

徐新韵：《严复与吕碧城交往考析》，《福建师范大学学报（哲学社会科学版）》2010年第1期，第166—171页。

[Xu Xinyun. "Verification and Analysis of Communication between Yan Fu and Lv Bicheng." *Journal of Fujian Normal University* 1(2010): 166‒171.]

严复：《严复全集》（1—11卷）。福州：福建教育出版社，2014年。

[Yan Fu. *Collected Works of Yan Fu*. 11 Vols. Fuzhou: Fujian Education Press, 2014.]

# 鲁迅与商业性书局合作的个性和命运
## ——以北新书局和开明书店为例

张智勇

**内容提要**：出于诸多个人化的出版需求，相比于商业性书局，鲁迅更喜欢同人出版机构或自印。但为了弥补同人出版和自印的缺陷，特别是出于经济考虑，又不得不给予商业性书局一定的合作空间。尽管如此，鲁迅与商业性书局的合作原则仍带有强烈的个人色彩。为此，其更加重视职业化进程缓慢的北新书局，而屡次拒绝愈发职业化的开明书店并对其渐生厌恶。但即便是鲁迅与北新书局的创新式合作，也不免在该原则本身的悖论面前逐渐破裂。这也是鲁迅在出版界中的个性和命运所在。

**关键词**：鲁迅　商业性书局　北新书局　开明书店

**作者简介**：张智勇，南京大学中国新文学研究中心博士研究生，主要从事中国现代文学和鲁迅研究。近期发表过《鲁迅与北新书局版税关系重探》(《鲁迅研究月刊》2019年第1期)。邮箱：1069239895@qq.com。

**Title:** The Personality and Fate of Lu Xun in His Cooperation with Commercial Book Companies: The Case Study of Beixin Bookstore and Kaiming Bookstore

**Abstract:** Due to his personal publishing needs, Lu Xun preferred co-publishing organizations or self-printing to commercial book shops. Nevertheless, in order to make up for the demerits of co-publishing and self-printing, especially for financial factors, he has to cooperate with commercial bookshops in some cases. Lu Xun's principle in cooperation with the commercial book companies, however, is still tinged with strong personal inclinations. For this reason, he attached more importance to Beixin Bookstore, which was in a slow process of professionalization, and repeatedly rejected Kaiming Bookstore, which was increasingly professional, and gradually became disgusted with it. However, even the innovative cooperation between Lu Xun and Beixin Bookstore gradually broke down in the face of the paradox of the principle itself. This illustrates Lu Xun's personality and fate in the publishing circle.

**Keywords:** Lu Xun; commercial book shops; Beixin Book Company; Kaiming Bookstore

**Zhang Zhiyong** is a PhD candidate at the Research Center of Chinese New Literature, Nanjing University. He is mainly engaged in the field of modern Chinese literature and Lu Xun studies. Recently, he published "Re-Exploration of the Relationship between Lu Xun and Beixin Bookstore" (*Lu Xun Research Monthly*, 1, 2019). **E-mail:** 1069239895@qq.com.

# 一、鲁迅与商业性书局的合作空间及其限度

作为现代文坛最重要的作家之一，鲁迅在出版界中受欢迎是必然的。但与多数作家对于作品出版空间和版税收益的最低需求不同，鲁迅的出版需求十分复杂多元。这也直接影响了其对于出版机构的选择和态度。

鲁迅十分重视文学译文的出版，认为这是对新兴的中国新文学最好的肥料。但在当时的书刊市场中，文学译文的销路远不如原创，哪怕是鲁迅的译文，在出版商和读者面前也远不如其创作受欢迎。但鲁迅并没有因此而放弃，从留日时期的《域外小说集》到去世前夕的《死魂灵》，鲁迅对外国文学的翻译和出版始终不遗余力。而出于个人审美等需求，鲁迅又十分重视对于书籍封面设计、装帧版式、印刷质量等方面的追求，而对出版商而言，这无疑会增加出版成本。此外，鲁迅十分注重对于文艺新人的培养，往往向刊物和书局介绍新人新作。但书局为稳定销路着想，往往更喜欢出版知名作家的作品，以此减轻营销上的风险。可见，以营利为目的的商业性书局很难满足鲁迅在出版方面的诸多个人化需求。

为此，鲁迅更青睐于同人出版机构或者干脆自印，并不断进行着尝试。但无论是社团还是新兴书局，同人出版机构的发展势头往往不尽如人意。社团出版不以经济利益为目标，商业气息较弱，但也正因如此，其资金上的缺乏和经营上的业余都使其很难与职业书局竞争，加之同人内部不稳定，长久维持的可

能性很小，即便维系时间较长，出版能力和实绩也未必足观，未名社便是例子。与之相近，同人色彩强烈的新兴书局也很难在竞争十足的出版界中获得一席之地，不是过早夭折便是默默无闻，春潮书局和联华书局便是如此。而少数能够成长起来的书局，却又随着职业化程度的加强而呈现出明显的商业化气息，在足以立足于出版界的同时，就很难继续实现上述的同人需求，比如北新书局。

而比同人出版更加极端的自印，则更没有持续性和规模化的可能。尽管与书局出版相比，自印的优势是明显的，它从书目选定到装帧、排版、印刷均由自己决定，无须和任何人商议、妥协，从而可最大限度地将相关出版理想付诸实践。因此，鲁迅对于自印书籍情有独钟："凡是为中国大众工作的，倘我力所及，我总希望（并非为了个人）能够略有帮助。这是我常常自己印书的原因。因为书局印的，都偷工减料，不能作为学习的范本。"（鲁迅 14：121）特别是当商业出版和同人出版渠道不顺畅时，鲁迅就重新将自印纳入出版布局。从1931年自印《毁灭》和《铁流》到1936年的《海上述林》，鲁迅先后以"三闲书屋""版画丛刊社""铁木艺术社""诸夏怀霜社"等名义自印译作、版画集、笺谱等各类出版物十种左右。但自印并不是万能的，资金不足始终是鲁迅难以全面实现其自印计划的巨大限制。此外，由于高成本而导致的高定价，自印的销路已然有限，加之经手人、印刷所和代售方的盘剥，保本已是不易，盈利更是奢望。因而鲁迅的自印行为几乎每每亏本，他也多次抱怨自印的艰难。而更重要的是，一旦大量采用自印和同人出版，同商业书局之间的合作规模及相应的经济收益便会减少，鲁迅在经济上的出版需求便难以继续实现。

可见，无论是商业出版、同人出版还是自印，各自都存在明显的局限，在鲁迅这种个性独特、需求多元的著作人面前，很难面面俱到。在这样的矛盾和悖论下，鲁迅的出版之"结"似乎很难解开，他只能辗转于几种出版方式之间来尽量兼顾各个层面的出版需求。因此，与商业性书局维持部分合作是必然的，而这也是无奈之举。尽管鲁迅对绝大部分商业性书局都不满意，但也只能差中取优，尽量选取差强人意的与之合作。

尽管鲁迅是当时出版界中最为火热的著作人之一，但实际上可供其选择的书局并不算多。首先，要考虑各家新文艺书店的性质和所属阵营。因为除了出版资源本身，书局也是文人群体的自家园地。因而，文人群体间的"党同伐异"也会体现在出版机构之间，"书店也有党派关系的，文人的党派，就是书店的党派"（章克标 106）。1928年，上海部分书局尝试发起新书业公会，并拟由北新、光华、开明、泰东、现代、新月、真善美、创造社出版部、亚东等九家为常务委员。在这之中，亚东与新月是胡适和新月派的地盘，泰东、光华、现代和创造社出版部则是创造社的资源，而除了自己所扶植的北新外，在此时与鲁迅相对交好的只有开明。

即便此后出版业迅猛发展，也并非所有的商业书局都能进入鲁迅的合作视野。首先是"不明底细"（鲁迅 13：341）的小书局，如上海图画书局，鲁迅担心其不可靠而不愿与之发生关系。其次是性质不纯正或者在意识形态上让鲁迅无法接受的书局，比如黎明书局："然黎明书局所印，却又多非《译文》可比之书，彼此同器，真太不伦不类，倘每期登载彼局书籍广告，更足令人吃惊。"（14：22）最后是"气焰万丈"的大书局，特别是商务印书馆，鲁迅对这类书局的批评集中于其在态度上的盛气凌人和业务上的壁垒原则。此外，对于同大书店还是小书店合作，鲁迅始终犹疑不定。在经济保障与合作空间方面，规模小的书店"口头上是有稿费的，但不可靠，因书店小，口说不做准。大书店则有人包办，我辈难于被用"（13：38）。而在书籍的销路方面，"可靠的书店往往不善于推销，有推销手段者，大抵连书款（打了折扣的）也不还"。在这样的矛盾和悖论下，鲁迅也只能发出"所以我终于弄不好"（13：177）的感叹。


## 二、鲁迅与开明书店——对书局职业化的反动

尽管并非最优选择，但鲁迅还是与多家商业性书局有过不同程度的合作。而在1926年成立后迅速发展并于1930年代一跃成为五大书店之一的开明书店，却从未获得过鲁迅的书籍版权。实际上，鲁迅与开明曾存在着合作的基础和可能，开明从成立起便试图争取鲁迅的版权。但鲁迅并未与不断壮大且日益

职业化的开明携手，反而对其渐生抱怨，双方关系也急转直下。此中变化既缘于一些具体事件，又牵涉到鲁迅对于商业性书局的态度与合作原则。

实际上，鲁迅与开明老板章锡琛的关系，最初并不很差。五四时双方同属新文化阵营。章锡琛在1921年接手的《妇女杂志》和后来另创的《新女性》曾作为过鲁迅在20年代中前期的言论平台。而章氏又是鲁迅三弟周建人前往商务工作的推荐人之一，还是后者在《妇女杂志》的同僚和新女性社的同人。以上种种为双方关系打下了基础。这从鲁迅在1925年章锡琛、周建人与陈百年有关新性道德的辩论中的立场倾向上可见一斑。当《现代评论》发表了陈百年对于章、周二人在《妇女杂志》"新性道德号"上两篇文章的批评意见而又不愿刊登二人的辩解文章时，鲁迅利用刚刚诞生的《莽原》为他们提供了发表空间，并在该期《莽原》的《编完写起》中态度鲜明地站在了章、周一边。有趣的是，十年后，在为这篇被杨霁云编入《集外集》的《编完写起》作案语时，鲁迅对于章锡琛的态度发生了明显的变化："《现代评论》是学者们的喉舌，经它一喝，章锡琛先生的确不久就失去《妇女杂志》的编辑的椅子，终于从商务印书馆走出，——但积久却做了开明书店的老板，反而获得予夺别人的椅子的威权，听说现在还在编辑所的大门口也站起了巡警。……这真教人不胜今昔之感。"（7：80）鲁迅前后的两次表态，反映了他在20年代的北京和30年代的上海两个不同时空中，对于章锡琛的态度转变。但就当时而言，双方的同人关系仍然是明显的。甚至有说法认为开明书店"是鲁迅先生给起的名"（吴觉农 497）。且此时的新书业尚处发生期，重视新文艺出版的书店并不多见。因而，鲁迅与开明此时有着理论上的合作基础。而开明显然不愿错过与鲁迅合作的机会，在创立伊始便向鲁迅抛出了橄榄枝，并由此展开了长达数年的攻势。

1926年8月，鲁迅途经上海南下，章锡琛与北新老板之一李志云对鲁迅轮番拜访和宴请，喧闹的背后则是对其作品版权的激烈争夺。1926年10月4日，鲁迅在写给许广平的信中明确提到了开明向其预约书稿的举动以及自己对此的回应："开明书店想我有书给他印，我还没有。"（11：566）但鲁迅此时并未彻底拒绝开明，双方仍然存在着合作的可能。因为就在同日，鲁迅还向未名社同人转达了开明想在上海专卖《未名丛刊》的合作意向，并给予其较高评价："在上海时看见章雪村，他说想专卖《未名丛刊》（大约只是上海方面），我没有答应他，说须得大家商量，以后就不提了。近来不知道他可曾又来信？他的书店，大概是比较的可靠的。但应否答应他，应仍由北京方面定夺。"（11：562）从此，开明成为未名社在上海的代售点，这也埋下了日后未名社将其出版业务转让给开明的伏笔。可见鲁迅此时对于开明和章锡琛颇为信任，双方合作的空间依旧很大。但开明想要的显然不止这些，其真正目的是要取代北新成为鲁迅版权的垄断方。正如许广平所回忆："记得在厦门、广州时，曾有另一书店托人和先生磋商，许以优待条件，要先生把在北新书局发行的全部著作移出，交给那家书店出版，先生未为所动。"（许广平，《鲁迅和青年们》24-25）

1927年10月，鲁迅寓居上海。一年前开明对于鲁迅的热情此时再次出现。而这一次，鲁迅为回访章锡琛曾主动登门。当时在开明工作的王燕棠对此有如下回忆："有一天，鲁迅来开明，……听说这次鲁迅打算将他以前在北新出版的书转给开明出版，但遭李小峰反对，说是倘要转去，所有账目都一笔勾销（时值数万元），鲁迅不欲滋事，不转亦不再给稿了。"（111）根据鲁迅日记的记录，其确实在10月12日登门开明，但此事不久之后鲁迅写给章廷谦的信件，则是对王氏回忆细节的有力反驳："不过我要说一句话，我到上海后，看看各出版店，大抵是盈利第一。小峰却还有点傻气。前两三年，别家不肯出版的书，我一绍介，他便付印，这事我至今记得的。虽然我所绍介的作者，现在往往翻脸在骂我，但我仍不能不感激小峰的情面。情面者，面情之谓也，我之亦要钱而亦要管情面者以此。"（鲁迅12：99）说明鲁迅在接触了上海各家书局后，并未有另寻下家之意，反而是更加坚定了与北新的合作。故而，王燕棠有关鲁迅想要主动改换出版商的回忆并不属实。但可以再次证明，开明当时的目标确实是从北新获取鲁迅的全部版权。

而鲁迅对于开明的态度却在悄然发生着变化。许广平曾于1929年5月19日向返京探亲的鲁迅提及郁达夫夫妇的来访和谈话内容："他们又说及开明新近从绍兴人里面招一笔款，甚充裕，说到北新，问有无消息，我答以无，他说北新生意欠佳，门市每天不及百元，恐往后难支下去云。"（许广平，《290519

致鲁迅》290）从信件内容上看，大致提供了两点信息 :（一）开明书店新增股本，资金充裕 ;（二）北新书局生意不佳，恐难支持。而鲁迅随后的回信则明确表达了其对于此事的态度 :

> 达夫们所说关于北新的话，大概即受玉堂们影响的。北新门市每日不到百元，一月已有一千余元，足够上海开支了，此外还有外埠批发，不至于支持不下。但这是就理论而言，至于事实，也许真糟，我在此所见的人，都说北新不给版税，不给回信，和北新感情很坏，这样下去，自然也很不好的。
>
> 至于开明之股本，则我们知道得很明白，号称六万元，而其中二万五千，是章雪村弟兄之旧底子 ; 一万是一个绍兴人的，他自己月取薪水百元，又荐了五个人，则其余之二万五千，也可想而知矣。大约达夫不知此种底细，所以听到从绍兴集了资本来，便疑为大有神秘也。（鲁迅 12：173-174）

可以看出，尽管鲁迅对于北新此时对著作人"不给版税，不给回信"的行为有所指责，但并没有借此更换出版方的打算。重要的是，鲁迅对于正处于上升势头的开明的态度已不如三年前那样坚定和乐观。实际上，随着1928年夏丏尊成为主编，开明将自己的出版重心放在以教辅用书为主的青年读物上。而在新文艺业务上，开明更乐于出版成熟作家的作品，"专印朋友里面比较好一点的书"（章锡琛 464）。而鲁迅更期待偏重新文艺且欢迎新作家的书局，北新后来由新文艺向青年教辅读物的出版转向便曾引起过他的不满 :"会兼那时出版教科书的风气甚盛，谁个书店不想赚钱？风帆一转，文学书就置之脑后了，先生以为这是大大的失着。"（许广平，《鲁迅和青年们》25）

随着版税纠纷后，鲁迅与北新关系的逐步恶化，不得不扩大与其他商业性书局的合作。与此同时，开明先后多次招股增资迅速发展。这本应是双方合作的良机，但此后数年间相继与大江、水沫、光华、神州国光社、良友、天马等书局合作的鲁迅始终没有选择开明。也可以说，鲁迅对开明的疏远，正是始于开明加速职业化进程之后。当现代文坛的半壁江山都纷纷成为开明旗下的著作人时，鲁迅与开明的关系却逐渐恶化。开明成立后，章锡琛的转变很大，其事业心彰显得尤为明显："雪村先生在商务的时候非常拘谨，几乎不苟言笑；离了商务性格突然一变……事业上好胜心极强，处处刻意创新，想方设法挤进商务、中华等大出版家的行列。"（叶至善 29）为此，他向商务、中华借鉴企业的规范化、制度化管理模式，并认为"这样做完全合乎资本主义发展规律"（宋云彬 191）。也许对书店而言，需要经理人有这样的转变，但对于鲁迅这样的老友和同人而言，从不甚计较的文人到处处计较的老板的角色转换，多少会让他们有些不适应。作为书局的创始人和实际管理者，章锡琛的希望是处处向商务、中华这样的出版巨头靠拢，但殊不知，开明离商务越近，离鲁迅也就越远。

接下来的未名社转让事件让鲁迅对开明更加反感，也彻底关上了双方合作的大门。1931年，未名社因管理不善、经费支绌，与开明签订合同，将社员著译版权及存书等资产转让给开明，并函告鲁迅守此规定。鲁迅于同年5月1日得知消息后，为摆脱该社与开明的约定而声明退出未名社。此后其与曹靖华的通信中多次抱怨将未名社转让给开明一事："未名社开创不易，现在送给别人，实在可惜。"（鲁迅 12：277）但殊不知最早建议未名社停止活动转让别家的不是别人，正是鲁迅，其在一年半时就对李霁野明确表示："未名社既然如此为难，据我想，还是停止的好。所有一切书籍和版权，可以卖给别人的。"（12：220）这说明鲁迅并非反对未名转让这一行为本身，其反对的是转让给开明。这大概是北京的未名社同人没有想到的，因为此前充当未名社与开明介绍人的正是鲁迅。但鲁迅对于开明的态度早已今非昔比，在宣布退出未名社的同时，鲁迅立即与李小峰商议收回其在未名社的版权以转交北新。至此，开明又一次失去了获得鲁迅版权的机会。如果说1926—1929年鲁迅对开明的拒绝是因为对北新的满足和情义，那么此时则明显出自他对开明的嫌恶。在写给曹靖华的信中，鲁迅毫无保留地表达了自己对于开明的态度："上月丛芜来此，谓社事无人管理，将委托开明书店（这是一个刻薄的书店）代理，劝我也尊奉该店规则。我答以我无遵守该店规则之必要，同人既不自管，我可以即刻退出的。"（12：266）如果说"刻薄"是指不讲人情、对金钱的过分计较和对商业规则的刻意执着，那么从鲁迅随后与开明就讨要未名社欠款一事所遭到的对待，似乎证明了他的判断。在鲁迅讨要历时两年后，直至1933年3月14日、9月5日、9月14日，在未名社和鲁迅按照开明的要求刊登广告对外公示后，开明才最终分三次将该款支付给鲁迅。此事虽最终得以解决，但过程的漫长和艰难让鲁迅对这个从前的友方书店彻底失去了好感。

　　而此事背后双方的深层心理却更值得推敲。首先要明确，鲁迅的版税是未名社而非开明拖欠的，应由开明在每年两度向未名社例行结算后，再由未名社支付给鲁迅。这也是开明始终拒绝鲁迅直接讨要版税的法理依据。但站在鲁迅的视角看，当时他正因"一·二八"事变和失去教育部特约著述员的薪水而陷入经济危机，而开明为了避免经济风险仍然坚持照章执行。这种过于拘泥商业准则的态度是讲求同人性和人情味的鲁迅所无法接受的，也是鲁迅批评开明的着眼点："书店股东若是商人，其弊在胡涂，若是知识者，又苦于太精明，这两者都与进行有损。我看开明书店即太精明的标本，也许可以保守，但很难有大发展……"（13：427）此后尽管双方交集不多，鲁迅对开明的批评和指责却仍是屡见不鲜。

　　但我们也要辩证地看待开明的行为。所谓"精明"，既指书局对于商业利益的过于看重，也意味着一家书局的职业化程度。开明的经理人和编辑多出身于商务印书馆等大型职业化书局，对于书局的经营比较正规、细致、讲原则，喜欢按商业章程办事，这在鲁迅看来，可能就是"苛酷""刻薄""商业性十足"。但这些书店的执行力很强，很少发生严重拖欠版税的事件，著作人与书店关系多较融洽："很多大小书店欠版税、赖版税的现象很普遍，照我的经历，主动给我送来的似乎只有开明一家。"（楼适夷 199）且在某种意义上，正因为开明的职业化程度高，才使得其发展速度更快，这也打破了鲁迅认为开明"难以有大发展"的预言。

　　鲁迅对开明的态度并非偶然，这牵涉到他的出版观念，特别是其与商业性书局的分歧。鲁迅出版的目的是为公，是为读者和中国的新文艺发展而考虑。而所有书店为生存起见，"大抵是盈利第一"。因为正如赵家璧所言："如果出版商当不好，出版家也当不成了。"(363)而分歧的种子也由此而生。尽管从客观结果上看，这些书局同样带有"公心"，并对文化事业有所贡献。

## 三、鲁迅与北新书局——"亦要钱而亦要管情面"的尝试和破灭

著作人与书局的合作本质上是商业合作，但又因为双方合作所带同人性质的多少而有所差异。而鲁迅对于商业性合作的个性原则正在于对同人色彩的渴望，用鲁迅自己的话就是"亦要钱而亦要管情面"。为此，鲁迅以北新为样板进行了尝试，但最终仍归于失败。

鲁迅在1920年代拒绝开明的原因并不在于开明本身，而在于他更青睐自己亲手扶植起来的北新。其在北新所享有的种种特权以及双方合作的不错成效，使得鲁迅此时基本不存在和其他职业书局合作的可能，更何况是彻底改换版权所属。因为从根本上说，除了上述与北新之间的"情面"之外，鲁迅不改换出版商的根本原因还恰恰在于开明等其他书局开出的价码没有北新高，哪怕北新的价码是打了折扣的。与北新合作，鲁迅不仅可以自由出书，对所出书籍的编辑、排版、印刷、发行等环节发声，还可以向其推荐新人新作，更可以凭借话语权参与北新的运营，如提议降低售价、提高著作人版税率、注重印书质量等。而北新为鲁迅开出的高达25%的版税率同样惊人。尽管北新长期拖欠鲁迅版税，但拖欠并不等于不还，所以仍可视为鲁迅的财富，版税纠纷后北新逐步偿还所欠版税便证明了这点。而即使算上拖欠这一行为，据笔者统计，1929年8月版税纠纷前北新拖欠鲁迅版税数额大概为应付总额的40%。如果用北新25%的版税率去换算60%的已支付部分，相当于是北新按照15%的版税率对鲁迅进行了全额支付，而15%则恰好是包括开明在内的同行书业的通行版税率。换言之，即使北新拖欠鲁迅版税，其所支付部分也仍然达到了同行水准。更何况鲁迅在北新的特权和地位远非版税所能体现。

而鲁迅之所以更加重视北新，是因为双方的商业合作带有强烈的同人色彩。哪怕北新迁入上海后商业气息日益浓厚，鲁迅也仍然念及其此前对自己在诸多出版理想上的帮助和满足。且在鲁迅看来，"还有点傻气"的北新老板李

小峰并不是一个典型的商人，尚未完全沾染上海的商业气和市侩气。因而尽管鲁迅对北新同样心存不满，但很少批评以"精明""苛酷"等字眼，而只埋怨其"糊涂"。对于鲁迅而言，其与北新的合作并非单纯的生意和"势利之交"（鲁迅 12：357），而或多或少的掺杂了双方的情义与互助。尽管随着北新的商业化和去同人化，这种情义在不断减退。

也正因北新一直以来的非职业化，鲁迅与北新的商业往来规范性虽不强，人情味却十足。比如北新对于鲁迅等重要著作人没有采用行业通行的定期结算支付方式，而是按月支付定额版税。这实际属于预支性质，限制了书局的资金流转，却方便了著作人的生活所需，尤其适用于鲁迅这样的自由撰稿人。因而尽管在版税纠纷前，北新在鲁迅默许的情况下拖欠了后者40%的版税，但其在商业规则面前的宽松、灵活是鲁迅所乐于看到的，正是这种不规范才造就了双方的合作空间。因而，相比于开明等书店的"精明"，鲁迅更能容忍北新的"糊涂"："然'胡涂'者，不精明之反也，水清则无鱼，太精明的店，也同样难以合作，先生所以时常说：'某某书店乱七八糟，真气人，许多人固然受了他的胡涂之累，可是，他也时常胡里胡涂地吃人家的亏（如几次封门）。比起精明的来，不无可爱之处。'"（许广平，《鲁迅和青年们》25）

鲁迅之所以重视与北新的合作，还在于北新之于其出版布局中的特殊地位。为了应对与出版机构合作的上述困境，鲁迅采取了两种应对措施。第一种即针对商业出版、同人出版、自印等各自的长处和短板，将几种出版方式相互搭配，各取所需。第二种则相对复杂。如上所述，鲁迅最喜欢的出版方式是自印，但是这需要巨大的经济投入和风险，但如果能与某一书局合作，又能对其所出书籍进行干预或指导，就可以同时规避商业出版和自印的缺陷。但问题在于，能否找到这样一家既能规避风险又可拥有特权的书局。而1925—1929年的北新对于鲁迅而言便承担着这样的角色，北新也由此成为以此种形式同鲁迅合作最为成功的书局。

但是，随着版税纠纷后双方合作性质的转变，北新上述对于鲁迅出版理想的满足没能持续下去。鲁迅能够在成立伊始的北新拥有诸多特权，代价便是默认北新对自己版税的拖欠以助其发展。而这种依靠双方各自让步而形成的双赢局面，一旦有一方不再愿意，就会迅速发生动荡，这也是1929年版税纠纷的实质。这次纠纷也再次打破了鲁迅试图与商业性书局尝试创新型合作关系的可能，并使其重新回到了被迫将商业性书局作为自己出版布局中不得已的补充的老路上。由此可见，鲁迅与商业性书局之间的矛盾是普遍的也是必然的，无论是开明还是北新都非例外。因为无论哪家书局："作家和出版家的意见不会相合，他们的理想是'又要马儿好，又要马儿不吃草'，但经作家的作梗，那让步也不过'少吃草'而已。"（鲁迅 13：411）而这也是鲁迅同商业性书局合作的限度和宿命。

## 致谢【Acknowledgment】

本文受益于《现代传记研究》匿名评审人提出的修改意见，作者谨致谢忱！

I am grateful to the editor of *Journal of Modern Life Writing Studies* and anonymous reviewers for their suggestions and comments.

## 引用文献【Works Cited】

《出版史料》编辑部编：《章锡琛先生诞辰一百周年纪念文集》。上海：《出版史料》编辑部，1990年。

[Editorial Department of Publishing History, eds. *A Collection of Essays Commemorating the 100th Birthday of Mr. Zhang Xichen.* Shanghai: Editorial Department of Publishing History, 1990.]

鲁迅：《鲁迅全集》（1—18卷）。北京：人民文学出版社，2005年。

[Lu Xun. The *Complete Works of Lu Xun.* 18vols. Beijing: People's Literature Publishing House, 2005.]

楼适夷：《难忘的鼓励和帮助》，宋应离、袁喜生、刘小敏编，第197—200页。

[Lou Shiyi. "Unforgettable Encouragement and Help." Eds. Song Yingli, Yuan Xisheng and Liu Xiaomin. 197-200.]

宋应离、袁喜生、刘小敏编：《20世纪中国著名编辑出版家研究资料汇辑》（第2辑）。开封：河南大学出版社，2005年。

[Song Yingli, Yuan Xisheng and Liu Xiaomin, eds. *Collection of research materials of famous Chinese Editors and Publishers in the 20th Century.* Vol. 2. Kaifeng: Henan University Press, 2005.]

宋云彬：《开明旧事——我所知道的开明书店》，《出版史料》编辑部编，第176—203页。

[Song Yunbin. "Kaiming Bookstore as I Know It." Ed. Editorial Department of Publishing History. 176-203.]

王燕棠：《为出版事业一往无私的锡琛先生》，《出版史料》编辑部编，第110—117页。

[Wang Yantang. "Selfless Xi Chen for the Publishing Industry." Ed. Editorial Department of Publishing History. 110-117.]

吴觉农：《怀念老友章锡琛》，宋应离、袁喜生、刘小敏编，第495—500页。

[Wu Juenong. "In Memory of Old Friend Zhang Xichen." Song, Yuan and Liu 495-500.]

许广平：《鲁迅和青年们》，《许广平文集》（第二卷），周海婴编。南京：江苏文艺出版社，1998年，第9—43页。

[Xu Guangping. "Lu Xun and the Youth." *Collected Works of Xu Guangping.* Vol 2. Ed. Zhou Haiying.

Nanjing: Jiangsu Literature and Art Publishing House, 1998. 9–43.]

——：《290519致鲁迅》，《鲁迅与许广平往来书信集：〈两地书〉原信》。长沙：湖南人民出版社，1984年，第290—291页。

[—. "May 19, 1929 to Lu Xun." *Lu Xun and Xu Guangping's Correspondence: The Original Letter of the Book of Two Places*. Changsha: Hunan People's Publishing House, 1984. 290–291.]

叶至善：《纪念雪村先生》，《出版史料》编辑部编，第29—33页。

[Ye Zhishan. "In Memory of Mr. Xuecun." Ed. Editorial Department of Publishing History, 29–33.]

章锡琛：《从商人到商人》，宋应离、袁喜生、刘小敏编，第454—465页。

[Zhang Xichen. "From a Businessman to a Businessman." Song, Yuan and Liu 454–465.]

章克标：《文坛登龙术》。成都：四川文艺出版社，1999年。

[Zhang Kebiao. *Secrets for Skyrocketing to Success in the Literary Circle*. Chengdu: Sichuan Literature and Art Publishing House, 1999.]

赵家璧：《赵家璧文集》第3卷。上海：上海文艺出版社，2008年。

[Zhao Jiabi. *Collected Works of Zhao Jiabi*. Vol 3. Shanghai: Shanghai Literature and Art Publishing House, 2008.]

# 传记研究视野下的马克·吐温晚年精神危机探析

林家钊

**内容提要：**马克·吐温的晚年作品充斥着大量渎神言论，带有强烈的精神危机色彩，他也因此常被定性为一位"反宗教"作家。本文利用马克·吐温各个时期的笔记、书信和演讲等材料历时地勾勒出其宗教活动的三个主要阶段，并对其晚年精神危机的内在结构及本质做出分析。本文发现，马克·吐温青年阶段就已萌发对宗教论争的兴趣，这种兴趣贯穿了他一生颇为矛盾的精神探索之旅，而其晚年精神危机实质上是从加尔文教义向自然神论和达尔文主义转换过程中出现的一种精神动荡，其晚年略显灰暗的思想体系并非是绝望主义话语，而是一种对19世纪新兴思想话语的有效接纳和适应。

**关键词：**马克·吐温　晚年　精神探索　宗教研究　传记研究

**作者简介：**林家钊，深圳大学外国语学院助理教授，从事马克·吐温研究、文学理论研究，发表有《怒击1900："反帝国生态主义"下的马克·吐温最后十年》（《现代传记研究》2020年第2期），"Becoming as Suffering: A Genealogy of Female Suffering in Chinese Myth and Literature"（CLCweb: Comparative Literature and Culture, 2019.9）等。邮箱：linjiazhao@szu.edu.cn。

**Title:** On Mark Twain's Spiritual Crisis in His Later Years: A Perspective of Biography Study

**Abstract:** Mark Twain's works in his later years are characterized with blasphemy and spiritual crisis, which labels him as an "anti-religious" writer. This paper uses Mark Twain's rich biographical materials to outline the three main stages of religious activities in his life. This paper argues that Twain's concern for religious issues originated from his youth has run through his life's contradictory spiritual exploration. His spiritual crisis in his later years is essentially a strata-like ideological system which is formed by the integration of Calvinism, Deism and Darwinism. This gloomy ideological system is not a despairing discourse, but an effective acceptance of new scientific discourses and the reshaping of thought in the nineteenth century.

**Keywords:** Mark Twain, spiritual seeking, religion study, biography study

**Lin Jiazhao** is Assistant Professor of the School of Foreign Languages, Shenzhen University. His academic interests include literary theory and Mark Twain biography. His recent publications are "1900 in Eruption: Toward Anti-ecoimperialism Theory of Mark Twain's Last Decade" (*Journal of Modern Life Writing Studies*, 2, 2020) and "Becoming as Suffering: A Genealogy of Female Suffering in Chinese Myth and Literature" (*CLCweb: Comparative Literature and Culture*, 9, 2019). **E-mail:** linjiazhao@szu.edu.cn.

马克·吐温（1835—1910年）的晚年精神危机一直是学界争论的焦点之一，这一时期他的作品显现出浓郁的反宗教色彩，散播在《人是什么》等作品之中。美国传记作家哈姆林·希尔认为这些晚年作品展现出来的情绪是马克·吐温对其不堪忍受的生活的一种暴怒（Hill 272-274），马克·吐温也因此被贴上了"异端者（heretic）"、"异教徒（infidel）"等标签。不可否认，马克·吐温的渎神言论广泛地分布于他的作品，尤其是其晚年作品之中，但是"反宗教"标签作为一种简单化的论调很容易遮蔽马克·吐温晚年思想体系中的多层次结构，抹杀了他与19世纪下半叶宗教、科学、文化话语之间的互动关系。因此，本文将首先利用马克·吐温传记材料，在历时的层面对他一生的宗教活动进行梳理，厘清其人生中三个不同阶段的宗教思想演变过程，在此基础上聚焦于其晚年思想中对自由意志的否定这一危机表征，并从19世纪自然神论、达尔文主义的语境中勾勒出马克·吐温的宗教、科学思想的演变轨迹，以期对其晚年精神危机的实质做出重新解读。

## 一、矛盾人格：马克·吐温宗教活动的三个阶段

马克·吐温传记作家贾斯丁·凯普兰（Justin Kaplan）凭借《克莱门斯先

生和马克·吐温》（*Mr. Clemens and Mark Twain: A Biography*）获得了1967年的美国国家图书奖和普利策奖，正如该书名所暗示的那样，这一里程碑式的作品开启了马克·吐温"分裂人格"假说的序幕，以对马克·吐温的多重身份做出揭示，而在追寻宗教的进程中，我们同样能够看到马克·吐温分裂式的身影，矛盾的态度贯穿了他的一生，主要表现在童年启蒙、结婚前后和晚年三个阶段。

从童年开始，马克·吐温就通过各种场合参与到宗教活动之中，开启了他终生的精神探索之旅。根据迪克森·维克多的记载，在1843年，即马克·吐温八岁之际，马克·吐温的母亲成为长老会的成员，她经常带着他前往教堂或主日学校（Wecter 86）。尽管马克·吐温经常对《圣经》流露出反感，但是他仍然在十五岁之前就"通读了圣经"（Cummings, *Science* 18）。在十九岁之际，他就关注到了宗教论争，他在笔记中提到基督教基要主义拥护者霍普森（Winthrop Hopson，1823—1889）与基督教普遍主义支持者曼福德（Eramus Manford，1815—1884）之间就"地狱"问题的争论，[①]初步显现出了他对宗教理论的兴趣。到了1865年，他在写给哥哥奥里昂的信中坦率说道："我的人生中只有两个强烈的志向。一个是成为一名水手，另外一个是当一名福音牧师。我完成了第一个，但是在另外一个上失败了。"（Twain, *Letters* 1: 222-223）马克·吐温想成为牧师却没有办法实现的内心告白并非孤例，一年后，他对外甥塞缪尔·墨菲特说："我自己想成为一名牧师，这是我唯一有过的真诚愿望，但是不知怎么回事，除了这个志向以外，我没有任何资格去实现它。在成为牧师这件事情上我总是无法达到预期。那么，我就希望我们家族中的某人可以从事它并取得成功。"（1: 367）从马克·吐温信件的真诚表述中，我们可以感受到一个在宗教信仰中挣扎的形象，他自己虽然无法成为一位教徒，但是他真诚地劝导身边亲人按照自身的意愿去努力进行宗教实践，在他的青年阶段，他可能就已经意识到宗教可以帮助一部分人应对人生的怀疑和痛苦，如果要求别人像他自己那样去脱离宗教，很可能会给他人带来巨大的精神伤害。

马克·吐温这种矛盾的态度进一步在他成年之后延伸，在面对是否参加宗教仪式的问题上，他也表现出了极大的摇摆，这主要发生在他成婚前后与妻子奥利薇亚一家的磨合过程中，奥利薇亚及其家人都是虔诚的基督教徒，这不得不让马克·吐温进一步走上寻求精神的道路。在马克·吐温1869年写给牧师特威切尔的一封信中，他坦诚到："我未来的妻子希望我周围是良好的道德和宗教氛围，所以她喜欢住到哈特福德这个想法。"（qtd. in Stenbrink 31-32）马克·吐温的妻子对其信仰追寻的影响在他带有情书性质的书信中展露无遗，在1869年3月他写给她的书信中，我们发现的是一个与渎神者形象完全不一样的马克·吐温，他说道：

> 在播种野燕麦②这件事情上，我不再反对。我已经仔细思虑，另一个晚上我还和特威切尔反复聊过，恐怕我一直都在犯错。特威切尔说："不要播种野燕麦，要烧了他们。"就我而言，我过去是对的，我过去一心想种下它们，确信那是一种把未来的我打造成一个沉着冷静、睿智可靠的男人的方式……（Twain, *Letters* 3:153）

此后，马克·吐温这种对神的无限接近的姿态在他写给奥利薇亚母亲的信中达到了高潮。他在1869年2月13号写给其岳母的信中直接宣称他已经成为基督徒了："但是现在，我绝不会轻言咒骂，我绝不会在任何场合品用酒精；我生活规律，我的行为在世俗的意义上无可指责；终于，我现在可以宣称我是一个基督徒了！"（qtd. in Wilson 166）在以上马克·吐温写给未婚妻和未来岳母的信中，我们可以发现大量指涉《圣经》的话语，他充分利用《圣经》来反思其过去的渎神心态。在行动上，从1872年12月20号《联合报》（*Union*）以及1873年马克·吐温在哈特福德《晚报》（*Evening Post*）上发表的帮助募集救济资金的文章等来看，马克·吐温在那段时间里确实是"有规律地参加教堂活动"（Messent 386），这似乎至少表明，不论是出于何种目的，他在19世纪70年代前后经历了相当长的一段精神成长过程。

但是，马克·吐温对于妻子的爱和他在宗教活动上的实践并未让他真正成为一位皈依者，相反，他时刻进行着信仰的反思和解剖。他怀疑自己的信仰只是出于讨好妻子一家，"没有什么事情让我如此憎恨自己，让莉薇③赞美我，说我的好，这让我感觉残忍，我一直知道我是个骗子，她让我成为一个根本不存在的人"（qtd. in Messent 381）。1878年，他在写给牧师特威切尔的信中坦白到："我要坦白一件事情。我根本不相信你的宗教。不管我们什么时候假装相信，我都是在活在一个谎言之中。有时候，刹那之间，我几乎要成为一个信教者了，但是他又再一次地迅速离我远去……"（380）此类言论透露出马克·吐温与宗教之间若即若离的关系，他一方面十分欣赏妻子、牧师特威切尔的为人处世和宗教伦理观，另一方面也同样对自己与宗教之间的格格不入直言不讳，虽然他积极尝试融入当地的宗教活动，但是他的教堂活动很大程度上只是社交活动的一部分，或来自亲朋好友之邀，或源于间歇性的个人心理需求。

马克·吐温在哈特福德与妻子居住了二十年之后于1891年离开了哈特福德，在那之后，他进入人生最灰暗的时期，其精神状态产生了巨大波动。噩运的打击接踵而至，"他的出版公司失败了，他和他妻子的财富在佩奇打字机的失败中消耗殆尽，六十岁的时候他又破产了，他必须要付出让人心碎的努力来还清债务；他最年长的女儿去世了，他最幼小的女儿又患上了癫痫，他的妻子身体衰退、病患缠身"（DeVoto, *Eruption* XIX）。这一系列变故无疑对他日后的创作实践产生了重大影响，也无疑给他的宗教观带来了巨大冲击。在这之前，他作品中对宗教的冒犯本质上是"利用幽默、嘲讽以及讽刺，以一种可以为他的大部分读者所接受的方式进行，不管这些读者是教徒或不是教徒"（Bird 344），但是在1900年之后，散布在《什么是人》等文本中的痛苦就成了暴怒，马克·吐温开始声色俱厉地抨击上帝："我们公然地称我们的上帝为仁慈的源泉，但是我们也无时无刻不意识到，在他的历史中，没有一个真正的例子表明他在发扬那种美德。"（DeVoto, *Eruption* 333）和前期略带愠怒的表达相比，这一时期的马克·吐温火力全开，展开了对上帝和宗教的无情抨击。

尽管马克·吐温在晚年对上帝、人性有着更加尖锐的拷问，但是通过对以上三个阶段传记材料的回顾，我们基本可以确认，从历时角度来看，马克·吐温在人生的每个重要阶段对体制化的宗教活动并非完全绝缘，相反，无论出于什么样的动机，他都亲自参与各类宗教活动。伴随着这种身体力行，马克·吐温接受宗教思想的最大特征是呈现出强烈的矛盾性，他似乎永远处于一种"接受—批判—再接受"的链条中，对马克·吐温"反宗教"的定性会掩盖掉他对思想和人性一直未停止的探索冲动，更会阻碍我们更加深入地在共时层面探讨其晚年精神危机的本质，而这正是下文尝试要解决的问题。

## 二、消解上帝：马克·吐温晚年精神探寻中的自然神论

马克·吐温一生的宗教求索历程跌宕起伏，最终在晚年走向了对上帝和人性的咒骂，最重要的表现之一是对人的能动性和自由意志的彻底否定，即决定论思想。[④]这一思想虽然具有反宗教的特征，但是反宗教标签作为一种简单化的论调，很大程度上遮蔽了马克·吐温晚年宗教思想中丰富的精神内涵，下文将进一步结合马克·吐温的书信、演讲、文学作品等，挖掘出其晚年精神危机中的宗教、科学和文化内涵。本文认为，马克·吐温的晚年精神危机是宗教和科学两大场域相互冲击的产物，具体而言是加尔文教义和自然神论、进化论等多种理论迭代竞争而形成的精神动荡，反映出了19世纪下半叶人类新兴思想话语在试图重新解释宇宙运行规律、解构传统宗教中上帝话语这一过程中所付出的巨大努力和代价。

马克·吐温对自由意志的悲观态度在上文所述的第二个时期即哈特福德时期已展露无遗。当他在参加哈特福德"星期一晚间俱乐部（Monday Evening Club）"的时候，他就向众人宣扬了这一主张，他否认有个人美德这个东西存在，他坚持认为"根本没有个人美德这回事，人只是一架自动运行的机器……人类这台机器是从外界获得他所有的灵感的，他的脑子里没有办法产生任何他自己的想法"（DeVoto, *Eruption* 240）。这一决定论思想强调人无法通过自身获得救赎，这一理论暗合加尔文教义的内在精神，加尔文教义相信上帝对人的完全掌握并强调人的救赎与人的意志或行为无关，是"上帝经过深沉之考虑，才决定谁该获救，谁该毁灭。而且是早在我们出生以前就决定了的，上帝的选择和考虑完全是无理由的，我们相信除基于他的恩惠外，获救完全

与任何善行无关"（Calvin 931）。也就是说，人的命运已经都在上帝的掌握之中，都是出于上帝深不可测的、预定的、绝对的计划和旨意，人无法离开上帝的安排而独立活动。不难看出，加尔文"预定论"的基本观点与上文马克·吐温所说的人根本没有自由意志的观点有着很大相似性。

马克·吐温颇具加尔文教义色彩的思想的主要来源是他的母亲和妻子等人。迪克森·维克多在《汉尼拔的马克·吐温》中将马克·吐温的母亲简·克莱门斯形容为一位狂热的信徒，称她"几乎支持任何宗教"，到了1843年，即马克·吐温八岁之际，简·克莱门斯成为一家长老会教堂的成员，她经常带着他前往教堂或主日学校，等到他"大约十岁到十一岁的时候"，他就"被强制留下来聆听布道，一种加尔文主义的宗教劝诫"（Wecter 86）。童年时期对加尔文教不自觉的接触使得马克·吐温终生保持了与该教派的理论和人员的联系。在他进入成年时期之后，也就是进入上文所说的第二个阶段之后，他对奥利薇亚的追求进一步有意无意地增加了他对加尔文教的兴趣，因此在纽约地区"他经常参加活跃的自由加尔文主义者团体的活动"（Phipps 89），只因为这个团体在纽约艾尔梅拉（Elmira）等地蓬勃发展，而奥利薇亚正是在此出生、接受加尔文教义的熏陶并一直到与马克·吐温结婚。

虽然马克·吐温抛弃了人的自由意志，但是，他并没有将控制人类命运的"因"交给加尔文教的上帝，他眼中起决定性作用的力量并不是宗教意义上的上帝。实际上，马克·吐温晚年思想虽然在理论特征上非常类似于加尔文教义，但是是建立在对上帝的否定基础上的，其前后期作品中上帝形象的差异可以清楚地表明这一点。在马克·吐温生涯早期，他对上帝或宗教还只是一种温和的怀疑态度，虽然其作品中不乏对宗教的攻击，但是这些攻击只能算是一种顽童式的恶作剧，而到了其晚年作品，例如《44号，神秘的外来者》阶段，他的嬉笑就演变成了怒骂，他借44号之口直接否定了上帝的存在："人生本身就是一种幻境，一场大梦……没有上帝，没有宇宙，没有人类，没有尘世上的生灵，也没有天堂和地狱。全都是一场大梦，一场荒诞而愚蠢的梦。"（吐温 14：424-425）不难看出，他早年作品中温和的怀疑主义已经演变成对于上帝的断然否定。既然马克·吐温晚年思想并非是对加尔文教义的忠实继承，那么它可能来自何处呢？本文将眼光投向19世纪末风起云涌的现代科学思想。马克·吐温生活的19世纪，以及稍早的18世纪，现代科学思想开始萌发、激荡，其中自然神论帮助马克·吐温名正言顺地驱逐了一个人格化上帝的存在。

自然神论兴起于17至18世纪的英国和法国，马克·吐温对于该学说的接受和吸收，代表他走上了否定人格化上帝的一个重要阶段。何为自然神论？根据《基督教神学剑桥词典》，它的理论诉求是"基督教的主张必须以理性、伦理以及人性中对神性的内在直觉予以衡量"（McFarland 135）。它肯定上帝的存在，但是这位上帝并不是教会的神职人员或者《圣经》中所描绘的上帝。18世纪，自然神论在美国的代表是托马斯·潘恩，其代表作《理性的时代》一书直观体现了自然神论者们对理性的重视，他的思想对马克·吐温影响深远，美国学者卡明斯就认为"潘恩是他的先知，三十年里，从1860年到1890年，克莱门斯深信宇宙的律法在人类世界上施加了某种秩序和意义"（Cummings，*Science* 23）。潘恩对宇宙、人类、上帝等关系的论述确实在马克·吐温身上留下了不少影响痕迹，例如潘恩意识到，就像是那最小的沙粒之于世界的关系，我们的地球在宇宙中的比例也是微乎其微的（Paine 41），马克·吐温也认为宇宙"在惊人的向度上包含了无穷无尽的世界""相比之下，我们的世界就微不足道了"（qtd. in Cummings，*Science* 22），潘恩和马克·吐温都在利用宇宙的无垠来反对《圣经》中以地球为中心的神圣叙事，以期达到对于上帝的消解。除了这种思想倾向上的一致性之外，二者在叙事方式、逻辑上也存在着惊人的相似。潘恩在《理性时代》（*The Age of Reason*）的第一章中以自白式的方式直抒胸臆："我相信有一个上帝，再无其他。"（5）但是同时他并不相信上帝与任何人的直接或间接的接触，所以他说"我完全不相信万能的上帝曾经以某种言语和语言，通过任何幻象和现身的方式与人类有过任何沟通"（116），马克·吐温的思考方式与这种"肯定上帝的存在，但是又同时否认人与上帝的接触"的逻辑如出一辙，他说："我相信万能的上帝……我不相信他曾经通过某人向一个人传递了信息，我也不相信他借助于口舌向人发送过消息，或者在任何地方、任何时候让肉眼凡胎见证了他。"（Twain, *What is Man* 56-57）

从实证的角度来说，马克·吐温与自然神论者之间也确有交集，主要来自他加入美国共济会的历史记录。马克·吐温于1861年2月18号加入了位于圣路易斯的北极星共济会分会（Jones 364），共济会的主张和自然神论很相似。现代共济会产生于18世纪的英国，它虽然带有宗教色彩，但是并非传统意义上的宗教，因为它不要求会员必须是某一个特定的宗教背景，只是要求入会申请者必须是有神论者，即相信宇宙中存在着一位神，因此入会者既可以是犹太教徒，又可以是基督教徒等，共济会的理论主张与潘恩的自然神论之间，在理论上的共通甚至得到了潘恩本人的同意。⑤因此，基于马克·吐温、共济会、托马斯·潘恩三者之间在理论和实践上的联系，针对自然神论对马克·吐温有影响这一点，基本达成共识。在此影响下，马克·吐温保持着某种间接意义上的宗教信仰，因此即使在19世纪80年代，他依然写道，"我相信女神、正义以及上帝的仁慈体现在了他的创造中；我感觉到此生此世它们已经显现于我；合乎逻辑的结论是，它们在将来的生活中也会向我显现，如果有的话"（Twain, *What is Man* 202）。但是，随着19世纪90年代的到来，他的仁慈上帝开始逐渐消失了，秩序和意义也随之走向崩溃的结局。

## 三、寻找替身：马克·吐温晚年精神探寻中的达尔文主义

经历了自然神论的洗礼之后，上帝的位置虽然还没得到彻底清算，但是也显示出不稳固的迹象了，而压垮马克·吐温信仰追寻的最后一根稻草是来自达尔文进化论思想在19世纪末的大行其道。针对该问题的研究，我们从以下两个方面予以论证，首先是马克·吐温传记以及其读书笔记中保留的科学书籍阅读记录，其次是马克·吐温的文学作品与达尔文、赫胥黎等人思想的相似性。1917年出版的《马克·吐温书信》、1924年出版的《马克·吐温自传》以及1935年出版的《马克·吐温笔记》等材料，⑥表明马克·吐温对科学、道德、神学方面的书籍有着广泛涉猎，包括莱基的《欧洲道德的历史》、约翰·莫尔（John Howard Moore）的《普遍的亲属关系》、达尔文的《人类的由来》（*Descent of Man*）等。根据这些传记研究成果，海厄特·瓦格纳进

一步认为，"马克·吐温非常熟悉有机体进化的理论，甚至可能在他第一次读到达尔文之前就已经接受它了"（Waggoner 359）。学者卡明斯的研究也发现，"在达尔文的书中，他读过《人类的由来》以及《查尔斯·达尔文的生活和信件》，可能还有《物种起源》以及《家养条件下动植物的变异》。他还读过达尔文的忠实拥趸托马斯·亨利·赫胥黎的《进化论与伦理学》"（Cummings, "Mark Twain's Social Darwinism" 165）。因此，我们可以断定，马克·吐温从加尔文主义那里继承而来的决定论思想在经历了自然神论的洗礼后基本完成了对一个人格化上帝的拒绝，此后他又在达尔文主义这里继续找到了决定万事万物的"因"，这一次，马克·吐温对决定论无可撼动的信仰是以科学为根据的，而赋予马克·吐温最后阶段决定论哲学以内容与形式的，是他对于现代科学的阅读，特别是对达尔文与赫胥黎作品的阅读。

马克·吐温对达尔文主义的接受可以进一步在其文学作品中得到印证。以《康州美国佬大闹亚瑟王朝》小说为例，在小说第十八章中，马克·吐温让主人公汉克·摩根感慨"遗传"和"熏陶"对于人类行为的塑造作用："我们自己所有的思想和观点，都是由遗传和熏陶而来的……追溯到一万亿年以前，地球上就一个蛤蜊，或是蚂蚱，或是猴子，通过冗长的岁月，我们人类就是由那么个动物进化而成的，其间历尽曲折，却又毫无益处。"（吐温 11：124-125）首先，马克·吐温在此透露出了和达尔文、赫胥黎一样的对人类的全新认识。他们都将人类看作是动物链条中的一种，人类这种特殊的灵长类动物是在腥风血雨中一路演化至今的，如赫胥黎所说，"就野蛮阶段来说，人类成功的演化，多半要归功于他与猿猴、老虎都有的那些品质；他卓越的身体组织；他的狡诈；他的社会性；他的好奇心和模仿能力；他的愤怒被对手激发起来时候的无情和残忍的摧毁能力"（Huxley 4），这是当时包括马克·吐温在内的许多有识之士对人类自身的尊严和优越性的无情挑战，因此马克·吐温小说中的汉克·摩根才会如上述引文中所说的那样将人类与蛤蜊、蚂蚱或是猴子相提并论。其次，达尔文《人类的由来》等著作对于事物之间的因果律等的探索对马克·吐温来说意义更为重大，达尔文所论证的"遗传"因素虽然一定程度上动摇了上帝存在论，但是如果将上帝一词理解为一种决定性力量的话，达尔文主义并未动摇加尔文教等一切宗教派别对于那个终极"决定"因素的探索，达尔文主义的出现只不过为马克·吐温所笃信的那个决定性的"因"找到了一个新的替代品，换言之，达尔文所言的"遗传"成功取代了上帝的位置，在对上帝口诛笔伐了几乎一辈子之后，马克·吐温终于可以让上帝走下他的宝座，而不必担心打倒上帝之后留下的真空没有其他的代替物能够填满了，也正因为如此，马克·吐温的御用传记作家阿尔伯特·佩恩才在马克·吐温传记中认为他对科学的兴趣已然"达到了一种激情"（Paine, A. 512）的程度，这种激情正是人类在失去信仰基石之后重新寻找替代之物时所要付出的艰辛努力。

# 结　语

马克·吐温晚年阶段的作品中常常将人降格为机器式的存在，在他眼中，人类受"遗传"等外来力量的控制而无回击之力，这很容易会让人得出这样的一个推论，即马克·吐温的晚年思想是一种"危机"，是绝望主义、悲观主义的表征，这种论调几乎成了马克·吐温晚年思想研究的一个"神话"。通过对马克·吐温精神追求的历时和共时两个角度的讨论，本文认为：第一，马克·吐温的晚年思想确实带有强烈的反宗教、去上帝化倾向，他强调人类的无能为力，怀疑救赎希望的可能性，带有决定论以及虚无主义色彩；第二，反宗教的标签同时也不应该遮盖对马克·吐温宗教复杂性的探究，通过历时的视角，借由马克·吐温的书信等传记材料，我们可以发现马克·吐温青少年、成年和晚年三个阶段都自愿或非自愿、直接或间接地参与了大量信仰探索活动，因此，与其笼统地认为马克·吐温是一位反宗教作家，不如说他是一位在人生的各个阶段上都对宗教问题保有持续兴趣和强烈辩证批判能力的人文主义作家；第三，马克·吐温晚年的精神危机是一趟从加尔文教义到自然神论、进化论思想的思想探索之旅，这一复杂思想体系形成了集宗教、科学与个人信仰于一炉的多层结构，这一结构包含了对上帝的高声控诉、对人性的厉声悲叹，但是单纯地认为马克·吐温晚年是在绝望情绪中度过而忽略其绝望表征下的道德完善冲动，无益于我们在辩证统一中对马克·吐温的晚年精神状态和思想体系做出客观评价；第四，或许我们可以回到本文最开始时引用的马克·吐温青年时期的笔记上来，面对霍普森和曼福德的神学争论，马克·吐温在九岁就采取了一种不置可否的态度，我们完全可以将之理解成一种兼收并蓄式的选择，这选择使得马克·吐温的一生都在堕落和向上、黑暗和光明、绝望和希望之间反复徘徊。

## 致谢【Acknowledgment】

本文系2022年度广东省普通高校青年创新人才项目"媒介生态学观照下的美国19—20世纪记者转型经典作家群研究"、2020年深圳大学青年教师科研启动项目"跨学科视野下的马克·吐温研究"（项目编号000002111004）阶段性研究成果，得到广东省教育厅、深圳大学的经费支持，作者谨致谢忱！

My acknowledgement and gratitude go to the project "A Research about the Journalist-turned-Writers of the United States from 19th to 20th Century: A Media-ecology Perspective" supported by Education Department, Guangdong Province, and the project "Mark Twain Study from Cross-disciplinary Perspectives" (project No.: 000002111004) supported by Shenzhen University.

## 注　释【Notes】

① 马克·吐温此处所做的笔记原文为：Hopson's notion of hell—between <Heav> the sun and eartli—Manford's reply—< Sodom & Gomorrah > Says ""Hell is there, for it sprung a leak and < [bu] > the drippings set fire to Sodom and Gomorrah and burnt them up. 马克·吐温的笔记内容多较为简要，甚至采用缩写等，此处保持了原来风貌，原文可见 Anderson, Frederick, Michael B. Frank, Kenneth M. Sanderson, and Inc ebrary. *Mark Twain's Notebooks & Journals.* Berkeley: University of California Press, 1975, 25.

② 原文为 "sow wild oats"，意为生活中的某段时间，尤其是年轻时候的放荡不羁，无所约束，多见于《圣经》经文中，例如《圣经·旧约·诗篇》的第25章第7节："求你不要记念我幼年的罪愆，和我的过犯。耶和华啊，求你因你的恩惠，按你的慈爱记念我。"（Forget that I sowed wild oats; Mark me with your sign of love. Plan only the best for me, GOD!）

③ 莉薇是马克·吐温对妻子奥利薇亚的爱称。

④ 马克·吐温晚期作品对自由意志的否定已引起学界重视，可参考王友贵：《陌生的马克·吐温》，《西南师范大学学报（人文社会科学版）》1992年第01期，第114—118页；高丽萍、都文娟：《现代性与马克·吐温的思想变迁》，《山东社会科学》2013年第10期，第149—153页；吴钧陶：《光辉的彗星——〈马克·吐温文集〉序》，《河南大学学报（社会科学版）》2002年第03期，第28—33页。

⑤ 关于共济会与潘恩思想之间的相似性，见 Harry H. Clark. *Thomas Paine: Representative Selections.* New York: American Book company, 1944, xxxi.

⑥ 马克·吐温对进化理论等的接触和阅读记录可见 Twain, Mark, and Albert B. Paine. *Mark Twain's Letters.* Harper & Brothers, pp.769, 770,804; Twain; Mark. *Mark Twain's Autobiography.* Harper & brothers, 1924, II, 7ff；Twain, Mark, and Albert B. Paine. *Mark Twain's Notebook.* Harper & Brothers, 1935, 242, 264.

# 引用文献【Works Cited】

Bird, John. "Swinging the Pendulum: Mark Twain and Religion." *Papers on Language and Literature* 46.3(2010): 342–346.

Calvin, Jean. *Institutes of the Christian Religion.* Vol. I. Philadelphia: Westminster Press, 1960.

Cummings, Sherwood. *Mark Twain and Science: Adventures of a Mind.* Baton Rouge: Louisiana State University Press, 1988.

—. "Mark Twain's Social Darwinism." *Huntington Library Quarterly* 20.2 (1957): 163–175.

Hill, Hamlin L. *Mark Twain: God's Fool.* New York: Harper & Row, 1973.

Huxley, Thomas H. *Evolution and Ethics: Delivered in the Sheldonian Theatre.* Cambridge: Cambridge University Press, 2009.

McFarland, Ian A. *The Cambridge Dictionary of Christian Theology.* Cambridge: Cambridge University Press, 2011.

Messent, Peter. "Mark Twain, Joseph Twichell, and Religion." *Nineteenth-Century Literature* 58.3(2003): 368–402.

Paine, Albert Bigelow. *Mark Twain: A Biography; the Personal and Literary Life of Samuel Langhorne Clemens.* New York: Harper, 1912.

Paine, Thomas. *The Age of Reason.* New York: Open Road Integrated Media, Inc., 2017.

Phipps, William E. *Mark Twain's Religion.* Macon GA: Mercer University Press, 2003.

Poole, Stan. "In Search of the Missing Link: Mark Twain and Darwinism." *Studies in American Fiction* 13.2(1985): 201–215.

Stenbrink, Jefferey. *Getting to Be Mark Twain.* Berkeley: University of California Press, 1991.

Twain, Mark. *Mark Twain in Eruption: Hitherto Unpublished Pages about Men and Events.* Ed. Bernard DeVoto. New York and London: Harper & brothers, 1940.

—. *Letters of Mark Twain.* Ed. Albert Bigelow Paine. New York: Harper & Brothers, 1917.

—. *Mark Twain's Letters: 1853–1866,* Vol. 1. Ed. Edgar Marques Branch et al. Berkeley: University of California Press, 1988.

—. *Mark Twain's Letters, Vol 3.* Ed. Victor Fischer and Michael B. Frank. Berkeley and Los Angeles: University of California Press, 1992.

—. "Reflections on Religion." *The Hudson Review* 16.3(1963): 329–352

—. *What Is Man? and Other Philosophical Writings.* Ed. Paul Baender. Berkeley: University of California Press, 1973.

Wecter, Dixon. *Sam Clemens of Hannibal.* Boston: Houghton Mifflin, 1952.

Wilson, James D. "Religious and Esthetic Vision in Mark Twain's Early Career." *Canadian Review of American Studies* 17.2(1986): 155–172.

Waggoner, Hyatt. "Science in the Thought of Mark Twain." *American Literature* 8.4 (1937): 357–370.

马克·吐温:《马克·吐温十九卷集》，吴钧陶主编，叶冬心等译。石家庄：河北教育出版社，2002年。

[Twain, Mark. *Collected Works of Mark Twain.* 19 Vols. Ed. Wu Juntao. Trans. Ye Dongxin etc.. Shijiazhuang: Hebei Education Press, 2002.]

# "宗风傥未坠"
## ——抗战时期"学优寒儒"的传记书写

李晓晓

**内容提要：** 1938年，国民政府教育部颁布"北平学优寒儒救助方法"，旨在救助留在北平高校的一批特殊人士，即早年以科举取士、为清朝官吏，最终退居于学堂，成为传经解惑又积贫积弱的儒士教授。这些受救助的"学优寒儒"们必须由所供职高校或本人撰写自传留档审查，而这些传记部分现藏于中国第二历史档案馆，与同期的其他文本创作存在着强烈的互文关系，其寄予的人生经验、体悟与感怀，不仅留有时代印记，更透露出对以儒学为"安身立命之学"的"内在超越"，蕴涵着丰富的内容与情感变化。

**关键词：** 抗战时期　儒士　传记　儒学

**作者简介：** 李晓晓，南京大学中国新文学研究中心博士生，主要从事中国现代文学和传记史料研究。邮箱：18766953292@163.com。

**Title:** The Sublimity Never Disappearing: The Biographical Writing of Confucian Scholars during the War of Resistance against Japanese Aggression

**Abstract:** In 1938, the Ministry of Education of the Nationalist Government promulgated *The Rescue Method for Peking Scholars and Confucianists*, aiming to rescue a group of special figures who stayed at the colleges and universities of Peking. These scholars became Confucian professors to spread the scriptures and solve puzzles and they were poor and weak. Autobiography of these rescued "Excellent Scholars" must be written by the university that they served with or by themselves for review. These biographical materials are now kept in the Second Historical Archives of China, demonstrating strong intertextuality with other contemporary textual works. The relationship, the life experience, understanding and feelings not only bear the mark of the era, but also reveal the internal transcendence of Confucianism as the study of life and career, which encompasses rich connotations and emotional changes.

**Keywords:** the Period of the War of Resistance against Japanese Aggression, Confucianists, autobiography, Confucian doctrines

**Li Xiaoxiao** is a PhD candidate at the Center for Modern Chinese Literature of Nanjing University. Her research interests include modern Chinese literature and life writing. **E-mail:** 18766953292@163.com.

抗战时期，中国内陆中高等学校陆续南下迁往后方，聚集在重庆、昆明、香港等地，共克时艰，继续推动教育事业的发展。与此同时，固守于沦陷区的高校师生也在竭力保全力量，在日伪政府的压迫下谋求生存出路。在为国保存人才火种的过程中，知识分子做出的巨大贡献也为世人所铭记——既有新文学运动后的新一代知识文化分子，如钱钟书、闻一多、沈从文、郑振铎、李健吾等；亦含一批以科举取士、清廷官吏出身，最终却退守学堂，成为传经解惑且不为世人所关注的特殊人才，汪鸾翔、达寿、陈懋治等是其中代表。这些晚清儒士早年经历王纲解体，晚年又遇烽火狼烟的抗日战争，饱受国族、种族、民族身份认同的混乱、矛盾与痛苦。中国第二历史档案馆留存一批国民政府战时搜集的与之有关的自传资料，不仅为后来者感知其心路历程保留了相对完整的文字现场，也提供给这群历史地表深处的沉默者自我理解的内置视角，即个体如何自我阐释，由"王朝—遗民"转换至"国家—公民"的身份认同，在新时代安身立命。

## 一、抗战时期北平受援助的"学优寒儒"

抗战以来，自政府至民间社会曾多次发起救助运动，比较知名且引发巨大社会反响的有"九一八"纪念集会捐赠所得救助东北流浪同胞活动、1944年4月"救助苦儿运动"、9月由湘鄂旅渝人士委员会筹划的"救助两湖义民"以及1945—1946年海外侨民的救助运动。其间与学界具体直接相关者有三：自1940年起抢购沦陷区善本图书、招待至后方青年之救济（包括收容流亡教师）和兼顾沦陷区的学校教育经费与人员救助活动。在这些活动中，对沦陷区的救助最为秘密且难度较大。困难之处在于远在重庆边陲的国民政府在拨付沦陷区学校经费时，总要先进行审查核算工作，既包括图书管理、设施维护等硬件事宜，也有对教员的思想检查、家庭调查与人员调配，根据教员是否"落水"或贫困程度定予不同的实施方案，而此项工作由国民政府教育部直接统筹负责，具体再委托其他人员间接展开，如对北平辅仁大学、燕京大学等教员的救助工作就是委托外籍人士司徒雷登进行。

自抗战爆发以来，以第二历史档案馆教育部所存函件底本来看，教育部对沦陷区的学优寒儒的救助工作计划由1938年时任教育部部长的陈立夫提出，自1939年正式展开，其间陆续、零散的进行。从流程上看，多数是由社会贤达或所在高校致信陈立夫为贫困学者申请生活补贴，附带申请者的简略小传。1946年朱家骅接任后发生变化，除延续救助信息的半公开状态外，开始将这项工作正式归档处理，要求由北平方面相关高校负责人负责"学优寒儒"的信息递交工作，除规定贫困者自行上交自传资料外，所在学校亦需提交一份传略概要，确保信息的真实准确，方便国民政府的统计、分发与执行管理。

社会人士直接致信陈立夫要求为沦陷区特别是北平寒儒教授提供生活保障事出有因。日军侵占华北以来，因实施经济管制，粮食短缺，物价飞涨，许多留守北平的学者因不愿乞食日伪政府，生活艰难。而儒士教授在北平文化界深有影响力且留守者不在少数，渐为日伪政府所觊觎。北平沦陷后，日伪政府在拟定招揽文化界的名人名单时，特将这批博学通才、参加科举，甚至在晚清朝堂为官的儒士列入，甚至企图借用伪满洲国溥仪的威望达到收拢人心的效用，以便从内部瓦解文化堡垒，动摇民族精神信念。其中较为知名的便是招揽陈三立事件。陈三立曾为晚清进士，并授吏部主事官职，在北平沦陷后，却坚持民族气节，拒绝服膺日本人统治，以死殉国难。此事在社会上引起强烈反响，国民政府为此行褒扬典礼，并令国史馆为其撰写事略。因其次子陈隆恪认为先君"既无功于民国，自无凭借恳予表彰"，对此事拒绝再三，最终敌不过国民政府官员李中襄等人的要求，遂致信吴宗慈为先君撰文《陈三立传略》，后收录于《国史馆馆刊》，并于1947年创刊号上刊发。陈三立之死引起了大后方人士对留守北平的其他名儒教授的关注，如孟心史、张尔田、袁励准、高步瀛等。

于是，1939年，陈立夫命教育部起草"关于救济补助教育界人士的有关文书"，对北平"学优寒儒"实施分批救助，一直持续到抗战结束。在此期间，国民政府的救助金额不断提升，每人每次接受数额分别从600元、1 000元升至1 500元。1946年，朱家骅接任教育部长后要求"饬查在平年老学优寒儒一案"，并令北平辅仁大学、燕京大学等将"所送名单录呈嗣奉部"，整理八年抗战期间的援助资料，统计数据，为北平教育界复校复员做充足准备。而在辅仁、燕京大学等高校呈送到部的名单中，此时的"在平老学优寒儒"者人数甚少。仅以辅仁、燕京两校的呈送名单来看，尚不满三十人，这是因为抗战时期"贫寒怀病逝世"者甚多。国民政府的微薄补助难敌八年漫长岁月，所留下的只有一份份冰冷的死亡人数统计名单、稀少存活者的传略附录等人事资料。

这些受国民政府资助的"学优寒儒"有着大致相似的旧式教育背景、为官经历与人生选择，即自幼熟习四书五经，接受传统书塾教育，并通过科举取士在晚清担任或大或小的官职，1912年后由仕途转学界，选择投身教育。他们既非属于忠于前朝、抵抗不降的"政治遗老"，也区别于信仰儒学、将自我困囿于非死即隐的"文化遗民"，而是选择顺其自然，充分借助自己的学识在新时代寻找安身立命之所的有识之士。与其说他们是旧时代走出的儒生，不如说他们是率先主动将知识去意识形态化，简化为"知识工具"的现代"专业"知识分子。在他们的自传中，无论是做官还是教书，都将之视为职业的一部分，以平常心平淡叙之，未曾掺杂晚清国破家恨的愤懑之情。例如达寿，早年在清廷任学部右侍郎，曾与汪大燮、于式枚等同任考察宪政大臣，出访英、日、德等国，参与清廷立宪要事；辛亥革命后又任内务部次长、蒙藏院副总裁等职位，煊赫一时，但这些在自传中都被一笔带过。辅仁大学所递交的函件更是简化，仅述其"前清光绪甲午科进士，钦点翰林院庶吉士，曾充蒙识学校校长、北平师范大学讲师，家中共十口，并无进款，本人又病困，在床已经六年，不能服务，境况萧条，生活艰窘，当卖将空，急待救济"（中国第二历史档案馆，五-13918，305）。①但遗憾的是，最终从国民政府处得到的救助依然杯水车薪，难解近渴。

## 二、家国大义：贫寒儒士的进与退

以馆藏或已公开出版的传记为见，这一批"学优寒儒"有着清醒的国族身份认知，即投身国民教育界贡献力量的大有人在，而为日伪服务者甚少，但仅靠其微薄的薪俸极难维持日常生活，将家产变卖者多之。据辅仁、燕京两校所报，多数儒士教授在日伪统治期间，除了靠教员的微薄收入外，为维持生活，售卖房产者占总教授人数的86%。辅仁大学陈懋治"七七事变前曾任北平大学秘书长以后迄未任何职务，以前虽有房产三处，八九年来物质高涨，孙辈多口，已将房产两处卖出，所得耗尽，现余一处自住楼上，下层租给某意国人，房租有限，不足以维持生活"。（305）其他教员达寿、汪鸾翔等亦多类此，"处境清贫，急待救济"。令人唏嘘的是，燕京大学的档案资料透露出更为严重的情况，即燕京大学的教授除变卖房产外，还将自己珍藏的手稿、古籍卖出。这是因为1941年太平洋战争爆发后，日美关系决裂，驻平日军强行侵入燕京大学，遣散全体在校师生，将燕京大学闭校。随后发生著名的燕京大学教授案，即日军逮捕吴雷川、蔡一谔、洪煨莲、邓之诚等知名学者，进一步加强对北平的文化控制。这些儒士被放出后，处于失业状态，加之宪兵军曹们又不时地"登门访问"，生活极其困难。以邓之诚为例，在竭力抵抗日伪政府的威逼利诱时，为维系度日，"乃不得已要卖《锡珍手稿四种》"，其过程饱含辛酸之态："1943年1月5日记。今日入城本意在托松崎代卖《锡珍手稿四种》可得千金，已略有成说。归后，检此稿，各系一短跋，欲以明晨遣人持交松崎。比略翻一过，觉《八旗驻防考》及《国朝典故志要》，实为奇书，意恋恋，不能舍，宁饿死亦不欲出手也。拟迟日托词谢松崎，不卖矣！"可是三天后"得松崎明信片言《锡珍稿本》已卖于交通，随时可往取款"（邓之诚，《邓之诚日记》13），可知邓之诚最后还是卖掉了《锡珍手稿四种》。后来邓之诚面对《栟榈集》等心爱之书，也只能望而兴叹，"此时囊空如洗，救济不暇，若更蓄此，将成笑柄矣"（邓之诚，《邓之诚文史札记·上》133）。

　　对于这些失业或即将失业的儒士来说，首要的挑战是面对这种内忧外患、国弱家贫的处境，个人要做出如何的取舍与选择。面对民族危机，他们几乎无一例外地保持国人尊严，不矜不伐，有礼有节，坚守民族底线。但是这群贫寒儒士的行事风格大为不同，大致可分为两类：

　　一类以决然的进取姿态直面历史，表现出"个"的刚正不阿的对抗力。值此危急存亡之秋，他们多在诗词唱和中流露出强烈的历史在场感，鉴古以观今，展现出鲜明的家国意识。"猎猎西风易水寒，飞狐险隘郁千盘，即今遗爱犹难沫，留此崇台讽有官。"（袁励准 9）袁励准于战时写下此诗，诗中的西风、易水、飞狐等意象均与古战争相关，亦使人想起当下的乱世离歌，同样壮怀激烈；后两句直抒胸臆，对崇台食禄的为官者的作为婉而多讽，也暗示出诗人做出的不同人生抉择。袁励准在日军入侵北平后，任辅仁大学教授，以教书为生，拒绝履任日军的任何官职；1934 年听到溥仪在伪满洲国举行登基仪式，甘愿沦为日军的傀儡，卖国求荣后，一气之下卧病在床，郁郁而终。小传言"銮舆北狩，事益难言。风雪关山，趋谒者再。马齿稍长，视息人间，而君则孤愤填膺，遂致不起，以乙亥正月十五日卒于京邸，年甫六十"（杨钟羲 742）。同年，刘凤章、陈宝琛相继去世。他们至死都在以实际行动抵制与抗议着日军对中国的侵略罪行，"坚贞之操，晚节弥烈。通德硕望，洵足矜式"可谓这一群学人的共同写照。

　　另一类则展示了依靠"群"的互助屏障，"个"在逆境中以退为进，展现出强力的生命韧性。在这种艰难境遇下，燕京大学教授们相互扶持，彼此勉励。邓之诚对洪煨莲有"自伤贫老，独洪子振恤之；衍尤丛集，独洪子宽假之，因与纳交，重其学，尤重其人"之评，而洪煨莲对邓之诚亦有"昔贤未轻许，时流更自郐"的知遇之感，而今看来这种惺惺相惜的情感在战乱年间显得格外珍贵。在这些贫寒儒士的手迹中，无论是自传文章，还是来往唱和的诗词，虽多吟清苦之声，但心态极为乐观，如清华大学为汪鸾翔呈送给教育部的传记中言"六十七，广西桂林，清华大学。光绪辛卯科举人，曾在张之洞幕府里办学务，前清学部主事，历任各公私立专科及大学文哲史地理化博物艺术等科教员。教授其间在清华大学担任文哲各科教授凡历十年，现以年迈家居处境清贫"（305）。可在汪鸾翔《赠思祖南游诗四首》中仍言"险艰历尽竟生还，笠屐居然两戒间。笑我仍为燕市客，爱君重话故乡山。路从阳朔峰千笏，吟到花桥水一湾。茶罢依然增感慨，几人因乱得身闲"（汪鸾翔 117）。诗中多冲淡平和之气，而无卑苦自轻之心。"笑我仍为燕市客，爱君重话故乡山"一句，说明汪鸾翔并未舍弃昔时"奇崛盘郁之气"，力行"人无论和与介，均须独立不惧，有一自立之处，方能置一切荣辱毁誉于度外，而心地常坦然"（王元化426）的立身理想。也由此可见，学校所作的教授小传多侧重于凸显其家贫的实际艰难，但这些诗人的诗歌唱和与友人为其所作的传记、回忆文章等内容则呈现出了作者更为丰富的人生侧面。

"国事分明厝火深"（张尔田 115），无论何种行事风格，他们在竭力维持生活的同时亦在艰难的维系自己"中国人"的身份，自始至终未曾逾越国族的底线。两种截然不同的处世态度均是战争的形塑产物，按照巴特勒的"战争之框"理论来看，这一形成过程展现了"战争试图动员、收编大众……虽然我们在图像之中无法直接看到目标人群脆弱不安的生存处境，但却可以在图像的框架处感受这一处境。感受、理解他人的脆弱处境也就是理解他人时刻面临暴力的处境，理解社会环境为他们带来的无常与卑微。这种对他人处境的理解其实正是对所有生命之脆弱处境的理解，从中我们不难体会，同等脆弱特质乃是所有生命共同面临的处境与条件"（巴特勒 15）。战争放大了现实的局部细节，使北平这群贫寒儒士教授们呈现出常态与非常态的一面，既体现出传统儒家道义的民族气节，又展示了现代知识分子咀嚼苦难感受的真实情感处境，开始突破传统文学中"言志"与"载道"的公共话语体系，而试图催化并传递一种具有私密性的审美感知模式。它的内容得益于北平这一在历史文化与现代战争双重压迫下的较为逼仄的现实空间的激发，蕴藏着儒士教授们新旧交织、较为驳杂与抽象的生命体验，最终被赋予了独一无二的意义与价值。就"孤岛"的生存状况而言，这种表达无疑又是一种主动加密却又希冀孤岛以外的人理解的话语交流活动，随之也延伸至一个更为广阔的空间，将北平外部的"学优儒士"纳入比较视野。

## 三、北平内外：经世之儒的德与功

抗战年代，作为沦陷区的北平，被动隔绝了与外界的时空联系，在某种意义上，成为现实存在着的文化"遗迹"，而被清室遗留下的儒士教授们无疑成为北平最为直观且具象的符号代表，"保存了一个消失的过去，通过自身的残存以使往昔不被彻底抹去"（巫鸿 173）。不过，经过1941年的燕京大学教授案后，北平许多教授开始试图通过各种方法逃离日军封锁圈，南下抗日。以燕京大学为例，在海内外燕京大学校友的帮助下，梅贻宝带领几十名在校师生逃离北平，千辛万苦地奔赴后方筹建复校事宜。当时作为大后方的重庆、桂林、长沙等地集结了许多北平耆老，如光绪十八年进士汪诒书，历任翰林院编修、国史馆协修等职，后主教育行政。抗战爆发后，"先生痛民生之荼毒，国事之阽危，几欲投水以殉，家人力阻之，忧不能释。旋病痰饮，口喑目眊，动履须人"，最终"延至八月之杪，逝于里居，遐迩怆悼"（萧仲祁 919），葬于长沙。

北平城内城外是两个不同的世界。城内的儒士多怀"战事了结不知何日，伤今怀旧，感慨无穷，瞻念前途，但增悲怛"的忧虑，生出"我怀如此，天意谓何，触笔酸辛，聊识怨愤"（202）之念，遂将心血灌输于校注旧书、文友唱和以及教育后生之上，尽心竭力地维持着"平和"的生活。可以这样说，日伪文化封锁线下，北平内部儒士教授们显然处于一个非常尴尬且怪异的处境，即在公共领域集体噤声，在私人空间内却又较为活跃地创作与表达，两相构成既矛盾又和谐的局面。对于逃出北平的"学优儒士"来说，显然不必面对这种自我"分裂"。于是，城外的儒士同样从事教育事业的发展，但动机已大为不同，非比城内儒士为维系生活开销、与日本人周旋，以退守教育言明民族立场的考量，而多受抗战时代氛围的感召，将民族信念转化为具体行动，抛弃沉重的感伤，激起老当益壮的豪宕之气，投身救国救民的实际运动。国民政府教育部留存的一儒士张绎墨致陈立夫的自传中有言：

原籍浙江山阴，科举时代曾习举子，业戊戌、庚子后以救国须从教育始……其关苏北有田弃之若敝屣，然曾不稍存顾惜意报国之诚似可藉以稍自慰。惟抗战期间，理应人尽其才，墨年六十有八，半日尚能步行四十余里不觉疲，自昧爽至昏黄，伏案阅书览报不觉倦，是精力尚能为国效驰骋之劳。马援七十应南征重任，韦应物八十任转运具职，新绛子类皆七八十高龄犹诲人不倦，不知老之将至，是孔子平素精神，善学孔子者每宗之，何况在此生死存亡抗战时期。岂敢以老自绥，纵不能决胜疆场、马革裹尸，亦鞠躬尽瘁死而后已。（305）

张绛墨正是中国现代物理学开创者严济慈的岳父，曾在南京两江师范任教，现代有名的教育家。此外，亦有江苏吴县的六十六岁儒生张怡然，"历任暨南学堂教员，邳州师范教务长，宿迁钟吾学堂堂长，志愿在社会教育学校行政或在部工作。抗战事起，奔赴后方，请求委派工作，以期报国"（305）。从他们的自传可见，教育不只是作为救国的手段之一，也是外化儒家精神的重要表现方式，只不过并未被其注意到的是，作为应对危机的教育内容——儒学，其外延与内涵均已悄然地发生改变。从一定程度上可以说，张绛墨等儒士选择以教育为服务手段不只是因儒士身份的先天优势，其实也根植于儒学自身适应时代的变化需要、长时段（自明清起）内容革新的必然结果。首先，战争所带来的危机意识是现实且具有体感性的，"亡国灭种"的危机袭来，身处战争中的人被再度唤醒，无时无刻不肩负着一种沉重的压迫感参与进"救亡"行动。张绛墨等城外儒士不同于城内者易保持着安逸与平静，而是更积极地加入战争的实时进程中，"纵不能决胜疆场、马革裹尸，亦鞠躬尽瘁死而后已"。这与重"立德"的传统儒学的理想追求相区别，反而与明清以来的经世致用思想有明显的传承。

其次，如果说城内的儒士教授们开始通过强烈的个人感受认知到国与族的差异，突破传统儒家对"国家"集中于道统这一宏观概念的言说框架，并凭借个人差异性的经验，合理且正当地参与有关"国家"的历史叙述活动；那么包括张绛墨在内的城外流亡儒士们显然除了要处理自我与儒学外，还必须考虑儒学与他者（在一定意义上可以把范围缩小到大众）的关系。因为自传中所提到的"为国效驰骋之劳"即意味着服务，而服务必然面向第三者，涉及"儒学下行"的问题，这显然与城内者局限于一方天地，不得不"向内转"的意识路径不同，纳入"向外转"的视阈考量。如此一来，战争背景下，儒士教授们在明清经世致用思想的基础上继续行进，考虑儒学如何深入、教化并为民众所用，教育，确实是一个恰合时宜的开场。沿着这一线索，不难理解泰州学派的"平民儒学"、梁漱溟的乡村建设实验以及后辈们朱经农、瞿菊农、陶行知等的平民教育运动等，均是围绕儒学的现代转换所进行的一系列实际行动，同时也表露出儒学内蕴着的现代化潜力。

以此而言，围绕儒学生发出了两个问题域，儒士教授们以北平划分内外两种，彼此或重合或拓展，不断交织、绵延直至深入问题的内核。这一行为的区分反而揭示出了儒学在现代"国家"建构这一过程中的行动力量，展现了其历史变化的曲折与丰富。以往学界多关注现代"国家"中激进、自由与保守三者冲突、平衡与转化的力量，而忽视了传统儒学内部的裂变力也可以作为对其影响的重要一极存在，最终促成多元共生的局面。如此一来，城内外看似两个稳定且平和的空间内其实都蕴藏了打破儒学"超稳定结构"的不稳定因子，使其再度焕发出与时俱进的生命力，随后又反哺了儒学参与中国现实的改良与革新运动。

## 结　语

自新文化运动主张"只手打孔家店"到"打倒孔家店"，以鲁迅、胡适、陈独秀等为代表的新一代知识分子走上历史舞台，传播新文化，引领新的思潮风暴，占据视野中心，而邓之诚、达寿、张绎墨等老一辈儒士逐渐退居边缘，隐匿于乡野市井之间。彼时受欧风美雨的影响，新学者们对儒学弃之如敝屣，对儒士也多加讥讽，并多次冠以"余孽""谬种"与"旧朝遗老"之称号，对其旧体诗文写作亦贬为"骸骨之迷恋"，多加斥责。但是这批时代耆老从未放弃过知识分子的担当，在家国危难之际挺身而出，虽饱受饥寒穷苦，难易其志。他们在抗战时的所作所为，确实秉持着儒学知其不可为而为之的精神，影响无远弗届。

他们在高校中也曾与新文化人物同台共竞，被学生喜爱、崇敬以至写入文章。一如学生周简段回忆燕京大学校长吴雷川，"他讲课时，细声慢语，字字珠玑，将满腹经纶全部倾吐给同学。他的板书一丝不苟，显示出具有'馆阁体'楷书功力"（周简段 345）。更为重要的是，这一代儒士身上的民族气节深深感染了青年一辈，泽被延绵。冰心晚年追忆吴雷川时，最为赞颂的仍是"吴老杜门谢客，概不应酬"，"以书遣怀，终至愤而绝粒，仙逝于故都"（冰心 329）。以此方面说，朱自清不接受美国人的救济粮与北平的贫寒儒士们谢绝日本人的资助，其精神气概同根同源，也正是这一代儒士们的榜样与教育（朱自清幼年接受的是士大夫家庭的传统教育），润物细无声地滋养着后代学者，使民族的精神传承未曾断代中止。而后者的牺牲却被遗忘在历史的风尘中，无人问津。

被历史所抛弃的一辈人均垂垂老矣，但他们并未自我放弃，反而竭力地参与到新时代的进程中，其在抗战年代的行迹便是最好的证明。留存于中国第二历史档案馆的档案记载中的贫寒儒士，奔走于战时的孤岛与后方，以教育为器，力拒"亡国贱俘，至微至陋"（钱玄同）的精神状态，而求"万世治安之大计"（王国维 441）。只不过未曾被他们注意到的是，作为教育"本义"的儒学，其内涵与外延正在悄然进行着现代化的蜕变。在一定程度上甚至可以说成为影响现代中国的激进、自由与保守（以吴宓、梅光迪等为代表的保守派本质上也是经历了西化的年轻一代，与贫寒儒士又有所不同）外的第四种势力，共同作用着"新"中国共同体的想象。以此角度来看郭沫若对王国维一死的评判并不十分确切。他说，"王先生，头脑是近代式的，感情是封建式的。两个时代在他身上激起了一个剧烈的阶级斗争，结果是封建社会把他的身体夺去了"（郭沫若 3）。将王国维重新放置在陈三立、吴雷川、邓之诚等"贫寒儒士"们这一群体，或许可以得出另一看法，即他的死亡不止掺杂了"封建式感情"与"近代式头脑"的冲突，其内也包含了处于儒学现代化转型期的"丰富的痛苦"。与战时北平城内外的儒士们所不同的是，王国维无法将痛苦外泄于某一具体的外力对象，只能封闭于己身，多种原因造成的生命不能承受之重，最终只能归入一潭平静的湖水，引起后人无限遐思。

## 致谢【Acknowledgment】

本文受益于《现代传记研究》匿名评审人提出的修改意见，作者谨致谢忱！

I am grateful to the editor of *Journal of Modern Life Writing Studies* and anonymous reviewers for their suggestions and comments.

## 注释【Note】

① 中国第二历史档案馆所藏档案中，五为教育部档案总号，13918 为其所属案卷号，305 为档案所在目号。

## 引用文献【Works Cited】

冰心：《关于男人·九 追忆吴雷川校长》，《冰心全集·第六册·文学作品（1980—1986）》。福州：海峡文艺出版社，2012 年，第 329 页。

[Bing Xin. "On the Memory of President Wu Leichuan." *Complete Works of Bing Xin: Volume 6, Literary Works (1980–1986)*. Fuzhou: Strait Literature and Art Press, 2012. 329.]

卞孝萱、唐文权：《辛亥人物碑传集》。北京：团结出版社，1991 年。

[Bian Xiaoxuan and Tang Wenquan. *Biographies of 1911 People's Steles*. Beijing: Unity Press, 1991.]

邓之诚：《邓之诚文史札记·上》。南京：凤凰出版社，2012 年。

[Deng Zhicheng. *Deng Zhicheng's Literary and Historical Notes*. Nanjing: Phoenix Publishing House, 2012.]

——：《邓之诚日记》。北京：北京图书馆出版社，2007 年。

[一. *Diary of Deng Zhicheng*. Beijing: Beijing Library Press, 2007.]

郭沫若：《中国古代社会研究》。北京：商务印书馆，2011 年。

[Guo Moruo. *Research on Ancient Chinese Society*. Beijing: The Commercial Press, 2011.]

钱玄同：《写在半农给启明的信底后面》，《语丝》1925 年 3 月 30 日：第 5 版。

[Qian Xuantong. "Write it at the Back of Bannong's Letter to Qiming." *Yu Si* 30 Mar. 1925: 5.]

王元化：《〈无邪堂答问〉摘抄》，《王元化文稿》（上）。北京：中央编译出版社，2017 年，第 426 页。

[Wang Yuanhua. "Excerpt from Answering Questions in the Innocent Hall." *Wang Yuanhua's Manuscript (Vol. I)*. Beijing: Central Compilation and Translation Press, 2017. 426.]

王国维：《海宁王静安先生遗书》。长沙：商务印书馆，1940 年。

[Wang Guowei. *Wang Guowei's Suicide Note*. Changsha: The Commercial Press, 1940.]

巫鸿：《黄泉下的美术》。北京：生活·读书·新知三联书店，2016 年。

[Wu Hong. *Art under the Yellow Spring*. Beijing: SDX Joint Publishing Company, 2016.]

袁励准：《为向元题泰宁去思图》，《天文台》1937 年第 31 期，第 9 页。

[Yuan Lizhun. "To Think about the Picture of Tai Ning." *The Observatory* 31(1937): 9.]

张尔田：《书愤》，《学术世界》1937 年第 3 期，第 115 页。

[Zhang Ertian. "Book Indignation." *Academic World* 3(1937): 115.]

朱迪斯·巴特勒：《战争的框架》，何磊译。开封：河南大学出版社，2016 年。

[Butler, Judith. *The Framework of War*. Trans. He Lei. Kaifeng: Henan University Press, 2016.]

周简段：《燕大校长吴雷川》，《文坛忆往》。北京：新星出版社，2017 年。

[Zhou Jianduan. "Wu Leichuan, President of Yenchin University." *Reminiscences of the Literary World*. Beijing: New Star Press, 2017.]

中国第二历史档案馆：教育部档案。

[The Second Historical Archives of China. Ministry of Education Archives.]

# 博士论文征稿启事

近年来，世界各大学中越来越多的博士和硕士研究生选择传记研究为论题，写作博士和硕士论文。其中出现不少优秀之作，扩展了传记研究的范围，提高了传记研究的水平。对此类学位论文，《现代传记研究》十分欢迎并已选发多篇，请作者继续按"稿约"赐稿。

为了进一步繁荣学术、推介成果、交流信息，《现代传记研究》决定新设"博士论文"专栏，收集2001年以来已通过答辩的传记研究博士论文，经审核后发表，以飨读者。

有意赐稿者，请按本启事所附模式填写后发回。全部内容请不超过1 500字（中文）。《现代传记研究》信箱：sclw209@sina.com。

**附：博士论文信息模式**

博士论文标题（中文和英文）：

作者（中文和英文）：

内容提要（中文或英文，任选）：

关键词（中文和英文）：

授予学位的时间、学校及导师（中文和英文）：

# Call for PhD Dissertation Extracts

An increasing number of life writing related MA theses and Ph.D. dissertations have been witnessed in recent years, many of which are excellent for they expand the the scope of life writing studies and promote the research. We welcome this trend and have published many of the dissertations and theses, while more are welcome in accordance with the "Call for Papers".

For the purpose of further promoting and introducing academic achievements and sharing information, we have decided to set up a new column called "Ph.D. Dissertations" which briefs on the dissertations on life writing studies having passed the defense since 2001. These dissertations will be published after passing our review.

Anyone who would like to submit the dissertation abstract please fill out the form herewith and return it to our email address: sclw209@sina.com. Please do not exceed 500 English words.

**Appendix: the Form of Information about the doctoral dissertation**
Title of the dissertation:
Name of the author:
Abstract:
Keywords:
Date, University and Supervisor:

# 稿　　约

传记研究已进入当代人文社会科学研究的核心领域，为学术界日益重视。《现代传记研究》是中国第一个传记专业学术刊物，出版目的是拓展和丰富传记研究的内容，开展学术讨论，为国内外学者提供发表和交流的园地，吸引和培养本领域的学术新秀。

《现代传记研究》立足学术前沿，以国际化为目标，发表中文和英文稿件。倡导以现代眼光和方法研究中外传记的各种问题，设立［名家访谈］、［比较传记］、［理论研究］、［传记史研究］、［作品研究］、［自传评论］、［日记评论］、［人物研究］、［传记影视］、［书评］、［史料考订］、［传记家言］等近20种栏目，以长篇论文为主，也欢迎言之有物、立意创新的短文。《现代传记研究》尊重老学者，依靠中年学者，欢迎青年学者。

自2013年出版以来，《现代传记研究》得到了国内外学者的大力支持，上海交通大学也给予稳定的出版经费资助，在国内外学界的影响不断扩大。2017年，《现代传记研究》入选"中文社会科学引文索引"（CSSCI）来源集刊，也被一些国际著名大学列入"国际学术刊物"或将所发论文收入传记"年度学术论著目录"。

为了进一步提升质量和推进国际化，来稿请遵照以下要求。

1. 中文稿请勿超过10 000字，英文稿控制在5 000词左右。《现代传记研究》聘请国内外同行专家匿名审稿，在接到来稿3个月内，回复作者处理结果。《现代传记研究》只接受原创性稿件，谢绝已发表过的文稿（包括网络等其他形式发表过）。作者应严守学术道德，文责自负。

2. 学术论文类稿件须遵循以下文本格式和规范：中（英）文标题、作者姓名、内容提要（200字左右）、关键词（3—5个）、作者简介（包括学位和学衔、工作单位、研究方向、近期代表性成果1—2种、电子邮箱等，不超过150字），与以上相对应的英（中）译文。正文字体一律用宋体或Times New Roman（5号）、1.5倍行距（提要与作者简介同此），引文超过4行应独立成段（整体左缩进两字符、上下各空一行，中文用楷体）。文中内容如另需注解、释义或补充说明性等文字应以注释（Notes）形式置于文末，即手动插入连续带圈、上标的阿拉伯数字编号，文末相应给出内容。文献的引注请参照MLA格式，即采用文中括号夹注并文末列出相应引用文献（Works Cited）的方式。引用文献按作者姓氏首字母排序（无作者按文献名首字母），非西文文献须给出相应的英译信息。注释和引用文献字体为小5号。如作者在执行此格式中确实存在困难，请联系编辑部，编务人员将协助予以解决。论文如受到项目资助或他人和组织等具体帮助的，可在文末单列致谢（中英文）。

3.《现代传记研究》只接受电子word格式来稿，稿件请寄编辑部信箱：sclw209@sina.com，勿寄私人。

来稿出版后即付薄酬，并赠送样书2册。《现代传记研究》在上海交通大学传记中心设立编辑部，负责编辑、出版方面的具体工作。欢迎作者和读者就我们工作提出意见和建议。

# Instructions to Contributors

**Mission**

Life writing studies have moved onto the central stage in the academia and gained ever more attention both in and outside China. As the first scholarly journal in the field of life writing in China, the biannual journal *Modern Life Writing Studies* intends to fill up the blank of life writing studies in China, provide a venue for scholars all over the world, attract and cultivate academic talents in the field.

Aiming to keep abreast of the cutting edge of life writing research, our journal seeks to, in modern views and perspectives, explore various topics of life writing in China and in the world, with almost 20 sections included, such as Interview, Comparative Biography, Theory Study, History of Life Writing, Text Study, Autobiography Study, Diary Study, Subject Study, Film Biography, Book Reviews, Life Writing Materials, From the Life Writer, etc.

Ever since its inception in 2013, our journal has been well-received by scholars at home and abroad and funded by a steady grant from Shanghai Jiao Tong University. It is exerting increasingly greater influence in academia with a due wide positive response. In 2017, our journal was included in CSSCI (Chinese Social Science Citation Index), and listed in the international academic journal or included in the annual annotated bibliography by world prestigious universities.

Our journal accepts both Chinese and English submissions. All articles will be subject to anonymous peer reviews.

**Style**

Submissions are welcome from both Chinese and international researchers. Simultaneous submissions are not accepted. English papers should be between 4,000 and 7,000 words of text in length (including notes), while English book reviews are about 2,500 words. Full-length articles are the main part of the journal, but short essays with originality and fresh ideas are also welcome.

**Submission Guidelines**

All written submissions should be formatted according to the eighth edition of *MLA Handbook for Writers of Research Papers*. All submissions should include a 100-word abstract , keywords (less than 5), a 70-word biographical statement, and works cited. Please adhere to the following requirements:

- Double spacing, Times New Roman, 12-point font
- One-inch margins
- Only Microsoft Word doc or docx files will be accepted
- Citations should be provided in parenthetical reference followed by "Works Cited".
- Endnotes are preferred if there are any.

Submissions should be emailed in Word format to the editor sclw209@sina.com. Each contributor will get two complimentary copies once his/her paper is published.

Our journal set up an editorial department at SJTU Center for Life Writing to be responsible for the specific work of editing and publishing. We welcome suggestions and proposals, from which we believe our journal will surely benefit.

# 编 后 记

杨正润

　　传记总是同生活紧密相连，这是数据的时代，是计算机、互联网和新媒体的时代，世界在急剧变动，从全球化及其危机到新冠病毒肆虐，对传记和传记研究产生了何种影响，这是许多学者关心的问题。本辑"名家访谈"中桑德斯教授（Max Saunders）回答了这些问题。桑德斯发现：苹果手机问世5年，人们对景物的描写，以至对自己的描述都完全改观；新冠病毒的流行带来了阴谋论的盛行，从社会的边缘进入主流，这必然对人们的思考方式、对传记产生重要影响。桑德斯没有对他的观点进行详细论证，也许有可商榷之处，但也足以启发我们的思考。

　　现代传记的一个功能，是对心理和生理伤病的疗救，这也越来越引起人们的重视并付诸实践。为了适应这一潮流，《现代传记研究》设立了"伤病叙事研究"专栏。本辑发表两篇论文讨论"残疾人作家自传"。邓利在同其他类型传记的比较中考察了这类传记的特点，总结出四大特征。薛浩洁则探讨了这类传记的叙事特征，发现其中的三种叙事策略。这两文都有比较开阔的视野，对众多文本进行探析与归纳，具有理论色彩。本栏另一篇论文是赵文对香港作家西西的自病记录《哀悼乳房》的研究，西西制作的是一个复杂文本，赵文则细心探寻其多重文化意蕴，他所发现的文本中的人文关怀，正是这类传记的价值目标。

　　在本辑"理论研究"发文三篇，涉及广泛的领域。

　　"伤病叙事研究"专栏中的三篇论文，当然也可以归入作家传。现代传记自诞生以来，作家传记就是其中最发达、最有成就的类型之一，也是当下传记研究的热点。房伟和刘玄德对当代作家传记进行了"审视与再反思"的总体研究，指出其中的缺点、不足和解决办法，颇为切中时弊。我们可以补充的是作家传记的写作难度很大，一种情况是把传主的身份主要确定为"作家"，传记成为文学研究的一种形式，以学术的面貌出现，有时称"评传"，它并不强调对传主个性和人格的研究，也不以此解释作品；另一种情况是不关心传主的作品而专注于其经历和个性，比如莫洛亚饮誉世界的名著《雪莱传》就没有评价雪莱的任何作品。作家传记理想的形态当然是把作品、经历同作家的个性结合起来，互释互证。当然这难度很大，对传记家的学养提出很高要求，也要花费更多精力，不过也不是没有先例，比如里翁·艾德尔的《詹姆斯传》。希望传记作家和学者注意到这个问题。

另一篇理论研究关系到写作方法和技巧。对传材的选取组织对作品的生成及阅读效果具有决定性意义，毛旭研究了传材的一种组织方法，即从时间线上剥离而按照主题汇聚，他命名为剥聚结构。中外传记家在长期实践中积累了丰富的经验和技巧，对此进行理论的总结是需要的，我们欢迎这类论文。

《红楼梦》问世以来关于其文本性质争论已久，李丹丹广采各家之说，借鉴现代叙事理论和自传理论，论证这是一部"自传性小说"。新一代红学家力图把《红楼梦》研究融入当代世界学术潮流，这是红学的发展方向。

本辑"比较传记"发表卢婕对海外武则天传记的研究，她着重分析不同文本中武则天的身份特征及其文化背景，揭示其中的多元性和复杂性是多种文明交流与互鉴的结果。当然，比较传记是非常复杂的问题，这里还有进一步研究的空间。

本辑"作品研究"的对象是三个颇不相同的文本。孙勇彬选择了约翰生"诗人传"中具有代表性的一篇《谢思顿传》，考订他掌握了哪些资料，又是怎样选择、扬弃和改造这些资料，以实现自己的价值标准的。约翰生的时代虽然早已过去，但作为西方现代传记的创建者，他的写作方式仍然具有经典的意义，值得研究和借鉴。

胡健对新发现的当代词学研究者宛敏灏的《宋四十词人述评》进行评介，这是一部短篇评传的汇集，对四十位宋代安徽籍词人"详考生平"和"论其作品"，这是对中小作家颇为适用的一种传记形式。

《铁大姐》是一部别具一格的传记，它是武汉黄埔军校学生符号为同期入学的女兵周铁忠写的传记体长诗。虽然形式粗糙，传主的经历也多处失实，但它是中国第一部诗体传记，出版于1930年，早于谢冰莹的《一个女兵的自传》六年。诗中出现了一批革命者的身影，也描绘了广阔的社会图景和真实的历史细节。刘书景对这部作品的发掘和研究为中国现代传记史增补了内容。

"回忆录评论"中，王爽研究马来西亚华裔女作家戴小华的家族回忆录《忽如归》，重点是从女性、政治、文化等多重角度研究其中的身份问题，反映了把马华文学研究纳入国际学术视野的一种努力。

"书信评论"中郭晓斌研究了新近发现的民国才女石评梅的三封佚信。三封信虽然总长不足千字，但是郭晓斌对石评梅的资料非常熟悉，通过细致、周密地考证，相当生动地勾勒出近一世纪前一位知识女性的生活和心理世界。

"传记史研究"的三篇论文对中国古代传记史提出了新的观点。中国古代自传作品不多，苏辙《颍滨遗老传》在传记史著作中几无提及，孙娇则认为这篇自传不但具有很高的史学价值，也彰显了自我形象，形成了对自传文体的突破和创新。李贺通过大量文献资料的梳理，考订"先贤传"文体在魏晋前后出现和制度化的经过及其社会和政治功能，中国古代传记的一种重要形式的发生过程得到了清晰说明。夏朋飞研究明中期碑志传记，列举大量例证，否定了这类传记有请托高官名家写作的"惯例"。这三篇文章对重写中国古代传记史都有参考价值。

本辑"人物研究"发表五篇论文。人物研究是传记研究的重要内容，在《现代传记研究》收到的稿件中占有不小的比例。此项研究应当注意的是要掌握尽可能丰富的文献资料，特别是发掘新资料，要对传材进行合理的，特别是新方法、新角度的解读，要选好研究的切入点。

耿良凤和王绍祥研究严复，选择未曾引起注意的严复同外甥女何纫兰的交往作为切入点，这样既看到一位改良主义思想家的生活态度，也看到社会转型过程中一位新女性的成长。

鲁迅是一位作家，后半生以稿费为生，他同出版商的关系也就成了观察他的重要视角。张智勇考察鲁迅同开明书店和北新书局的关系，考察他们从合作到破裂的过程，这就从一个侧面揭示了鲁迅的个性和生活态度。

李晓晓的论文"宗风傥未坠"，借助档案馆蛛网尘封的资料，发现了一批已被历史遗忘的特殊人物，即"学优寒儒"：他们在前清参加科举获得功名，民国时任教于学堂，抗战时期滞留北平，生活艰窘，得到了民国政府的救助。李晓晓依据有关档案，参考其他文献，研究这一群体在沦陷区的生存状况和精神状态。这项看似偏冷的研究有其特殊意义，丰富了我们对中国知识分子和传统文化的认识。

马克·吐温晚年的精神危机是一个讨论已久的话题，林家钊根据文献证明马克·吐温对宗教论争的兴趣贯穿一生，他晚年的精神危机实际是其思想转换过程中的一种动荡，并非是绝望，而是对19世纪新兴思想的接纳和适应。这一观点颇为有趣，值得马克·吐温的研究者参考。

刘小龙研究元末明初的一位官员何真，他发现《明实录》着重记录了何真积极的一面，有意遮蔽、弱化了他在其他文献中显示出来的另一面，造成这种差异有政治、历史和文化的原因。何真的历史地位可以别论，刘小龙凭借大量文献的多角度考析是有意义的。

《现代传记研究》出版以"传记"为对象的各类论文，但因篇幅有限，特别欢迎对重要传记家、重要作品和重大理论问题的研究，并将优先出版。

# Editor's Note

Yang Zhengrun

Life writing is always closely relevant to human life. In the era of data, computer, Internet and new media, how does the fast-changing world influence life writing and life writing studies, such as the globalization and the crisis associated with this trend and the widespread Covid-19 epidemic. This is the issue of common concern for some scholars. Professor Max Saunders will answer this question in "Special Section: Interview" of this issue. In accordance with his discovery, the landscape of how people write about or otherwise present themselves had transformed entirely during the five years since the advent of iPhone. Covid-19 epidemic, in particular Omicron variant, has boosted conspiracy theory, which has moved from the fringes of society to the mainstream, exerting a vast influence on both the way of thinking and life writing. Saunders does not elaborate on his views and there may be room for discussion, but is sufficient to inspire our ideas.

Another function of contemporary life writing is the treatment of mental and physical illness and attracts more attention to put it into practice. The special section of "Illness Narrative Studies" is newly established to follow this trend, including two papers on the autobiography of disabled writers. Deng Li boils down this sub-genre into four features through the comparison with other ones of life writing, while Xue Haojie explores the narrative features of the sub-genre and discovers three narrative strategies. Both papers demonstrate wide horizon to analyze numerous texts and draw conclusions and theoretical depth. The other paper of this section is Zhao Wen's research on *Mourning a Breast*, the autopathography by Hong Kong writer Xi Xi. Zhao carefully explores the multiple cultural meanings in the complex text and the human compassion she discovers is the value target of this type of life writing.

The three papers in the section of "Theory Studies" involve wide areas.

The three papers in the previous section undoubtedly fall into the category of literary biography too. Since the birth of the modern biography, literary biography has become one of the best developed sub-genres with the greatest achievements and the focus of the current biographical studies. Fang Wei and Liu Xuande conduct "examination and re-reflection" on biography writing of contemporary writers and their conclusions on the shortcomings, defects and solutions are pertinent. In our opinion, it is difficult to write a literary biography. In one case, the identity of a subject is determined as a "writer" and the biography takes the form of a literary research and features academic elements. This type of literary biography is also called "critical biography" and stresses neither the research on the character or personality of the biographical subject nor the interpretation of his/her works through the biography. In the other case, the biographer prefers the subject's experience and character to his/her works. For example, no works of Shelley is discussed in the world-renowned biography *Ariel* by André Maurois. The ideal form of the literary biography is the combination of works, experience and character of the writer for cross reference and interpretation. Of course, it is difficult and demands high on the biographer's learning and energy, but there are some role models, such as Leon Edel's *Henry James, the Complete Biography*. We hope to call attention of biographers and scholars to this issue.

The other research on theoretical study concerns writing techniques and skills. To the extent that the selection and organization of biographical materials is decisive to the generation and reading effect of the biography, Mao Xu focuses on a biographical method of organizing materials, i.e. plucking the traits or deeds off the time-line and then integrating them together under the same heading, or integration as he calls. Given the fact that biographers across the world have accumulated rich experience and skills through practice in the long term, the theoretical elaboration is necessary and welcomed.

Since the creation of *A Dream of Red Mansions*, it has been controversial as to the nature of this novel. In light of the modern narrative theory and autobiography theory, Li Dandan examines the previous researches and argues that it is an autobiographical fiction. The new generation of Redologists endeavor to integrate Redology into the contemporary academic trend and this is the direction of Redology.

The section of "Comparative Biography" features Lu Jie's research on foreign biographies of Wu Zetian. Lu's paper focuses on the identity characteristics of Wu in different texts and the cultural background concerned to reveal that the diversity and complexity result from the exchanges and cross reference of multiple civilizations. It is true, of course, that comparative biography is complex and there is room for further research.

The section of "Text Studies" involve three different texts. Sun Yongbin chooses *Life of Shenstone*, a typical biography from Samuel Johnson's *Lives of Poets*, to explore what materials Johnson collected and how he selected, organized and identified them to form his own evaluation standards. The age of Dr. Johnson has long passed. Nevertheless, as the founding father of modern Western biography, his way of biography writing is still classic and deserves research and reference.

Hu Jian discusses *Review on 40 Poets of the Song Dynasty*, the newly-discovered posthumous work by Wan Minhao the contemporary lyricist researcher. This review is a collection of short critical biographies, in which Wan "verifies the life stories" of and "discusses the works" of 40 lyric writers from Anhui province. This is an appropriate form of writing biography of minor writers.

*Iron Elder Sister* is a unique biography in the form of a long biographical poem written by Fu Hao, a cadet of Huangpu Military Academy (Wuhan), for Zhou Tiezhong, a female cadet of Fu's class. Despite the rough form and inaccuracies of the biographee's experience, it is the first biographical poem in China published in 1930, six years earlier than that of Xie Bingying's *Autobiography of a Female Soldier*. This poem features the depiction of many revolutionaries and the panorama of Chinese society as well as true historical details. Liu Shujing's exploration of and research on this poem fills the gap in the history of Chinese contemporary biography.

Wang Shuang's research on *The Sudden Return*, the family memoir of Tai Hsiao-hua the Malaysian Chinese writer, is included in the section of Memoir Studies. Wang focuses on the issue of identity from multiple perspectives, such as female, political and cultural ones, illustrating the efforts to encompass Chinese Malaysian literature in the international academic research.

In the section of "Letter Study", Guo Xiaobin explores the three newly-discovered letters of Shi Pingmei. The total length of the three letters is less than 1,000 characters, but Guo vividly depicts the life and the mental world of the intellectual female over one century ago through his careful and meticulous research and understanding of Shi's materials.

The three papers in the section of "History of Life Writing" put forward new ideas on the history of ancient Chinese life writing. Ancient Chinese autobiography is rare and Su Zhe's *Autobiography* is barely mentioned in history of life writing. Sun Jiao, however, argue for both the great historical value of the autobiography and the highlighted image of the self, which contributes to the breakthrough and innovations of autobiography. Li He, through his compilation of voluminous documents and materials, conducts a textual research on the emergence, institutionalization and social and political functions of "lives of sages" before and after Wei and Jin Dynasties, clearly illustrates an important form of ancient Chinese biography. Xia Pengfei focuses on the inscription biography in the mid-Ming Dynasty and uses a great number of examples to argue against the "convention" of inviting senior officials or famous writers to write this type of biography. The three papers serve as good reference for rewriting the history of ancient Chinese life writing.

There are five papers in the section of "Subject Studies" for subject studies is an essential branch of life writing studies and a large portion of the papers we have received fall into this section. It is worth noting that documents and materials, particularly new materials, should be possessed as far as possible and the materials should be interpreted reasonably, particularly from new approaches or perspectives. In addition, the starting point of the research should be well chosen.

In Geng Liangfeng and Wang Shaoxiang's research on Yen Fuh, they choose the overlooked communication between Yen and his niece as the starting point to demonstrate the reformist thinker's attitude toward life and the growing-up of a new female in the social transformation.

Lu Xun is a writer and relies on book royalty in his later life, so his relations with publishers is an essential vantage point to observe him. Zhang Zhiyong examines the writer's relations with Kaiming Bookstore and Beixin Bookstore and the collapse of their cooperation to reveal Lu's character and attitude toward life from another perspective.

Titled as "The Sublimity Never Disappearing", Li Xiaoxiao's paper discovers a group of special figures who have been long ignored with the help of the materials kept in archives. These figures are Confucian scholars who won scholarly honor in the Qing Dynasty, taught at universities and colleges in the Republican period, stayed in Beiping in difficulties during the War of Resistance against Japanese Aggression, and were finally rescued by the Nationalist government. Li explores the living and spiritual status of this group in the occupied area by referring to archives concerned and other documents. This research appears unpopular, but it has special significance for broadening our understanding of Chinese intellectuals and the traditional culture.

Mark Twain's spiritual crisis in his later years is an old topic. Lin Jiazhao proves that Twain's concern for religious issues runs through his life and his spiritual crisis in his later years is essentially a strata-like ideological system on the basis of literature and argues for an effective acceptance of the reshaping of thought in the nineteenth century rather than despair. This statement is interesting and deserves attention of Mark Twain researchers.

Liu Xiaolong focuses on He Zhen, an official of the late Yuan and early Ming period. Liu discovers the positive image of He is recorded in the *Veritable Records of Ming Dynasty* but his other images are obscured and suppressed due to political, historical and cultural factors. Liu's analysis from multiple perspectives based on voluminous materials is significant regardless of He's historical status.

Papers on "life writing" are published in our journal. Due to limited space, priority is placed on the research on important life writers, important works or major theoretical issues.